21世纪高等院校教材·会计与财务管理系列

财 务 分 析

卢雁影　主编

科学出版社

北　京

内 容 简 介

本书以 2007 年实施的新会计准则为基础,借助于企业财务报表及一系列财务指标,系统地介绍财务分析的基本理论和方法,帮助读者理清财务报表的分析思路和方法。本书特色在于:①每章以我国上市公司财务信息案例为基础,阐述财务报表分析问题的重点和难点;②从合并报表的编制入手,比较合并报表与母公司报表分析的差异与重点;③从表外的其他财务信息中,阐述会计政策变更、关联方交易等经济业务对财务分析的影响。同时,本书吸收了财务分析研究和实践中新的理念,介绍了经济增加值分析和财务预警分析等。

本书配有制作完备的电子课件,可作为高等院校会计和财务管理专业的教材,同时也可作为经济管理类其他专业学生及从事财务分析工作人员的参考书。

图书在版编目(CIP)数据

财务分析/卢雁影主编. —北京:科学出版社,2009

21 世纪高等院校教材·会计与财务管理系列

ISBN 978-7-03-023996-9

Ⅰ. 财… Ⅱ. 卢… Ⅲ. 会计分析-高等学校-教材 Ⅳ. F231.2

中国版本图书馆 CIP 数据核字(2009)第 017579 号

责任编辑:马 跃 胡志强/责任校对:钟 洋
责任印制:徐晓晨/封面设计:耕者设计工作室

科学出版社 出版
北京东黄城根北街 16 号
邮政编码:100717
http://www.sciencep.com

北京中石油彩色印刷有限责任公司 印刷
科学出版社发行 各地新华书店经销

*

2009 年 2 月第 一 版 开本:B5(720×1000)
2018 年 1 月第五次印刷 印张:18 1/2
字数:353 000

定价:**49.00 元**

(如有印装质量问题,我社负责调换)

前　言

　　《财务分析》是 21 世纪高等院校教材·会计与财务管理系列教材之一。财务分析所涵盖的内容十分广泛，包括财务报表分析、经营能力分析、经营风险分析、财务风险分析、资本结构分析、信用等级分析、企业价值评估等，本书无力全部包容。因此在设计全书内容框架时，以尽量避免与同类教材内容的重复及保持本书体系的完整为原则，借助于企业财务报表及一系列财务指标，系统介绍了财务分析的基本理论和方法。本书在内容结构上有五个特点：①以 2007 年实施的新会计准则为基础，全面、系统地阐述财务报表的分析思路和方法；②每章以我国上市公司财务信息案例为基础，系统阐述财务报表分析问题的重点和难点；③从合并报表的编制入手，重点比较了合并报表与母公司报表分析的差异与重点；④从表外的其他财务信息中，重点阐述了会计政策变更、关联方交易等经济业务对财务分析的影响；⑤借鉴和吸收了财务分析新的理念，介绍企业绩效评价经济增加值分析和财务预警分析。

　　本书由武汉大学经济与管理学院会计系卢雁影教授任主编，并负责设计全书内容体系、编写提纲、组织分工和审纂定稿。具体编写分工为：第一章、第六章和第八章由卢雁影编写，其中第六章的第五节和第八章的第一节由刘蓉编写，第八章的第二节由阳佳编写；第二章由杨红梅编写；第三章由刘隽编写；第四章和第五章由程敏编写；第七章由胡远和卢雁影编写。第一章至第四章的课后练习题由刘蓉编写，第五章至第八章课后练习题由阳佳编写。

　　在本书的编写过程中，借鉴和吸收了中外财务分析理论及研究成果，并在书后参考文献中一一列出。可以说，没有这些前期研究，难有我们今天的成果，在此向这些文献的作者表示深深的敬意和谢意。由于我们才疏学浅，不足之处在所难免，恳请广大读者批评指正。

作　者

2009 年 2 月 12 日

目　录

前言

第一章

财务分析概述 ……………………………………………… 1

第一节　财务分析的含义和体系 ……………………………… 2

第二节　财务分析的主体和标准 ……………………………… 3

第三节　财务报表的内容及形成基础 ………………………… 6

第四节　财务分析的程序和方法 ……………………………… 12

第五节　财务信息规范体系 …………………………………… 19

课后练习 ………………………………………………………… 26

第二章

利润表分析 ……………………………………………… 28

第一节　利润表概述 …………………………………………… 29

第二节　收入的分析 …………………………………………… 33

第三节　成本费用分析 ………………………………………… 37

第四节　利润分析 ……………………………………………… 45

第五节　盈利能力分析 ………………………………………… 49

课后练习 ………………………………………………………… 60

第三章

资产负债表分析 ………………………………………… 63

第一节　资产负债表概述 ……………………………………… 64

第二节　资产分析 ……………………………………………… 69
第三节　负债分析 ……………………………………………… 76
第四节　所有者权益分析 ……………………………………… 83
第五节　企业偿债能力分析 …………………………………… 89
第六节　资产使用效率分析 …………………………………… 101
课后练习 ……………………………………………………… 115

第四章

现金流量表分析 …………………………………………… 118
第一节　现金流量表概述 ……………………………………… 119
第二节　现金流量规模与结构分析 …………………………… 124
第三节　现金流量比率分析 …………………………………… 137
课后练习 ……………………………………………………… 146

第五章

合并财务报表分析 ………………………………………… 153
第一节　合并财务报表概述 …………………………………… 153
第二节　合并资产负债表的分析 ……………………………… 159
第三节　合并利润表的分析 …………………………………… 174
第四节　合并现金流量表分析 ………………………………… 180
课后练习 ……………………………………………………… 188

第六章

企业其他财务信息分析 …………………………………… 197
第一节　财务报表附注的内容 ………………………………… 198
第二节　审计报告的分析 ……………………………………… 207
第三节　会计政策、会计估计变更和前期差错更正的分析 …… 216
第四节　关联方及其交易的分析 ……………………………… 221
第五节　企业股利政策及利润分配分析 ……………………… 224
课后练习 ……………………………………………………… 230

第七章

财务报表综合分析 ………………………………………… 233
第一节　企业财务报表的内容及综合分析 …………………… 234
第二节　杜邦分析体系 ………………………………………… 237
第三节　企业绩效评价体系 …………………………………… 242
第四节　经济增加值 …………………………………………… 251
第五节　财务预警分析 ………………………………………… 258

课后练习 ··· 265

第八章

财务信息质量分析 ································· 267

第一节　评价财务报表信息质量的主要标准················ 267

第二节　财务报表粉饰与识别···························· 272

课后练习 ··· 284

主要参考文献 ··· 288

第一章

财务分析概述

聚焦营口港 (600317)

2008 年 1 月 22 日首家披露了 2007 年年度报告的营口港务股份有限公司（简称营口港，600317）引起我们的关注。该公司是 2000 年 3 月 6 日经辽宁省人民政府批复，由营口港务局作为主发起人，联合大连吉粮海运有限公司、辽宁省五金矿产进出口公司、吉林省利达经济贸易中心、中粮辽宁粮油进出口公司四家发起人共同发起设立，于 2000 年 3 月 22 日在辽宁省工商行政管理局登记注册成立，注册资本为 15 000 万元，股票于 2002 年 1 月 31 日在上海证券交易所挂牌上市，主营港口装卸、堆存、运输服务。

管理层在其经营分析中称："2007 年度，公司实现营业收入 108 161.54 万元，同比增长 20.56%；实现营业利润 24 556.90 万元，同比增长 18.54%；实现净利润 18 462.32 万元，同比增长 14.18%。公司本年度拟订的经营计划营业收入为 100 000 万元，实际完成 108 161.54 万元，完成经营计划的 108.16%；拟订的营业成本为 68 000 万元，实际完成 72 518.59 万元，完成计划的 106.64%；拟订的利润总额为 24 000 万元，实际完成 24 619.36 万元，完成计划的 102.58%。"我们摘取了营口港 2005～2007 年的主要财务数据，如表 1-1 所示。

表 1-1 营口港 2005～2007 年财务基本数据

项　　目	2007 年	2006 年	2005 年
主营业务收入/万元	108 161.54	89 714.93	74 829.99
营业利润/万元	24 556.90	20 715.39	15 047.64
投资收益/万元	3582.80	2673.72	1921.09
利润总额/万元	24 619.36	20 131.54	16 345.37
净利润/万元	18 462.32	16 169.48	13 076.02
销售毛利率/%	32.95	36.90	36.79
资产总额/万元	323 776.61	298 459.07	298 713.96
负债总额/万元	126 817.74	185 218.26	181 929.73

续表

项 目	2007 年	2006 年	2005 年
股东权益/万元	196 958.87	113 240.81	116 784.23
资产负债率/%	39.1682	62.0581	60.9043
净资产收益率/%	9.37	14.28	11.20
每股收益/元	0.57	0.64	0.52
每股净资产/元	5.65	4.40	4.65
经营活动现金净流量/万元	15 998.18	9928.35	18 402.69
现金净流量/万元	741.47	−9350.67	3233.56
每股经营活动现金流量/元	0.4586	0.3861	0.7332
每股现金流量/元	0.0212	−0.3637	0.1288

　　初次进行财务报表分析的读者一定想了解该公司收入及利润增长的原因？公司是否具有投资价值？公司的经营风险和财务风险如何？公司的发展前景如何？本书正是从不同的方面来回答这些问题。

第一节　财务分析的含义和体系

一、财务分析的含义

　　一般认为，财务分析最早产生于美国，是美国工业发展的产物。在美国大发展前，企业规模较小，银行根据个人信用贷款。然而，随着经济的发展，企业不能根据个人的信用贷款，这样银行就更关心企业的财务状况，关心企业是否具有偿债能力。自 19 世纪末 20 世纪初起，美国银行要求申请贷款的企业提供资产负债表。随后，美国银行家亚历山大·沃尔（Alexander Wall）首开财务分析和评价的先河，创立了比率分析体系。在当时，沃尔的比率分析体系，仅限于"信用分析"，所用的财务比率指标只有流动比率，主要为银行提供信用分析服务，以防范贷款的违约风险，对贷款人进行信用调查和分析，据以判断客户的偿债能力。

　　到了 20 世纪 20 年代，随着资本市场的形成，财务分析由主要为贷款银行服务扩展到为投资人服务。在资本市场上，社会筹资范围扩大，非银行的贷款人和股权投资人增加，公众进入资本市场和债券市场，投资人对财务信息分析的要求更为广泛，财务分析从涵盖偿债能力、盈利能力、筹资结构、利润分配等分析内容，发展到比较完善的外部财务分析体系。公司制的企业组织形式运行后，为改善企业的内部管理，财务分析从利用对外会计报表的分析，发展到不仅利用对外会计报表，更利用内部数据来进行分析；从对企业历史状况的分析，发展到对未来发展的财务分析，形成了一套相当完善的财务分析体系。

市场经济的发展，促使与企业有经济利益关系的各方以特定的目的对企业财务信息进行分析。所谓财务信息是以货币形式的数据资料为主，结合其他的非货币性资料，表明企业资金运动状况及其特征的经济信息。财务分析就是对财务信息进行分析。

关于财务分析的含义，有许多不同的认识和理解，主要基于人们对财务含义理解的广度和深度不同，财务分析应包括广义的财务分析和狭义的财务分析。广义的财务分析是利用企业财务信息，涵盖企业整体与局部、历史与未来、短期与长远，以揭示企业现实价值和预测企业未来价值为目的的分析与评价。狭义的财务分析是指借助于企业财务报表及一系列财务指标，以历史财务信息为基础，以揭示企业现实价值为主要目的的分析。限于本书的篇幅及各学科的划分，本书只涉及狭义财务分析的内容。

二、财务分析的体系

基于我们对财务分析含义的界定，财务分析体系大体可概括为如图 1-1 所示的内容。

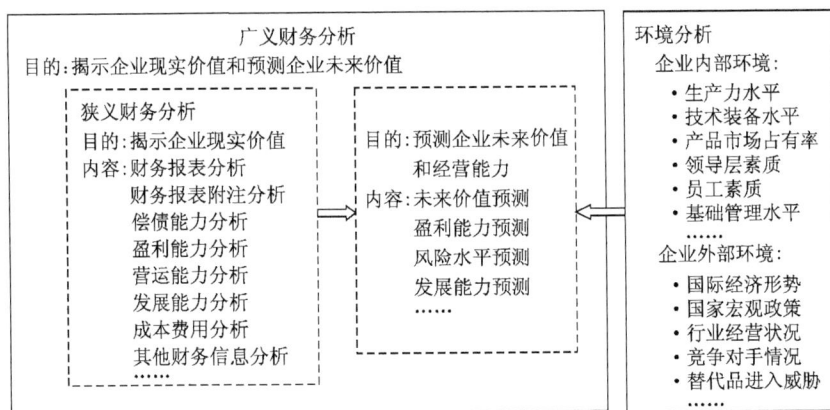

图 1-1　财务分析体系

第二节　财务分析的主体和标准

一、财务分析的主体

所谓财务分析的主体（entity of financial analysis）是指与企业存在一定的现时或潜在的经济利益关系，为特定的目的而对企业进行财务分析的单位、团体和个人。一般而言，与企业有着经济利益的方方面面都会成为企业财务报表的用户，他们站在各自的立场，为各自的目的，对企业的财务状况、经营成果及现金流量进行分析和评价。这些用户均构成财务分析的主体，包括企业所有者、企业贷款人、企业经营管理者、供应商和客户、政府部门、职工和潜在投资人等。

1. 企业所有者

按照现代企业理论，股东或业主是企业的所有者，拥有企业净资产的所有权，他们与企业经营者之间是委托代理关系。由于现代企业所有权与经营权的分离，作为委托代理关系的委托人，一方面有权要求企业提供有关财务信息，了解企业财务状况、经营成果及现金流量，对其投资风险和投资回报作出估计和判断，为投资决策提供依据；另一方面委托人需要选择优秀的经营管理者从事企业的经营活动，只有通过财务信息对企业经营者受托责任履行情况进行分析评价，才能为选择经营管理者提供依据。因此，企业所有者是最重要的主体，他们对企业的投资回报及投资风险最为关注。另外对于上市公司的股东而言，他们还关心公司股票的市场价值，关心其在二级市场上的投资收益和风险。

2. 企业贷款人

企业贷款人包括向企业提供信贷资金的银行、公司及债券持有者等。作为企业信贷资金的提供者，贷款人不得不对自己的贷款风险进行判断和评估，而企业的财务报表恰恰能够帮助贷款人判断企业的偿债能力。因此，贷款人需要对企业的信用和风险情况及其偿债能力进行分析。

3. 企业经营管理者

按照现代企业委托代理理论，企业经营管理者受托代理企业的经营管理业务，对股东投入的资本负有保值增值的责任。他们负责企业的日常经营活动，必须确保企业支付给股东与风险相适应的收益，及时偿还各种到期债务，并使企业的各种经济资源得到有效利用。因此，企业经营管理者对企业财务状况的各个方面均感兴趣。

4. 供应商和客户

供应商是企业原材料等资源的提供者，在现代企业契约关系中，供应商是企业的经济利益关系人。在赊购业务过程中，企业与供应商形成商业信用关系，他们必须判断受信企业的信用状况、风险情况及偿债能力。因此供应商和贷款人类似，他们对企业的信用和风险情况及其偿债能力尤为关注。

企业商品的消费者为客户，也是企业的经济利益关系人。企业在为客户提供商品和劳务时，同时承担着商品质量担保的义务。客户关心的是企业连续提供商品或劳务的能力，希望通过财务信息了解企业销售能力和企业发展能力。

5. 政府部门

政府与企业的关系表现在多种形式上。政府一方面可以通过持有股权对企业行使全部或部分的业主权益，此时政府是以所有者身份看待财务信息，关心的是资本的保值和增值；另一方面政府对几乎所有企业实行程度不同的管制权，此时政府是以社会管理者的身份利用企业财务报表，吸取对其宏观经济管理、制定宏观经济政策有用的信息。因此，应该说政府部门关心企业各方面的财务信息。

6．职工

企业的职工通常与企业存在着长久、持续的关系。他们关心工作岗位的稳定性、工作环境的安全性及取得报酬的持续性和增长性。因此，他们关注企业的盈利能力及发展前景。

7．潜在投资者

潜在投资者的投资目的尽管千差万别，但都是出于投资收益和资源的有效利用的考虑。因此潜在投资者为了对自己的未来投资收益率作出合理的判断和评估，理所当然会关注未来投资对象的财务状况和经营成果。

二、财务分析的标准

财务分析标准（standard of financial analysis）是财务分析过程中据以评价分析对象的基准。任何事物都必须有比较才有鉴别，只有这样才能分出优劣。财务分析的过程实质上是采用特定方法进行比较的过程，而比较的基准就是财务分析标准。

1．财务分析标准的种类

按照分类对象的不同，财务分析标准有不同的分类方式。按照标准的制定级别，可分为国家制定标准、企业制定标准及社会公认标准；按照分析比较依据，可分为目标标准、行业标准、历史标准等；按照分析者，可分为内部分析者使用标准和外部分析者使用标准。下面具体分析目标标准、行业标准、历史标准：

（1）目标标准。它是根据企业内部或外部有关背景资料、企业发展规划的要求，所确定的企业预期应达到最佳或理想标准，如计划标准、定额标准等。企业可以将实际发生数据与目标标准对比，了解和分析其差异，进而分析产生差异的原因，为财务管理决策提供依据。目标标准一般为内部分析者进行内部考核时运用。

（2）行业标准。它是指同行业在一定时期内的平均水平，是根据行业的有关资料通过统计的方法测算出来的。企业可以将本企业的实际数据与行业标准对比，了解与行业水平的差异，判断企业在行业水平中的优劣等级，判断企业在行业中所处的地位，为管理者决策提供依据。同时，行业标准也为制定企业的目标标准提供参考。

（3）历史标准。它是以本企业的最佳状况或最近一期的状况作为比较基准。由于各企业的实际情况千差万别，企业的财务状况和经营成果必然受到各种因素的影响，因此必须用发展的眼光看待企业，将其实际数据与企业历史最高水平或上期水平进行对比，以判断企业的发展状况。

2. 财务分析标准的选择

上述分析标准的实质是从不同的侧面形成比较的参照物，在实际财务分析中，分析者可以根据分析的目的，选择恰当的分析标准。如果是分析企业的预算执行情况，则使用目标标准；如果是对企业的发展趋势进行分析，则使用历史标准；如果是外部分析者对企业进行独立分析，则应使用行业标准。在实际财务分析时，分析标准的选择是比较灵活的，有时只选择一种标准，有时是几种标准并用，以对企业的财务状况和经营成果进行全方位评价。

第三节　财务报表的内容及形成基础

一、财务报表的内容

财务报表是反映企业财务状况、经营成果和现金流量的书面文件，是对企业财务状况、经营成果和现金流量的结构性表述。财务报表至少应当包括财务报表和附注。

1. 财务报表的种类

按照会计准则规定，我国企业需要对外编报的财务报表如表 1-2 所示。

表 1-2　财务报表种类

财务报表名称	编报期
资产负债表	中期报告;年度报告
利润表	中期报告;年度报告
现金流量表	中期报告;年度报告
所有者权益(或股东权益,下同)变动表	年度报告

资产负债表（balance sheet）是反映企业某一特定日期财务状况的会计报表。它是按照资产、负债和所有者权益之间的相互关系，按照一定的分类标准和顺序，把企业在一定日期的资产、负债、所有者权益各项目予以适当排列并对日常工作中形成的大量数据进行高度浓缩整理后编制而成的。

利润表（income statement）是总括反映企业在一定会计期间经营成果的会计报表。它反映一定会计期间的收入情况，以及与之相匹配的费用发生情况，总结企业经营业绩的动态报表。

现金流量表（statement of cash flows）是直接或间接地反映报告期内按主要来源分类的现金流入以及按主要用途分类的现金流出的财务报表。它反映企业一定期间内现金流入与流出，表明企业获取现金及其等价物的能力。

所有者权益变动表应当反映构成所有者权益各组成部分当期的增减变动情况。当期损益、直接计入所有者权益的利得和损失，以及与所有者（或股东，下同）的资本交易导致的所有者权益的变动。

2. 财务报表附注

财务报表附注是企业财务报表不可缺少的部分，是对财务报表本身难以表达或无法表达的内容和项目的说明，通常是以文字和数字的形式所作的补充说明的详细解释。

按会计准则的规定，财务报表格式和附注分别按一般企业、商业银行、保险公司、证券公司等企业类型予以规定。企业应当根据其经营活动的性质，确定本企业适用的财务报表格式和附注的内容。

二、财务报表的形成基础

1. 财务报告的目标

财务报告的目标定位十分重要，它决定着财务报告应当向谁提供有用的会计信息，应当保护谁的经济利益，决定着财务报告所要求会计信息的质量要求，决定着会计要素的确认与计量原则，是财务会计系统的核心与灵魂。按我国 2006 年发布的基本会计准则规定，财务报告的目标是向财务报告使用者提供与企业财务状况、经营成果和现金流量等有关的会计信息，反映企业管理层受托责任履行情况，有助于财务报告使用者作出经济决策。财务报告使用者主要包括投资者、债权人、政府及其有关部门和社会公众等。概括而言，我国企业财务报告的目标是向财务报告使用者提供决策有用的信息。其中，满足投资者决策的要求是会计准则的主要目标，这是与 1992 年发布的《企业会计准则》中将会计信息应当满足国家宏观经济管理的需要作为首要目标的显著区别，也是我国资本市场的核心定位。

如果企业在财务报告中提供的会计信息与投资者的决策无关，那么财务报告就失去了编制的意义。根据投资者决策有用目标，财务报告所提供的信息应当如实反映企业所拥有或者控制的经济资源、对经济资源的要求权以及经济资源及其要求权的变化情况；如实反映企业的各项收入、费用、利得和损失的金额及其变动情况；如实反映企业各项经营活动、投资活动和筹资活动等所形成的现金流入和现金流出情况等，从而有助于现时的或者潜在的投资者正确、合理地评价企业的资产质量、偿债能力、盈利能力和营运效率等，有助于投资者根据相关会计信息作出理性的投资决策，有助于投资者评估与投资有关的未来现金流量的金额、时间和风险等。

除了投资者之外，企业财务报告的使用者还包括债权人、政府及有关部门、社会公众等。比如，债权人需要会计信息来评估企业的偿债能力；政府及其有关部门需要会计信息来监管企业的经济活动，制定税收政策，进行税收征管和国民经济统计等；社会公众也需要有关企业发展前景及其能力、经营效益及其效率等方面的信息。应当讲，这些使用者的许多信息需求是共同的。由于投资者是企业资本的主要提供者，通常情况下，如果财务报告能够满足这一群体的会计信息需求，也就可以满足其他使用者的大部分信息需求。

现代企业制度强调所有权和经营权相分离，在信息不对称的情况下，企业投资者和债权人等需要及时或者经常性地了解企业管理层保管、使用资产的情况，以便于评价企业管理层的责任情况和业绩情况，并决定是否需要调整投资或者信贷政策，是否需要加强企业内部控制和其他制度建设，是否需要更换管理层等。因此，财务报告也应当反映企业管理层受托责任的履行情况，以有助于评价企业的经营管理责任和资源使用的有效性。

2. 会计基本假设

会计基本假设是企业会计确认、计量和报告的前提，是对会计核算所处时间、空间环境等所作的合理设定。会计基本假设包括：

（1）会计主体。这是指从事经济活动，并需对此进行核算和定期报告的特定单位。明确会计主体实质上等于界定了一个企业资产的权益范围，界定了财务报表有效的空间范围。

（2）持续经营。持续经营是假定企业主体在可以预见的将来无限期地经营下去，为企业所持有的资产在正常经营活动过程中合理地支配或耗用提供前提，为财务会计工作作出了时间上的规定。

（3）会计分期。这是将持续不断经营活动划分为若干个相等的时间段，据以核算经济业务，编制财务报表。它是持续经营的必要补充。根据我国会计制度规定，会计期间分为年度、季度和月份。会计年度为公历年度，季度和月份均按公历起止时间确定。

（4）货币计量。它是会计核算的基本特征，用货币作为会计核算、编制财务报表的最佳标准计量单位。同时货币计量又隐含着币值不变的前提，因此在通货膨胀期间，按历史成本计量的财务报表受到严重挑战。

3. 会计要素及会计等式

会计报表的组成要素包括资产、负债、所有者权益、收入、费用和利润。

（1）资产（asset）。是指企业过去的交易或者事项形成的、由企业拥有或者控制的、预期会给企业带来经济利益的资源。在同时满足与该资源有关的经济利益很可能流入企业和该资源的成本或者价值能够可靠地计量条件时，确认为资产。

资产具有以下基本特征：第一，资产是由过去的交易或事项形成的。也就是说，资产必须是现实的资产，而不是预期的资产；是企业在过去一个时期里，通过交易或事项形成的，是过去已经发生的交易或事项所产生的结果。至于未来交易或事项以及未发生的交易或事项可能产生的结果，则不属于现在的资产，不得作为资产确认。第二，资产是企业拥有和控制的。一般而言，一项资源要作为企业的资产予以确认，应该拥有此项资源的所有权，可以按自己的意愿使用和处置资产。但在某些特殊情况下，企业虽然对其不具备所有权，但对于能够实际控制的，按照实质重于形式的原则，也应确认为企业的资产。第三，资产预期能给企业带来经济利益，这是资产最主要的特征。

（2）负债（liability）。是指企业过去的交易或者事项形成的、预期会导致经济利益流出企业的现时义务。在同时满足与该义务有关的经济利益很可能流出企业和未来流出的经济利益的金额能够可靠地计量条件时，确认为负债。

负债具有以下基本特征：第一，负债是基于过去交易或事项而产生的。也就是说，导致负债的交易或事项必须已经发生。正在筹划的未来交易或事项，不属于负债的范畴。第二，负债是企业承担的现实义务。由于具有约束力的合同或法定要求，义务在法律上可能是强制执行的。第三，现实义务的履行通常关系到企业放弃含有经济利益的资产，以满足对方的要求。现实义务的履行，可采用若干种方式。第四，负债通常在未来某一时日通过交付资产或提供劳务来清偿。有时也可以通过承诺新的负债或转化为所有者权益来了结一项现有负债。

（3）所有者权益（owner's equity）。又称为股东权益或净资产，是指企业资产扣除负债后由所有者享有的剩余权益，其来源包括所有者投入的资本、直接计入所有者权益的利得和损失、留存收益等。

所有者权益相对资产来说，具有以下特征：第一，所有者权益不像负债那样需要偿还，除非发生减值、清算；第二，企业清算时，负债往往优先清偿，所有者权益只有在负债清偿完后，才予以清偿；第三，所有者权益能够分享利润，而负债不能参与利润分配。

（4）收入（revenue）。是指企业在日常活动中形成的、会导致所有者权益增加的、与所有者投入资本无关的经济利益的总流入。收入只有在经济利益很可能流入从而导致企业资产增加或者负债减少，且经济利益的流入额能够可靠计量时才能予以确认。

收入具有以下特征：第一，收入从企业的日常活动中产生，而不是偶发的交易或事项中产生；第二，收入可能表现为企业的资产的增加，也可能表现为企业负债的减少，或两者兼而有之；第三，收入能导致企业所有者权益的增加，能增加资产或减少负债，或两者兼而有之；第四，收入只包括本企业经济利益的流入，不包括为第三方或客户代收的款项。

（5）费用（expense）。是指企业在日常活动中发生的、会导致所有者权益减少的、与向所有者分配利润无关的经济利益的总流出。费用只有在经济利益很可能流出从而导致企业资产减少或者负债增加，且经济利益的流出额能够可靠计量时才能予以确认。

与收入相对应,费用有以下特征:第一,费用最终将减少企业的资源,表现为企业资金的支出;第二,费用最终会减少企业的所有者权益。

(6)利润(profit)。是指企业在一定会计期间的经营成果,包括收入减去费用后的净额、直接计入当期利润的利得和损失等。直接计入当期利润的利得和损失,是指应当计入当期损益、会导致所有者权益发生增减变动的、与所有者投入资本或者向所有者分配利润无关的利得或者损失。

在上述六个会计要素中,资产、负债、所有者权益是组成资产负债表的会计要素,也称为资产负债表要素;收入、费用、利润是组成利润表的会计要素,也称利润表要素。六个会计要素之间存在着一定的数量关系,反映这种数量关系的等式称为会计等式。即

$$资产=负债+所有者权益$$

它反映了企业某一时点的财务状况。

$$收入-费用=利润$$

它反映了企业一定时期的经营成果。

4. 会计要素的计量

会计要素在计量时可供选择的计量属性包括历史成本、重置成本、可变现净值、现值和公允价值。

引入公允价值这一计量属性,是因为随着我国资本市场的发展,以及股权分置改革的不断推进,越来越多的股票、债券、基金等在证券交易所挂牌上市,使得这类金融资产的交易已经形成了较为活跃的市场。可以说,我们已经具备引入公允价值的条件。在这种情况下,引入公允价值,更能反映企业的现实情况,对投资人等财务报告使用者的决策更加有用,而且也只有如此,我们才能实现与国际财务报告准则的趋同。

在引入公允价值过程中,会计准则充分考虑了国际财务报告准则中公允价值应用的三个级次,即:第一,存在活跃市场的资产或负债,活跃市场中的报价应当用于确定其公允价值;第二,不存在活跃市场的,参考熟悉情况并自愿交易的各方最近进行的市场交易中使用的价格或参照实质上相同的其他资产或负债的当前公允价值;第三,不存在活跃市场,且不满足上述两个条件的,应当采用估值技术等确定其公允价值。值得一提的是,我国引入公允价值是适度、谨慎和有条件的。原因是考虑到我国尚属新兴的市场经济国家,如果不加限制地引入公允价值,有可能出现人为操作利润的现象。因此,在投资性房地产和生物资产等具体准则中规定,只有存在活跃市场、公允价值能够获得并可靠计量的情况下,才能采用公允价值计量。

5. 会计基础

企业会计的确认、计量和报告应当以权责发生制为基础。权责发生制要求,

凡是当期已经实现的收入和已经发生或应当负担的费用，无论款项是否收付，都应当作为当期的收入和费用，计入利润表；凡是不属于当期的收入和费用，既使款项已在当期收付，也不应当作为当期的收入和费用。

相对应于权责发生制，收付实现制是目前我国行政单位会计所采用的会计基础，它是以收到或支付的现金作为确认收入和费用的依据。事业单位会计除经营业务可以采用权责发生制外，其他业务均采用收付实现制。企业会计统一要求以权责发生制为会计基础。

6. 会计信息质量要求

会计信息质量要求是对企业财务报告中所提供会计信息质量的基本要求，是使财务报告中所提供会计信息对使用者决策有用应具备的基本特征。包括可靠性、相关性、可理解性、可比性、实质重于形式、重要性、谨慎性和及时性等。

（1）可靠性要求。可靠性要求企业应当以实际发生的交易或者事项为依据进行确认、计量和报告，如实反映符合确认和计量要求的各项会计要素及其他相关信息，保证会计信息真实可靠、内容完整。

（2）相关性要求。相关性要求企业提供的会计信息应当与财务报告使用者的经济决策需要相关，有助于财务报告使用者对企业过去、现在或者未来的情况作出评价或者预测。相关性是以可靠性为基础的，两者之间并不矛盾，不应将两者对立起来。

（3）可理解性要求。可理解性要求企业提供的会计信息应当清晰明了，便于财务报告使用者理解和使用。

（4）可比性要求。可比性要求企业提供的会计信息应当相互可比，对于同一企业不同时期发生的相同或者相似的交易或者事项，应当采用一致的会计政策，不得随意变更；对于不同企业发生的相同或者相似的交易或者事项，也应当采用规定的会计政策，确保会计信息口径一致，以使不同企业按照一致的确认、计量和报告要求提供会计信息。

（5）实质重于形式要求。实质重于形式要求企业应当按照交易或者事项的经济实质进行会计确认、计量和报告，不应仅以交易或者事项的法律形式为依据。

（6）重要性要求。重要性要求企业提供的会计信息应当反映与企业财务状况、经营成果和现金流量有关的所有重要交易或者事项，如果会计信息的省略或者错报会影响使用者据此作出经济决策的，该信息就具有重要性。

（7）谨慎性要求。谨慎性要求企业对交易或者事项进行会计确认、计量和报告时应当保持应有的谨慎，不应高估资产或者收益、低估负债或者费用，也不允许企业设置秘密准备。

（8）及时性要求。及时性要求企业对于已经发生的交易或者事项，应当及时进行确认、计量和报告，不得提前或者延后，从而可以把相关信息及时传递给财务报告使用者，便于其及时使用和决策。

7. 财务报告的基本规范

财务报告是企业对外提供的反映企业某一特定日期的财务状况和某一会计期间的经营成果、现金流量等会计信息的文件，是企业财务会计确认与计量的最终结果体现。投资人等信息使用者主要是通过财务报告来了解企业当前的财务状况、经营成果和现金流量等情况，从而预测未来的发展趋势。因此，财务报告是向投资人等财务报告使用者提供决策有用信息的媒介和渠道，是沟通投资者、债权人等使用者与企业管理层之间信息的桥梁和纽带。《中华人民共和国会计法》（以下简称《会计法》）、《中华人民共和国公司法》、《中华人民共和国证券法》等出于保护投资者、债权人等利益的需要，都规定企业应当定期编报财务报告。

基本准则规定，财务报告包括财务报表和其他应当在财务报告中披露的相关信息和资料。其中，财务报表至少应当包括资产负债表、利润表和现金流量表等。考虑到小企业规模较小，外部信息需求相对较低，基本准则规定小企业编制的报表可以不包括现金流量表。基本准则突出了附注的作用，将附注作为财务报表的有机组成部分，要求企业在附注中对重要的报表列示项目以及未能在这些报表中列示项目作有关说明，以更加全面、系统地反映企业财务状况、经营成果和现金流量的全貌，从而有助于使用者作出更加科学合理的决策。基本准则还规定，财务报告还应当包括除财务报表之外的其他相关信息，具体可以根据有关法律法规的规定和外部使用者的信息需求而定。比如，企业可以在财务报告中披露其承担的社会责任、对社区的贡献、可持续发展能力等信息，这些信息对于使用者的决策也是相关的。尽管这些信息属于非财务信息，无法包括在财务报表中，但是如果有规定或者使用者有需求的，企业应当在财务报告中予以披露，有时企业也可以自愿选择在财务报告中披露这些相关信息。

第四节　财务分析的程序和方法

一、财务分析的基本程序

财务分析是财务管理过程中非常重要的工作之一，是一个复杂的过程，分析者们必须以分析目的为主线，按照科学的程序，运用适当的方法，进行有效的分析，从而保证分析工作有条不紊地进行和分析结果的准确。财务分析的基本程序包括以下几个步骤：

（1）明确财务分析目的。任何财务分析者在进行财务分析时都是带着一定目的的，财务分析的主体不同、财务分析的内容不同，财务分析的目的也就不同。财务分析的目的是财务分析的出发点，决定着分析范围的大小、收集资料的内容、收集资料的多少、分析方法的选择等整个财务分析过程，因此必须首先确定分析目的。

（2）确定财务分析范围。从财务分析的内容可知，财务分析范围非常广泛，并不是每一项财务分析都需要全面展开。现实生活中，大多数财务分析只对某一方面展开，或者从某一侧重点进行分析，其他方面的分析仅起着参考作用。分析者在进行财务分析时，只有分析效益大于分析成本才符合成本效益原则，对分析者才是有意义的。因此，在确定分析目的的基础上，应明确分析范围和分析重点，以较少的分析成本获取较大的分析效益。

（3）收集有关分析资料。根据分析目的、分析范围确定所要收集的分析资料。财务分析最基本的资料是财务报告，包括资产负债表、利润表和现金流量表等会计报表，会计报表附注及其财务状况和经营成果的说明。同时，还必须收集企业内部和外部与分析目的相关的资料，如行业情况信息、债务人的信誉状况等。

（4）选择分析方法。财务分析方法的选择应根据财务分析的目的来决定，财务分析的目的不同，所选的分析方法也不同。常用的分析方法有比较分析法、比率分析法、因素分析法、杜邦分析法等。这些方法各有特点，在进行财务分析时，根据需要常结合使用。

（5）作出分析结论。财务分析的最终目的是为财务决策提供依据。运用一定的分析方法对企业财务状况和经营成果进行分析后，可总结财务管理中一些经验和教训，发现企业财务管理中存在的问题，寻找问题存在的原因，以便管理层制定出解决问题的办法，不断改进公司的财务状况，实现公司的最终目标。

二、财务分析的基本方法

1. 比较分析法

比较分析法（comparison analysis）是将企业某项目财务指标的变化进行对比，计算出财务指标变动值的大小。这是财务分析中最常用的方法，也是其他分析方法运用的基础。比较分析法最主要的特点是区分相比较指标之间的差异，包括差异大小、差异方向和差异性质。通过比较分析，可了解财务指标存在的差距，结合其他分析方法的运用，寻找差异产生的原因，为决策提供依据。按比较对象的不同，比较分析法有以下两种比较方式：

（1）绝对数的比较分析。绝对数的比较是将某指标的实际数与标的值进行比较。通常包括：①与计划（或目标、定额）相比较，了解实际完成计划、定额的情况；②与前期相比较，了解分析指标的发展趋势；③与历史最高水平相比较，了解本期与历史最高水平的差距；④与国内外同行业先进水平相比较，了解本企业与国内外同行业先进水平的差距；⑤与主要竞争对手相比较，了解本企业与竞争对手的差距。

（2）百分率的比较分析。绝对数的比较分析反映出增减变化的绝对额，但无法消除规模的影响，因而可通过计算百分率解决问题。百分率的计算分为完成百分率和增减百分率。其计算公式为

$$完成百分率 = \frac{指标的实际值}{指标的标的值} \times 100\%$$

$$增减百分率 = \frac{指标的实际值 - 指标的标的值}{指标的标的值} \times 100\%$$

在运用比较分析法时，应注意指标的相关性，分析的指标在性质上是同类，能够说明经济业务的内在联系。还应注意指标的可比性，具体表现在：首先，计算口径一致，即相比较的财务指标所包括的内容、范围是一致的；其次，时间长度一致，即相比较的财务指标应当是相同时间段、相同时间长度的结果；最后，计算方法一致，即相比较财务指标的影响因素一致。

2. 比率分析法

比率分析法（ratio analysis）是指在同一报表的不同项目之间，或在不同报表的有关项目之间进行对比，从而计算出各种不同经济含义的比率，据以评价企业财务状况和经营成果的一种方法。运用比率分析法进行指标对比的结果是相对数。具体对比的方法有以下几种：

（1）结构比率分析。它是指通过个体指标与总体指标的对比，计算出个体指标占总体指标的比重，分析构成项目的变化，掌握经济活动的特点及变化趋势。

（2）相关比率分析。这是指通过不同的但又相互联系的指标之间的对比，计算出另一经济含义的指标。分析时应确定不同指标之间客观上所存在的相互关系，如通过企业的净利润与所有者权益的对比，计算出所有者权益收益率；通过负债总额与资产总额的对比，计算出资产负债率。

运用比率分析法来评价企业的财务状况和经营成果十分有效，分析者可以从复杂的经济信息中超脱出来，关注企业财务方面的相互关系，因此该分析法在实践中广为应用。比率分析法从出现至今，经历了一个不断发展和完善的过程，由最初仅为债权人分析企业短期偿债能力，发展到今天全方位、多视角的财务指标体系，显示出比率分析法在财务分析中的重要地位。

3. 趋势分析法

趋势分析法（trend analysis）是通过比较企业连续数期的会计报表，运用动态数值表现各个时期的变化，揭示其发展趋势与规律的分析方法。企业的经济现象是复杂的，受多方面因素变化的影响。如果只从某一时期或某一时点很难看清它的发展趋势和规律，因此必须把连续数期的数据按时期或时点的先后次序整理为数列，并计算它的发展速度、增长速度、平均发展速度和平均增长速度，用发展的思路分析问题。

发展速度是全部数列中个比较期与基期水平之比，反映各个比较期的数值为基期的百分比，从而考察总时期内各个时期的变动情况和发展速度。发展速度指标按比较标准的时期不同，分为定基发展速度和环比发展速度。其计算公式如下：

$$定基发展速度 = \frac{分析期某指标数值}{固定基期某指标数值}$$

$$环比发展速度 = \frac{分析期某指标数值}{前期某指标数值}$$

趋势分析法常用于财务报表的横向比较和纵向比较。横向比较是将连续财务报表各个项目绝对数在不同时间上进行比较，以观察个项目的变化趋势；纵向比较是将连续财务报表各个项目换算成百分比的形式，分析各项目在不同时期所占比重的变化情况。

4．因素分析法

因素分析法（elements analysis）又称连环替代法，是指在分析某一因素变化时，假定其他因素不变，分别测定各个因素变化对分析指标的影响程度的计算方法。因素分析法的基本特点是：在有两个以上因素存在着相互联系的制约关系时（具体表现为构成经济指标各因素之间存在相乘或相除的关系），对于一个经济指标发生变化，为了确定各个因素的影响程度，首先要以基期指标为基础，把各个因素基期数按照一定顺序依次地以实际数来代替，每次代替一个就得出一个新结果。在按顺序代替第一因素时，要假定其他因素不变，即保持基期水平。依次逐个代替其他因素时，以已代替过的因素的实际数为基础，其余尚未代替的因素，仍保持基期水平。这样，将其他因素包括已代替过的和未代替过的都保持相同，才可以计算这一被代替的影响。如此代替，有几个因素就代替几次，最后一次代替指标就是实际指标。将每次代替后的指标与该因素未代替前的指标相比，两者的差异就是某一因素的影响程度。将各因素的影响数值相加，应等于实际指标与基期指标之间的总差异。

具体推算如下：

设某一经济指标为 N，N 由 A、B、C 三个因素的乘积所构成，有

$$实际指标\ N_1 = A_1 + B_1 + C_1$$
$$基期指标\ N_0 = A_0 + B_0 + C_0$$

实际与基期的差异为

$$D = N_1 - N_0$$

测算各因素变化对 $N_1 - N_0$ 的影响：

A 变化对 $N_1 - N_0$ 的影响为 D_A，$D_A = A_1 B_0 C_0 - A_0 B_0 C_0 = (A_1 - A_0) B_0 C_0$；

B 变化对 $N_1 - N_0$ 的影响为 D_B，$D_B = A_1 B_1 C_0 - A_1 B_0 C_0 = (B_1 - B_0) A_1 C_0$；

C 变化对 N_1-N_0 的影响为 D_C，$D_C=A_1B_1C_1-A_1B_1C_0=(C_1-C_0)A_1B_1$。

最终

$$D=D_A+D_B+D_C$$

需要指出的是，运用因素分析法时，应该区别数量因素和质量因素，先替代数量因素，后替代质量因素；否则计算的个体差异即 D_A、D_B、D_C 是不一致的，但并不影响 $D=D_A+D_B+D_C$ 的计算结果，方法的运用仍然有效。运用因素分析法的关键是建立经济指标与各因素之间的关系，只有乘积关系的数学表达式运用因素分析法才有意义。如果是代数和形式的数学表达式，则应通过引入指标将其转化为乘积形式的数学表达式，再用因素分析法进行分析。

例1　某企业本月甲产品材料的消耗如表 1-3 所示。

表 1-3　产品材料消耗情况

项目	产量/件		单耗/(千克/件)		单价/(元/千克)		总成本/元	
	计划	实际	计划	实际	计划	实际	计划	实际
甲产品	100	90	3	3.2	5	4.8	1 500	1 382.4
成本差异								−117.6

材料成本＝产量×单耗×单价

材料计划成本＝$100\times3\times5=1\,500$(元)

材料实际成本＝$90\times3.2\times4.8=1\,382.4$(元)

材料成本差异＝$1\,382.4-1\,500=-117.6$(元)

产量变化对成本差异的影响：$(90-100)\times3\times5=-150$(元)

单耗变化对成本差异的影响：$(3.2-3)\times90\times5=90$(元)

单价变化对成本差异的影响：$(4.8-5)\times90\times3.2=-57.6$(元)

对成本差异的总影响：-117.6(元)

5. 杜邦分析法

杜邦分析法（the Dupont system）是在考虑各财务指标内在联系的条件下，把财务指标以系统分析图的形式连在一起，综合评价企业财务状况和经营成果的一种方法。杜邦指标体系如图 1-2 所示。

杜邦分析法是美国杜邦公司率先采用的一种分析方法，故称杜邦分析法。从指标分析图中可以看出，整个指标体系图呈金字塔形状，最上面的是所有者权益收益率，它是企业财务管理的核心指标，与企业财务管理目标的相关性最大，是投资人最关心的指标。接着是对所有者权益收益率进行层层分解，反映出它是由哪些指标计算的结果以及受哪些因素影响的结果。在这个指标体系图的最底层，反映出会计的六大要素的构成，即资产、负债、所有者权益、收入、费用和利润的项目构成。该指标体系图简明直观，给人一目了然的感觉，同时又从会计的六大要素入手，反映出由六大会计要素所构成的相关财务指标，最终反映出这些财务指标与核心指标所有者权益收益率之间的关系。

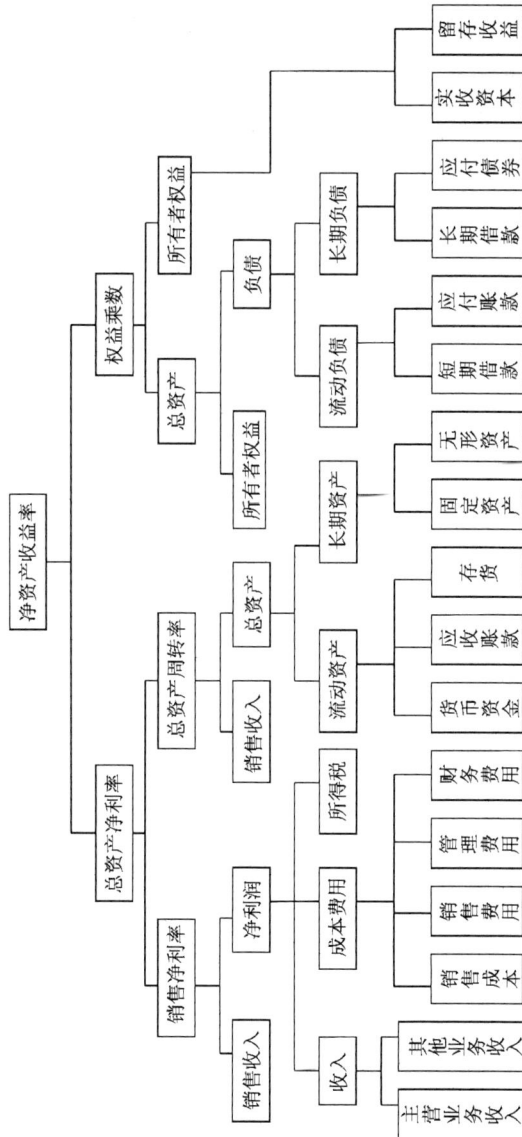

图1-2　杜邦指标体系分析

6. 沃尔分析法

沃尔分析法是亚历山大·沃尔率先提出的,沃尔在 20 世纪初出版的《信息晴雨表研究》和《财务报表比率分析》中提出了信用能力指数的概念,把若干个财务比率用线性关系结合起来,以此评价企业的信用水平。沃尔分析法的基本原理和步骤是:①选定七个财务指标,这些财务指标能综合评价企业的信用水平;②按照各财务指标的重要程度,分别给定其在总评价中的比重,总和为 100 分;③确定各财务指标的标准值,通常是现实条件下行业的较优值;④计算出被评价企业的七个财务指标的实际值;⑤计算财务指标实际值与标准值的关系比率,即关系比率为实际值/标准值;⑥求出财务指标的综合指数及合计数。沃尔提出的七个财务指标及比重如表 1-4 所示。

表 1-4 沃尔综合评分表

指　　标	比重①	标准值②	实际值③	关系比率 ④=③/②	综合指数 ⑤=①×④
流动比率	25				
净资产/负债	25				
资产/固定资产	15				
销售成本/存货	10				
销售额/应收账款	10				
销售额/固定资产	10				
销售额/净资产	5				
合　　计	100				

从理论上讲,沃尔分析法没有论证为何选择七个财务指标、为何选择这七个财务指标及未能证明这七个财务指标所占比重的合理性;从技术上讲,该方法在运用中,如果某一财务指标异常会对综合指数产生不合逻辑的影响,也就是说,财务比率提高 1 倍,综合评分增加 100%;而缩小 1 倍,其综合评分只减少50%。但沃尔分析法可取之处在于沃尔所提出的这种分析思路和方法。人们可以运用这种思路和方法,建立综合财务指标分析体系,选择财务指标的组成,确定各财务指标所占比重及财务指标的标准值,来进行综合财务评价。同时也可以在该方法的基础上进行一些修订,使其更科学、更完善。

第五节 财务信息规范体系

一、规范财务信息的必要性

企业作为社会的一个细胞，必须与外部环境进行信息交流。财务信息也不例外，既包括企业从外部环境中吸取财务信息，也包括企业向外部环境传递财务信息。一般地，企业向外部传递的财务信息是涉及企业重大关系人切身利益的经济信息，这些关系人迫切需要通过而客观公正的财务信息，分析和评价企业的财务状况。而客观公正的财务信息是财务分析的基础，也是分析者对财务信息最基本的要求。规范财务信息的披露体系是提供客观公正财务信息的保证，其必要性表现在以下几个方面。

1. 确保财务信息的客观公正性

现代企业的组织形式使得所有权与经营权相分离，导致财务信息的使用者与经营者相分离。也就是说，经营者比使用者更多掌握有关企业经济活动和财务业绩的信息，产生信息的不对称性。掌握决策资源的财务信息，对其产生的这种不对称性显然是不公正的。同时财务报告的公开性，又会促使经营者产生隐匿重要信息，减少披露动机，这不仅导致市场失灵，而且增加使用者寻觅有用而未公开信息的成本，是市场无效率。这时就需要政府或其他公正权力机构的介入，对财务信息的披露进行强制性或有效性的规范。只有规范财务信息的披露体系，才能为客观公正的财务信息披露提供保证。

2. 确保财务信息的质量性

财务会计的对象存在于动态的市场经济中，其中相当一部分交易和事项是不确定的，而用于处理和报告不确定事项及其后果的程序和方法具有可选择性，因此估计和判断构成财务会计的固有特征。而怎样合理估计和判断在会计实务中带有主观成分，合理与否是难以把握的。企业外部集团需要财务会计传递对决策有用的信息，这种信息应具有"可靠性"和"相关性"两个基本质量特征，但是不确定性、可选择性、估计和判断等因素的存在，与两个基本质量要求发生矛盾。为解决这一矛盾，确保财务信息的主要质量，使财务信息的判断估计、处理及其披露程序和方法在一定程度和范围内保持统一，必须对财务信息的处理和披露进行规范。

3. 确保财务信息的可比性

市场经济中不论什么类型的企业，不论采用了何种组织形式，含何种经济成分，相同或相似的财务信息都应具有可以比较、分析和汇总的品质。只有具备这种可比性特征，信息使用者才能作出有效的分析比较，才能作出正确的判断和决策。同时经济业务的跨行业、跨地区甚至跨国，都对财务信息的可比性提出了更高的要求。只有规范财务信息的处理和披露体系，才能保证财务信息的可比性；只有规范财务信息的披露体系，才能为客观公正的财务信息提供保证。

二、我国的会计规范体系

目前各国在规范会计程序和方法上主要有两大类型：一是由民间会计组织制定，但仍由法律或权威机构授权运行，使之成为公认会计准则。这种准则的制定方式运用于资本主义国家的市场经济，以美国、英国为代表。二是由政府机构依法制定，所制定的会计准则具有"准法律"的性质。我国属于第二类。

我国的会计规范体系是指财务信息的法规体系，包括公开财务信息的法规体系和非公开财务信息的法规体系。前者是针对上市公司信息披露的法规体系，后者是非上市公司财务信息的法规体系，它们的构成及关系如图1-3所示。

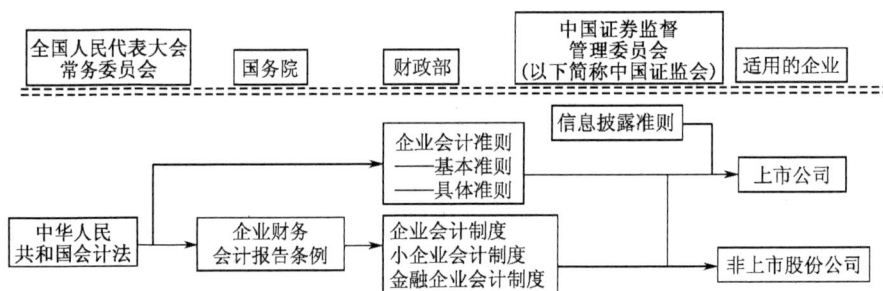

图 1-3 我国的会计规范体系

(一)《中华人民共和国会计法》

《中华人民共和国会计法》是会计工作的根本大法，是调整我国经济活动中会计关系的法律总规范，是会计法律法规体系的最高层次，也是制定其他会计法规的依据。

中华人民共和国成立以后的第一部《中华人民共和国会计法》于1985年1月21日第六届全国人民代表大会常务委员会第九次会议通过，并于1985年5月1日开始实施。随着我国经济体制改革的不断深化，为适应社会主义市场经济发展的需要，1993年12月29日第八届全国人民代表大会常务委员会第五次会议通过《关于修改<中华人民共和国会计法>的决定》，自公布之日起实施。为了维护社会主义市场经济秩序，规范会计行为，保证会计资料真实和完整，1999年10月31日第九届全国人民代表大会常务委员会第十二次会议修订并通过了《中华人民共和国会计法》，并于2000年7月1日起施行。

修订后的《会计法》包括7章52条，由第一章"总则"、第二章"会计核

算"、第三章"公司、企业会计核算的特别规定"、第四章"会计监督"、第五章
"会计机构和会计人员"、第六章"法律责任"和第七章"附则"等组成。

修订后的《会计法》第 8 条明确规定，"国家实行统一的会计制度，国家统
一的会计制度由国务院财政部门根据本法制定并公布"。

（二）企业财务会计报告条例

为了规范企业财务会计报告，保证财务会计报告的真实、完整，根据《会计
法》的基本要求，2000 年 6 月 21 日，国务院以第 287 号令的形式，发布《企业
财务会计报告条例》，并于 2001 年 1 月 1 日起施行。

该条例的发布和实施，一方面是国务院全面贯彻落实《会计法》的一项重要
举措，是新修订的《会计法》有关财务会计报告要求的具体化，是把《会计法》
相关要求落到实处的重要保障措施；另一方面对严格财务会计报告纪律，加强对
财务会计报告编制工作的监督，杜绝财务会计报告中的制假、造假行为，将起到
积极的支持作用。同时该条例的发布和实施，对我国企业对外提供财务会计报告
提出了更高的要求，对我国的会计制度也提出了更高要求，对提高我国企业财务
会计报告信息质量具有重要的意义。

《企业财务会计报告条例》共分 6 章 46 条，包括第一章"总则"、第二章
"财务会计报告的构成"、第三章"财务会计报告的编制"、第四章"财务会计报
告的对外提供"、第五章"法律责任"和第六章"附则"。

《企业财务会计报告条例》对 1992 年发布的《企业会计准则——基本准则》
中资产、负债、所有者权益、收入、费用和利润六大会计要素，完全按照各要素
的性质和内涵重新加以界定，具有深远的理论与现实意义。会计要素是构成财务
会计报告的重要组成部分，通过这些要素所反映的项目及金额，表明企业的各种
资源、债权人和投资人对这些资源的要求权以及交易和事项对其产生的影响。因
此，正确定义会计要素是合理地确认和计量各项会计要素的前提。该条例对其重
新定义，对于完善和修改我国会计核算制度，深化会计制度的改革提供了法律保
障，同时也标志着我国会计向更成熟的方向发展。

（三）企业会计准则

我国的企业会计准则分为基本会计准则和具体会计准则。早在 1991 年，财
政部就提出了建立中国会计准则体系的目标，要求这套体系既要照顾中国国情，
又要考虑国际惯例，要有利于证券市场和市场经济的发展。1992 年 11 月 30 日
首次发布《企业会计准则——基本准则》，自 1994 年 2 月 14 日至 1996 年 1 月 4
日陆续发布了 29 个具体准则的征求意见稿，1997 年 5 月 22 日首次发布《企业
会计准则——关联方关系及其交易的披露》具体会计准则，期间又相应发布和修

订了 16 个具体会计准则。截至 2006 年 2 月 15 日财政部已发布 39 项会计准则（包括首次发布的 22 项新具体准则和修订了的 1 项基本准则和 16 项具体准则），并在 2006 年 10 月 30 日发布了 32 个具体会计准则的应用指南以及 1 个会计科目和主要账务处理的附录，从而构建了我国完整的会计准则体系。

1. 基本会计准则

（1）基本准则的地位。从国际会计惯例看，无论是国际会计准则理事会，还是美国等国家或者地区，在其会计准则制定中，通常都制定有"财务会计概念框架"。该框架既是制定国际财务报告准则和有关国家会计准则的概念基础，也是会计准则制定应当遵循的基本法则。

我国基本准则类似于国际会计准则理事会的《编报财务报表的框架》和美国财务会计准则委员会的《财务会计概念公告》，在企业会计准则体系建设中扮演着同样的角色，并在整个企业会计准则体系中起着统驭作用。基本准则规范了包括财务报告目标、会计基本假设、会计信息质量要求、会计要素的定义及其确认、计量原则、财务报告等在内的基本问题，是会计准则制定的出发点以及制定具体准则的基础。

在我国，会计准则属于法规体系的组成部分。根据《中华人民共和国立法法》规定，我国的法规体系通常由四个部分构成：一是法律；二是行政法规；三是部门规章；四是规范性文件。其中，法律是由全国人民代表大会常务委员会通过，由国家主席签发。行政法规由国务院常务委员会通过，由国务院总理签发。部门规章由国务院主管部门部长以部长令签发。我国的会计准则体系中，基本准则属于部门规章，由财政部部长签发；具体会计准则及其应用指南属于规范性文件，以财政部文件形式印发。

（2）基本准则的作用。基本准则在会计准则体系中具有重要的地位，主要表现为以下两个方面：

一是统驭具体准则的制定。随着我国经济的迅速发展，会计实务问题层出不穷，会计准则需要规范的内容日益增多，体系日趋庞杂。在这样的背景下，为了确保各项准则的制定建立在统一的理念基础之上，基本准则需要在其中发挥核心作用。我国基本准则规范了会计确认、计量和报告等一般要求，是准则的准则，它对各具体准则的制定起着统驭作用，可以确保各具体准则的内在一致性。我国《企业会计准则——基本准则》第 3 条明确规定，"企业会计准则包括基本准则和具体准则，具体准则的制定应当遵循本准则（即基本准则）"。在企业会计准则体系的建设中，各项具体准则也都严格按照基本准则的要求加以制定和完善，并且在各具体准则的第 1 条中作了明确规定。

二是为会计实务中出现的、具体准则尚未规范的新问题提供会计处理依据。在会计实务中，由于经济交易事项的不断发展、创新，具体准则的制定有时会出现滞后的情况，一些新的交易或者事项在具体准则中尚未规范但又急需处理。这时，企业不仅应当对这些新的交易或者事项及时进行会计处理，而且在处理时应当严格遵循基本准则的要求，尤其是基本准则关于会计要素的定义及其确认与计量等方面的规定。因此，基本准则不仅扮演着具体准则制定依据的角色，也为会计实务中出现的、具体准则尚未作出规范的新问题提供了会计处理依据，从而确保了企业会计准则体系对所有会计实务问题的规范作用。

（3）基本准则的内容。我国基本准则的制定吸收了当代财务会计理论研究的最新成果，反映了当前会计实务发展的内在需要，体现了国际上财务会计概念框架的发展动态，构建了完整、统一的财务会计的基本目标、假设、会计基础和会计信息质量要求、会计要素及其确认、计量原则，以及财务报告的基本规范等。

基本准则规范的核心内容包括以下方面：①财务报告目标。财务报告的目标是向财务报告使用者提供与企业财务状况、经营成果和现金流量等有关的会计信息，反映企业管理层受托责任履行情况，有助于财务报告使用者作出经济决策。②会计基本假设。我国企业会计基本假设包括会计主体、持续经营、会计分期和货币计量。③会计基础。企业会计的确认、计量和报告应当以权责发生制为基础。④会计信息质量要求。会计信息质量要求是对企业财务报告中所提供会计信息质量的基本要求，是使财务报告中所提供会计信息对使用者决策有用应具备的基本特征，包括可靠性、相关性、可理解性、可比性、实质重于形式、重要性、谨慎性和及时性等。⑤会计要素及其确认原则。我国企业会计要素按照其性质分为资产、负债、所有者权益、收入、费用和利润，其中，资产、负债和所有者权益要素侧重于反映企业的财务状况，收入、费用和利润要素侧重于反映企业的经营成果。⑥会计要素的计量。会计要素的计量原则，规定会计要素在计量时可供选择的计量属性包括历史成本、重置成本、可变现净值、现值和公允价值。⑦财务报告的基本规范。财务报告是企业对外提供的反映企业某一特定日期的财务状况和某一会计期间的经营成果、现金流量等会计信息的文件，包括财务报表和其他应当在财务报告中披露的相关信息和资料。其中，财务报表至少应当包括资产负债表、利润表和现金流量表等。考虑到小企业规模较小，外部信息需求相对较低，基本准则规定小企业编制的报表可以不包括现金流量表。

2. 具体会计准则

具体会计准则是根据基本会计准则的要求制定的，是对经济业务的会计处理以及报表披露等方面作出的具体规定。财政部在 2006 年 2 月 15 日共发布 38 个具体会计准则，它们是：《企业会计准则第 1 号——存货》、《企业会计准则第 2 号——长期股权投资》、《企业会计准则第 3 号——投资性房地产》、《企业会计准则第 4 号——固定资产》、《企业会计准则第 5 号——生物资产》、《企业会计准则第 6 号——无形资产》、《企业会计准则第 7 号——非货币性资产交换》、《企业会计准则第 8 号——资产减值》、《企业会计准则第 9 号——职工薪酬》、《企业会计准则第 10 号——企业年金基金》、《企业会计准则第 11 号——股份支付》、《企业会计准则第 12 号——债务重组》、《企业会计准则第 13 号——或有事项》、《企业会计准则第 14 号——收入》、《企业会计准则第 15 号——建造合同》、《企业会计准则第 16 号——政府补助》、《企业会计准则第 17 号——借款费用》、《企业会计准则第 18 号——所得税》、《企业会计准则第 19 号——外币折算》、《企业会计准则第 20 号——企业合并》、《企业会计准则第 21 号——租赁》、《企业会计准则第 22 号——金融工具确认和计量》、《企业会计准则第 23 号——金融资产转移》、《企业会计准则第 24 号——套期保值》、《企业会计准则第 25 号——原保险合同》、《企业会计准则第 26 号——再保险合同》、《企业会计准则第 27 号——石油天然气开采》、《企业会计准则第 28 号——会计政策、会计估计变更和差错更正》、《企业会计准则第 29 号——资产负债表日后事项》、《企业会计准则第 30 号——财务报表列报》、《企业会计准则第 31 号——现金流量表》、《企业会计准则第 32 号——中期财务报告》、《企业会计准则第 33 号——合并财务报表》、《企业会计准则第 34 号——每股收益》、《企业会计准则第 35 号——分部报告》、《企业会计准则第 36 号——关联方披露》、《企业会计准则第 37 号——金融工具列报》、《企业会计准则第 38 号——首次执行企业会计准则》。

2006 年 10 月 30 日除第 15 号、25 号、26 号、29 号、32 号和 36 号具体会计准则外，财政部发布了其他 32 个具体会计准则的应用指南，并要求在上市公司和有条件的股份公司中执行。

(四) 企业会计制度

从 1998 年起，我国的会计制度一直致力于与国际会计准则的协调，致力于我国会计标准的改革，在当时会计准则体系尚欠完整的情况下，提出的改革总体思路是建立国家统一的会计核算制度体系，因而财政部于 2000 年 12 月 29 日发布了《企业会计制度》，2001 年 11 月 27 日发布了《金融企业会计制度》，2004 年 4 月 27 日发布了《小企业会计制度》。《企业会计制度》要求在 2001 年 1 月 1 日先在股份有限公司中执行，然后扩展到除不对外筹集资金、经营规模较小的企业以及金融保险企业以外的所有企业执行。《金融企业会计制度》要求在 2002 年 1 月 1 日起暂在上市的金融企业范围内实施。《小企业会计制度》要求在 2005 年 1 月 1 日在小企业范围内开始执行。

由于新会计准则体系的执行目前暂在上市公司中进行，并鼓励有条件的非上市公司执行新的会计准则体系，因此会计准则体系与会计制度体系必将并存一段时间。但随着会计准则体系执行条件的不断完善和成熟，企业会计准则必将取代企业会计制度。

（五）上市公司信息披露制度

1. 上司公司信息披露的原则

证券市场信息披露制度，是股份有限公司在公开发行股票、债券等有价证券，并将其发行的证券在证券交易场所交易时，以公开、公平、公正为指导原则，依法将其与证券有关的一切真实信息予以公开，以供投资者作证券投资判断参考的法律制度。按照目前法律法规的要求，公开披露的文件包括三个方面：①入市报告制度；②定期报告制度；③临时报告制度。

一般来讲，上司公司信息披露的原则主要有：

（1）公开性原则。是指公司进行信息公开，以保证证券市场的每一个参与者在平等条件下获得同样的信息，从而保证市场在公平交易中正常运行。由于众多投资者不可能直接介入公司的日常经营管理活动，为使股东能全面地了解公司的财务状况与经营成果，进而对公司运营进行有效的监督，以防止公司管理人员滥用权力，公司必须公开其会计信息和其他重要信息。

（2）真实性原则。是指股份有限公司所公开的信息不得有任何虚假成分，必须与自身的客观实际相符。真实性要求公司不论在何时何地、以什么方式披露财务报告，均须保证所披露的信息真实。

（3）准确性原则。是指股份有限公司所公开的信息必须尽可能详细、具体、准确。上市公司董事会的全体成员必须保证信息披露内容的真实、准确、完整，没有虚假的、严重的误导性陈述，并对其保证承担个别连带的责任。

（4）完整性原则。是指股份有限公司必须把能够提供给投资者，从而使投资者能判定证券投资价值的信息全部公开。充分披露那些公司应公开的信息从而让投资者能够了解公司的全貌、事件的实质、问题的处理结果，以使其作出进行证券投资的理性判断。要求在披露时不得有任何可能误导投资者判断，从而使投资者利益受到损害的重大隐瞒、遗漏信息的情况发生。

（5）公允性原则。是指上市公司公开披露的信息若涉及财务会计、法律、资产评估等事项，应当根据有关规定，由有从事证券业务资格的会计师事务所、律师事务所和资产评估机构等专业性中介机构审查验证，并出具书面意见。公允性体现了证券市场公正性的一面。

（6）及时性原则。是指股份有限公司必须在法定期限内公开有关的报表文件，对一些发生的重大事件也必须迅速公开。由于投资者尤其是广大股东与公司内部管理人员在获悉公司会计信息的时间上存在差异，为克服这种获得信息在时间上的不对称性而产生的弊端，上市公司公开披露的信息必须及时披露；而且信息在公开披露前，上市公司的董事会及董事有义务将该信息的知情者控制在最小范围内。此外，及时性是信息具有相关性特征的必要保证。因相关性要求公司披露的信息在内容上不仅具有反馈作用，即投资者能将过去的预测与目前的公司实绩相对照，以分析差异；而且还应具有预测作用，即可以帮助投资者通过对公司未来的理性判断，作出合理的选择。如不能保证及时性，那么延迟的信息披露就不能帮助使用者取得足够的信息。

2. 上司公司信息披露制度

上市公司信息披露具有相当规范的标准，它涉及信息披露的内容、格式、时间与方式等。当公开发行股票的公司，从其股票发行进入一级市场（又称发行市场），再进入二级市场（又称流通市场），进而在上市以后的运作过程中，都必须按照一定的规范要求，披露有关的信息。

上市公司信息披露制度主要是指由中国证监会发布的一系列规章制度，主要涉及一系列的《公开发行证券公司信息披露编报规则》和《公开发行证券的公司信息披露内容与格式准则》。例如，《公开发行证券的公司信息披露内容与格式准则第 1 号——招股说明书》、《公开发行证券的公司信息披露内容与格式准则第 2 号——年度报告的内容与格式》、《公开发行证券的公司信息披露内容与格式准则第 3 号——半年度报告的内容与格式》、《公开发行股票公司信息披露的内容与格式准则第 4 号——配股说明书的内容与格式》、《公开发行证券的公司信息披露内容与格式准则第 5 号——公司股份变动报告的内容与格式》等。

值得一提的是，会计信息的披露往往不是单独进行的，而是与其他非会计信息一起，在公司入市（一级、二级市场）、入市以后的适当时机予以公开披露。纵观公开发行股票公司信息披露的文件，会计信息都是其主要内容，但是出于用户与市场管理的需要，同时披露非会计信息也是十分必要的。鉴于这样的考虑，财务信息披露制度就不可能像我们习惯上所理解的会计准则体系那样独立存在、自成一体，而是渗透在有关的法规和信息披露规范性文件中。

课 后 练 习

一、思考题

1. 什么是财务分析？企业财务分析应包括哪些内容？

2. 如何理解不同的财务分析主体形成不同的财务分析重点？如果你是一个股东，会重点关注财务报表的哪些信息？

3. 在进行财务报表分析前，应如何去收集分析所需要的信息？

4. 如何认识规范财务信息的必要性？

5. 制约企业财务报表编制的法规体系之间的关系如何？

6. 根据营口港财务报表主要信息，你会运用什么样的财务分析方法进行财务分析？

二、选择题

1. 为了判断企业所处的地位和水平，比较合适的财务分析标准是（　　）

　　A. 目标标准　　B. 行业标准　　　　C. 历史标准　　　　D. 经验标准

2. 财务分析的主体包括（　　）

　　A. 债权人　　　B. 股东　　　　　　C. 供应商和客户　　D. 职工　　　　E. 政府

3. 企业计提固定资产折旧首先是以哪项假设为前提（　　）

　　A. 货币计量　　B. 会计分期　　　　C. 持续经营　　　　D. 会计主体

4. 下列分析方法中，用于动态分析的有（　　）

　　A. 比较分析法　　B. 比率分析法　　C. 因素分析法　　D. 杜邦分析法　　E. 趋势分析法

5. 企业对外报送的财务报表有（　　）

　　A. 资产负债表　　B. 成本计算单　　C. 利润表　　　　　D. 现金流量表

6. 将融资租赁的资产纳入企业的资产负债表，视为自身的资产计提折旧，体现了下列哪一项要求（　　）

　　A. 可靠性　　　B. 可理解性　　　　C. 实质重于形式　　D. 重要性

7. 杜邦分析法围绕的核心指标是（　　）

　　A. 销售净利率　　　　　　　　　　B. 边际贡献率

　　C. 总资产报酬率　　　　　　　　　D. 所有者权益报酬率

三、判断题

1. 政府不需要对企业进行财务分析，因为与企业没有直接的经济利益关系。（　　）

2. 财务分析的主体不同，分析的重点也就不同，没有必要一成不变地从所有方面进行详细分析。（　　）

3. 企业所有的经济利益流入都可以叫做收入。（　　）

4. 从债权人的立场上，企业的投资报酬率是财务分析最重要的内容。（　　）

5. 不仅仅是三大财务报表，报表附注也有很大的分析价值，因为它也涵盖了重要的财务信息。（　　）

四、计算题

已知 A 公司 2008 年年末的相关数据为：股东权益总额 30 000 万元，资产负债率 50%，当年销售收入 50 000 万元，税前利润 10 000 万元，所得税率 25%。

要求：

(1) 计算该公司 2008 年的销售净利率、资产周转率和权益净利率；

(2) 如果上年的销售净利率为 10%，资产周转率为 1.2 次，权益乘数为 1.5，用因素分析法依次分析销售净利率、资产周转率和权益乘数变动对权益净利率的影响程度。

第二章

利润表分析

聚焦珠海格力电器（000651）

格力集团成立于 1985 年 3 月，经过 20 多年的发展，已经成为珠海市目前规模最大、实力最强的企业集团之一，形成了工业、房地产、石化码头仓储三大板块综合发展的格局。全集团拥有"格力"、"罗西尼"两个中国驰名商标，"MMC"广东省著名商标，格力空调获中国世界名牌产品称号，罗西尼手表获中国名牌产品称号。格力空调连续 12 年产量、销量排名全国同行业第一。

2007 年，集团实现营业总收入 380.41 亿元，比上年同期（调整后）增长 44.33%；实现归属于母公司所有者的净利润 12.70 亿元，比上年同期（调整后）增长 83.56%，全面摊薄净资产收益率达 22.56%，公司继续保持稳健、快速、健康的良好发展态势，行业龙头地位更加稳固。

展望 2008 年*，公司经营将面临很多困难。如原材料价格继续上涨将导致材料成本继续上升，人民币升值加速导致汇兑损益及出口成本上升，实施新《中华人民共和国劳动合同法》导致人力成本上升，实施新《中华人民共和国企业所得税法》（母公司所得税税率将从 15% 上升至 18%）导致所得税增加，国家实施从紧的货币政策导致资金成本上升，等等。总之，公司生产经营将面临成本全面上升的挑战。

虽然经营环境十分严峻，但是对于空调行业内的每一家企业都是一样的、公平的，适者生存，因此我们认为经营环境的变化不仅仅是挑战，更多的是机遇。空调行业整合在 2008 年将继续深化，行业集中度将进一步提高。我们力争在行业整合中不断发展、前进，2008 年公司经营目标是：销售收入较上年同期增长 25% 以上，净利润增长幅度不低于销售收入增长幅度。

这是 2008 年格力电器年度规划的一部分。具有很好的目标，很鼓舞人心，那么这一目标是否具有理性？以下方面将是这一问题的延伸，同时也是投资者关注的焦点。

· 企业收入、费用结构是否合理？

· 低利润率扩展会不会影响公司的整体盈利能力？

· 企业的利润质量和盈利能力可否支撑企业长期的发展？

*：资料截至 2007 年

本章将以格力电器为背景，探讨包含以上诸问题在内的利润表的分析。

第一节　利润表概述

一、利润表的含义及作用

利润表（income statement）又称损益表，是反映企业在一定期间经营成果的财务报表。它是一张动态的财务报表，企业在生产经营过程中，不断地发生各种费用，同时取得各种收入，收入减去费用，剩余的部分就是企业的盈利，利润表反映的也就是企业的经营成果。企业如果经营有方，取得的收入超过发生的生产经营费用，就能取得一定的利润；反之企业就得承受一定的亏损。会计部门应定期核算企业的经营成果，并将核算结果编制成报表，这就是利润表。

通过利润表反映的收入、费用等情况，能够反映企业生产经营的收益和成本耗费情况，有助于评价企业经营成果；同时，通过利润表提供的不同时期的比较数字（本月数、本年累计数、上年实际数），可以分析企业今后利润的发展趋势与获利能力，了解投资者投入资本的完整性，有助于企业管理人员作出经营决策。它的作用主要表现在以下几个方面：

（1）可以用来分析判断企业的经营成果和获利能力。获利能力是指企业运用自己所控制的各种资源（人力、物力）获取利润的能力，它可通过一些相对指标，如总资产报酬率、净资产收益率、成本利润率、销售净利率等予以体现。通过利润表及资产负债表相关指标即可计算出企业的获利能力及经营成果。通过比较和分析同一企业不同时期、不同企业的同一时期的收益情况，可以判断企业经营成果的优劣和获利能力的高低，预测未来的发展趋势。

（2）可以为外部投资者作出投资决策提供依据。通过利润表，可以计算利润的绝对值指标，也可以计算投资报酬率以及资金利润率等相对值指标。并通过前后两个时期以及同一时期不同行业或企业同类指标的比较分析，了解该企业的获利水平、利润增长变化趋势，据此决定是否投资、是否追加投资以及是否改变投资方向。

（3）可以为企业内部管理层的经营决策提供依据。利润表综合地反映营业收入、营业成本、营业费用以及期间费用等，披露利润组成的各大要素，通过比较分析利润的增减变动，可以寻求其根本原因，以便在价格、品种、成本、费用及其他方面揭露矛盾，找出差距，明确今后工作重点，以便作出正确的决策。

（4）可以为企业内部业绩考核提供重要的依据。企业一定时期的利润总额集中反映了各部门工作的结果，它既是制定各部门工作计划的参考，又是考核各部门计划执行结果的重要依据，利润表内所提供的相关数据可以评判各部门工作的业绩，以便作出正确的奖罚决策。

二、利润表的结构和内容

1. 利润表的结构

目前比较通用的利润表格式主要有单步式利润表和多步式利润表两种。我国一般采用多步式利润表格式。所谓多步式利润表是指按一定的格式经过多个步骤计算出企业的利润。我国新的企业会计制度规定的利润表包括四个部分，具体构成为：

第一部分，反映营业收入，即主营业务收入与其他业务收入之和；

第二部分，反映营业利润，即营业收入减去营业成本和营业税金及附加，再减去销售费用、管理费用、财务费用和资产减值损失，然后加上公允价值变动收益和投资收益后的余额；

第三部分，反映利润总额（或亏损总额），即营业利润加营业外收入减营业外支出后的余额；

第四部分，反映净利润（或净亏损），即利润总额（或亏损总额）减去本期所得税后的余额。

多步式利润表的具体格式见表 2-1 所示。

表 2-1　利润表

2007 年 12 月

编制单位:珠海格力电器股份有限公司(合并)　　　　　　　　　　　　单位:元

项　目	本期金额	上期金额
一、营业收入	38 009 184 000	23 802 878 000
减:营业成本	31 117 088 800	19 484 807 200
营业税金及附加	316 797 632	66 889 852
销售费用	4 349 314 600	2 904 643 840
管理费用	868 999 230	801 846 270
财务费用	−9 742 239	23 278 468
资产减值损失	15 374 722	
加:公允价值变动收益(损失以"−"号填列)		
投资收益(损失以"−"号填列)	−938 459.56	21 263 840
其中:对联营企业和合营企业的投资收益	−614.82	
二、营业利润(亏损以"−"号填列)	1 374 811 780	760 874 880
加:营业外收入	63 707 960	7 942 406
减:营业外支出	12 152 779	12 152 548

续表

项　目	本期金额	上期金额
其中:非流动资产处置损失	4 311 298	
三、利润总额(亏损总额以"一"号填列)	1 426 366 980	792 480 260
减:所得税费用	139 127 168	155 072 384
四、净利润(净亏损以"一"号填列)	1 287 239 810	628 159 170

2. 利润表的内容

下面以表 2-1 为例,介绍利润表的各项内容。

(1)"营业收入"项目,反映企业经营主要业务和其他业务所取得的收入总额。

(2)"营业成本"项目,反映企业经营主要业务和其他业务所发生的实际成本。对于企业来说,营业成本的高低,直接关系到企业利润的多少。因为营业成本是营业收入中最重要的,往往也是最大的扣除项目。在其他条件不变的情况下,营业利润直接取决于营业成本的高低,营业成本提高则营业利润从而利润总额下降;反之则相反。

(3)"营业税金及附加"项目,反映企业经营主要业务和其他业务应负担的营业税、消费税、城市维护建设税、资源税、土地增值税和教育费附加等。

(4)"销售费用"项目,反映企业在销售商品和商业性公司在购入商品等过程中发生的费用。销售费用大多为变动费用,即随着销量的变化而变化。因此在进行财务报表分析时,应将销售费用的增减变动与销量的变动结合起来,分析这种变化的合理性、有效性,发现销售费用管理中存在的问题,并查明原因进行处理。

(5)"管理费用"项目,反映企业行政管理部门为组织和管理生产经营活动而发生的各项管理性费用。管理费用包括的项目很多,如公司经费、业务招待费用等,企业主要通过预算来控制管理费用的开支。因此在进行管理费用分析时,主要是检查管理费用总额及内部各项目预算执行情况,从中发现管理费用管理中存在的问题,分析原因,并采取相应的措施。

(6)"财务费用"项目,反映企业在筹资过程中发生的各项财务性费用。财务费用由企业的筹资活动发生。因此在对其进行分析时,应将财务费用的增减变动和企业的筹资活动联系起来,分析财务费用的增减变动的合理性和有效性,发现其存在的问题,查明原因,采取对策。

(7)"资产减值损失"项目,反映资产的可收回金额低于其账面价值从而给企业带来的损失。企业在每个会计期末应对资产的可收回金额与其账面价值进行比较,当可收回金额低于其账面价值时应该对其计提减值损失,并在报表中将这部分损失予以确认。

（8）"公允价值变动收益"项目，反映以公允价值计价的各种资产在公允价值发生变动时给企业带来的收益（损失）。当资产的公允价值上升时，就应该将这部分收益在报表中予以确认。

（9）"投资收益"项目，反映企业以各种方式对外投资所取得的收益。投资收益是投资活动取得的利润，在对其分析时，应将其与企业的投资活动结合起来，以评价企业投资活动的效益。

（10）"营业利润"项目，反映企业整个日常经营活动所实现的利润情况，不包括非日常经营活动所带来的收益，反映了一个企业持续的、真实的获利能力。

（11）"营业外收入"项目和"营业外支出"项目，反映企业发生的与其生产经营无直接关系的各项收入和支出。对该项目的分析主要是通过各具体项目的比较，说明营业外收支净额究竟由哪些项目引起，并特别注意是否有异常变化的项目。在任何情况下，如果营业外收支净额在利润构成比重中加大都不是正常现象，应引起注意。

（12）"利润总额"项目，反映企业实现的利润总额。

（13）"所得税"项目，反映企业按规定从本期利润中扣除的所得税。

（14）"净利润"项目，反映企业税后净利润。

三、利润表的局限性

利润表在企业盈利能力和发展能力的分析中作用很大，但在运用它进行分析时也应注意该表也存在着很多局限性。这是进行财务分析时必须予以特别注意的事件。具体而言，利润表的局限性主要表现在以下几个方面：

（1）销售成本未反映现时实际价值。由于用历史成本计价，所耗用的资产按取得的历史成本转销，而收入按现行价格计量，进行配比的收入与费用未建立在同一时间基础上，因而使收益的计量缺乏内在逻辑上的统一性，影响了企业经营效果的真实性。

（2）不同企业收益无法进行精确比较。由于一般公认会计原则允许采用不同的会计方法，例如，存货计价方法按先进先出法或加权平均法，折旧按直线法或年数总和法，使不同企业收益的比较受到影响。

（3）未考虑物价变动的影响。现行会计利润的计算，只考虑了对原始投入货币资本的保全。在物价变动情况下，货币资本的保全并不能从实物形态或使用效能上保持资本的完整，因而可能造成虚盈实亏。长此下去，企业投资者投入的实物资本将受到逐步侵蚀，经营受到影响，这是很危险的。

（4）不能全面反映管理者的努力。由于采用货币计量，许多管理当局的努力，对公司的获利能力有重大帮助或提升，却无法可靠地量化，因而无法在利润表中列示，如企业形象和顾客满意度的提升。

第二节　收入的分析

一、收入的确认和计量分析

收入，是指企业在日常活动中形成的、会导致所有者权益增加的、与所有者投入资本无关的经济利益的总流入。它包括销售商品收入、提供劳务收入和让渡资产使用权收入。企业代第三方收取的款项，应当作为负债处理，不应当确认为收入。

（一）收入确认分析

1. 收入确认

《企业会计准则——收入》及其指南对收入的确认标准规定的比较原则，比较注重交易的经济实质。按其规定，企业销售商品时，如同时符合以下五个条件，才可以确认为收入：

（1）企业已将商品所有权上的主要风险和报酬转移给购货方。风险主要指商品由于贬值、损坏、报废等造成的损失；报酬是指商品包含的未来经济利益，包括商品因升值等给企业带来的经济利益。如果一项商品发生的任何损失均不需要本企业承担，带来的经济利益也不归本企业所有，则意味着该商品所有权上的风险和报酬已移出该企业。

（2）企业既没有保留通常与所有权相联系的继续管理权，也没有对已售出的商品实施有效控制。企业将商品所有权上的主要风险和报酬转移给买方后，如仍然保留通常与所有权相联系的继续管理权，或仍然对售出的商品实施控制，则此项销售不能成立，不能确认相应的销售收入。

（3）收入的金额能够可靠地计量。收入能否可靠地计量，是确认收入的基本前提。如果收入不能可靠地计量，则无法确认收入。

（4）相关的经济利益很可能流入企业。在销售商品的交易中，与交易相关的经济利益即为销售商品的价格。销售商品的价款能否有把握收回，是收入确认的一个重要条件。企业在销售商品时，如估计价款收回的可能性不大，即使收入确认的其他条件均已满足，也不应当确认收入。

（5）相关的已发生或将发生的成本能够可靠地计量。根据收入和费用配比原则，与同一项销售有关的收入和成本应在同一会计期间予以确认。因此，成本不能可靠计量，相关的收入也不能确认，即使其他条件均已满足，也不能确认收入。

企业销售商品应同时满足上述五个条件，才能确认收入。任何一个条件没有满足，即使收到货款，也不能确认收入。

2. 收入确认的分析

在明确收入内含的基础上，根据收入确认条件，应着重从以下几个方面进行分析：

（1）收入确认时间合法性分析。即分析本期收入与前期收入或后期收入的时间界限有无混淆的现象。

（2）特殊情况下企业收入确认的分析。如商品需要安装或检验，买主拥有退货权时的商品销售收入的确认等。

（3）收入确认方法合理性的分析。如采用完工百分比法、完成合同法的条件与估计方法是否合理等的分析。

（二）收入计量分析

在销售过程中，有时会由于产品质量不合格或者发出商品不符合规定等原因而发生退货即销售退回；有时会由于商品的质量、规定不符合要求而在价格上给予适当的减让即销售折让。此外企业为了促进客户尽早付款，往往给予现金折扣，即客户在规定期限内偿付货款可以按货款的一定百分比少付一部分货款。销售退回、销售折让和销售折扣都会使实际营业收入少于按照销售价格计算的营业收入，所以在核算营业收入时应当将这部分销售退回、销售折扣及销售折让从当期营业收入中扣除。

对收入的计量分析关键要注意销售退回、折扣与折让的计量是否准确。根据会计准则规定，销售折扣与折让的计量比较简单，而销售折扣问题相对复杂一些，应作为分析的重点。分析时应根据商业折扣与现金折扣的特点，分别分析折扣的合理性以及对企业收入的影响。

销售折扣是指企业在销售商品时，为鼓励购货方多购商品或尽早付款而给予的价款折扣，包括商业折扣和现金折扣。

（1）商业折扣，是指销货方为了鼓励购货方多购商品，根据其购货数量的多少，在商品价目单价格的基础上，按规定的百分比给予购货方的价格折扣。商品价目单价格扣除商业折扣后的金额，为双方的实际交易价格，即发票价格。由于会计记录是以实际交易价格为基础的，而商品折扣是在交易成立之前予以扣除的折扣，它只是购销双方确定交易价格的一种方式，因此并不影响销售的会计处理。

（2）现金折扣，是指销货方为鼓励购货方在赊销期限内提前付款而规定一个现金折扣期限，对在现金折扣期限内付款的购货方，按实际交易金额的一定百分比给予的价款折扣。现金折扣的期限和折扣比率通常用一个简单的分式表示。例如，一笔赊销期限为 30 天的商品交易，购货方若能在交易后 10 天内付款，可得到 2% 的现金折扣；超过 10 天在 20 天内付款，可得到 1% 的现金折扣；超过20天付款则必须按发票金额全付，则该现金折扣条件可表示为2/10、1/20、N/30。实际交易金额扣除现金折扣后的余额，为购货单位的实际付款金额。

在销售附有现金折扣条件的情况下，由于应收账款的未来收现金额是不确定的，可能是全部的发票金额，也可能是发票金额扣除现金折扣后的净额，要视购货单位能否在折扣期限内付款而定。因此，销售的会计处理将面临两种选择：一是选择按发票金额对应收账款及销售收入计价入账。如果购货方能够在折扣期限内付款，则取得的现金折扣作为财务费用处理，这种会计处理方法称为总价法。二是选择按发票金额扣除现金折扣后的净额对应收账款及销售收入计价入账。如果购货方未能在折扣期限内付款，则丧失的现金折扣作为冲减财务费用处理，这种会计处理方法称为净价法。

我国《企业会计准则》规定，企业在销售时不考虑现金折扣，现金折扣在实际发生时确认。

销售折让，是指企业售出的商品由于质量、品种等不符合要求而在售价上给予购货方的减让。销售折让可能发生在销货方确认收入之前，也可能发生在销货方确认收入之后。如果发生在销货方确认收入之前，销货方应直接从原销售价格中扣除给予购货方的销售折让，并按扣除该折让后的价格作为实际销售价格，确认收入；如果发生在销货方确认收入之后，则销货方应按实际给予购货方的销售折让，冲减当期销售收入。

销售退回，是指企业售出的商品由于质量、品种等不符合要求而发生的退货。销售退回应根据企业是否已确认销售收入，是否已结转销售成本，以及是否属于资产负债表日后事项等具体情况，分别进行会计处理。

（1）发生销售退回时，企业尚未确认销售收入。销售退回可能发生在企业确认收入之前，这种情况下的会计处理比较简单，只需将已计入"发出商品"等科目的商品成本转回"库存商品"科目即可。

（2）发生销售退回时，企业已经确认销售收入。销售退回如果发生在企业确认收入之后，则不论是本年销售本年退回，还是以前年度销售本年退回，除属于资产负债表日后事项的销售退回外，均应冲减退回当月的销售收入；如果已经结转了销售成本，还应同时冲减退回当月的销售成本。

（3）发生的销售退回，属于资产负债表日后事项。报告年度资产负债表日及以前售出的商品，在年度资产负债表日至财务会计报告批准报出日之间发生退回，应当作为资产负债日后调整事项处理，调整资产负债日会计报表的收入、费用、资产、负债、所有者权益等有关项目的数字。

因此，在对收入的计量进行分析时，应对比以上会计处理方法判断销售折扣、折让与销售退回的计量是否准确、合理。如果不合理或金额计量不准确，则应按相应的方法进行调整，重新确定企业的收入水平。

二、收入的构成分析

广义上的收入包括营业收入、公允价值变动收益、投资收益和营业外收入。狭义的收入仅指营业收入。对企业收入分析不仅要从总量上进行分析，而且应分析其结构及其变动情况，以了解企业的经营方向和会计政策选择。收入结构分析可主要从营业收入与其他收入、收入与利得、现销收入与赊销收入的结构进行。

1. 营业收入与其他收入分析

企业收入包括营业收入、投资收入和营业外收入等。企业营业收入在整个收入总量中所占的比重，反映了一个企业的核心获利能力、企业发展潜力和前景。对营业收入和其他收入的构成情况分析，可以了解与判断一个企业的经营方针、政策和效果，进而可分析企业的持续发展能力。

2. 收入和利得分析

企业在会计期间内增加的除所有者投资以外的经济利益通常称为收益，收益包括收入与利得。从定义上看，收入是指企业在日常活动中形成的经济利益的总流入，包括销售商品收入、劳务收入、利息收入、使用费收入和股利收入等。日常活动是指企业为完成其经营目标而从事的所有活动，以及与之相关的其他活动。

利得是指收入以外的其他收益，通常在偶发的经济业务中取得，属于那种不经过经营过程就能取得或不曾期望获得的收益，如企业接受捐赠或政府补助取得的资产、处理固定资产净损益、因其他企业违约收取的罚款等。利得在我国主要以营业外收入为常见形式。由于它是偶发性的收益，不是长久的，在分析时不能将这部分作为企业收入的主流来加以关注。

3. 现销收入与赊销收入分析

企业收入通常表现为现金与赊销两种方式，而在两者之间的选择一般要受到企业的会计政策、企业竞争战略、产品市场情况等因素的影响。通过对两者结构及其变动情况分析，可了解与掌握企业产品销售情况及其战略选择，分析判断其合理性。

我们从表 2-1 中可以看到，格力电器公司 2007 年营业收入比上年增长了 59.68%（1 420 630÷2 380 288），其营业成本的增长幅度略大于营业收入的增长幅度，为 59.70%（1 163 228÷1 948 481），但由于期间费用等的影响，导致营业利润增长了 80.69%（61 394÷76 087）。另外，从收入结构来看，公司营业收入占全部收入的 90% 以上，其收入构成较为理想，盈利的可持续性不容置疑。

此外，我们在对上市公司财务报表进行分析时，不能仅从其提供的数据上进行判断，对企业收入的真实性也应进行判断。上市公司出于某种特定目的的考虑，有可能对其收入进行粉饰，从而对投资者以及财务报表各方使用者造成一定的误导。为防止报表使用者作出错误的决策，在进行分析时应结合报表附注提供的相关信息，从报表的内在联系入手，结合宏观层面来判断企业提供的收入是否真实。

第三节 成本费用分析

成本费用是指企业在一定期间内为生产销售商品，提供劳务或其他活动，所发生的资产的流出或负债的产生。从经营成果确定的角度看，成本费用主要分为生产成本和期间费用两大类。

一、生产成本分析

产品生产成本是由多项因素综合决定的，是一项综合性指标，影响成本升降变动的因素很多。这些因素可以概括为生产过程前的事前因素和生产过程中的事中因素。事前因素主要是将成本控制、分析的范围扩大到产品设计等阶段，它是影响成本的重要因素；事中因素即我们熟悉的生产过程中发生的生产成本，是指与企业工作质量有关的因素，如材料消耗、劳动生产率高低、质量好坏、产量增减等。下面我们主要对成本计划完成情况进行分析。

对产品生产成本进行分析必须建立在一定的计划标准之上。合理的计划是成本分析控制的依据。通常情况下，产品计划（标准）成本是根据正常耗用水平、正常价格和正常生产能力利用程度制定的，如果耗用水平、价格和生产能力利用由于种种原因发生变化，则体现为产品实际成本与其计划（标准）成本之间的差额。这种实际成本脱离标准成本的差异称为成本差异（cost variances）。

进行成本差异分析时，首先从整体上将产品实际成本和计划成本进行分析，再对产品成本各个构成要素进行实际与计划的比较分析寻找差异。具体地说，可分为下面几个步骤：

（1）对全部产品成本计划完成情况的分析。

（2）对可比产品计划完成情况的分析。在所有产品中，有些是在过去年份就一直生产的产品，形成了历史成本资料，依次可以将现在的成本情况与历史的成本情况进行比较，这样的产品称为可比产品；而那些本期第一次生产的产品，由于没有历史成本资料，所以不可能将本期成本与历史成本比较，这样的产品称为不可比产品。

（3）对成本组成要素的实际数与计划数的分析。即分别对直接材料费、直接人工费、制造费用进行差异分析，并寻找产生差异的原因。

（4）对各期间费用（管理费用、营业费用及财务费用）耗费的分析。

（一）全部产品成本计划完成情况分析

对产品成本计划降低任务完成情况进行分析时，主要包括两类指标，即降低额和降低率。它们分别是将产品的计划数与实际数进行比较所得的相对数与绝对数。其计算公式如下：

$$降低额＝实际成本数－计划成本数$$

$$降低率＝\frac{实际成本数－计划成本数}{计划成本数}\times100\%$$

例如，A企业共生产甲、乙、丙三种产品，各产品的产量、单位成本、计划成本、实际成本等有关产品资料如表 2-2 所示。要求对全部产品成本计划完成情况进行分析。

表 2-2　产品成本表　　　　　　　　　　　　　　　单位:元

产品名称	计量单位	产量		单位成本			计划成本（计划产量）		本年总成本（实际产量）		
		计划	实际	上年实际	本年计划	本年实际	按上年实际单位成本计算	按本年计划单位成本计算	按上年实际单位成本计算	按本年计划单位成本计算	实际成本
		(1)	(2)	(3)	(4)	(5)	(6)	(7)	(8)	(9)	(10)
可比产品							28 000	24 540	29 000	25 100	25 640
甲	件	100	80	100	95	93	10 000	9500	8000	7600	7440
乙	件	300	350	60	50	52	18 000	15 000	21 000	17 500	18 200
不可比产品											
丙	件	20	18		80	85		16 00		1440	1530
合计							28 000	26 140	29 000	26 540	27 170

其分析方法是根据"产品成本表"的资料，将实际产量下的本年计划总成本与本年实际总成本进行比较编制"成本分析表"。如表 2-3 所示。

表 2-3 中的正号表示成本降低了；而负号表示没有实现成本降低，即成本上升。

表 2-3 反映出下列情况：从整体上看，企业没有完成成本计划任务，全部产品本年实际总成本比计划总成本增加 630 元，增长比率为 2.37%。

表 2-3　产品总成本计划完成情况分析表

产品名称	本年计划总成本/元	本年实际总成本/元	降低额/元	降低率/%
可比产品	25 100	25 640	-540	-2.15
甲	7600	7440	+160	+2.11
乙	17 500	18 200	-700	-4.00
不可比产品				
丙	1440	1530	-90	-6.25
合计	26 540	27 170	-630	-2.37

（1）可比产品实际总成本比计划总成本增加 540 元，增长率为 2.15%。而不可比产品（丙产品）实际总成本比计划总成本增加 90 元，增长率为 6.25%。两者都没有完成计划降低任务。

（2）可比产品中甲产品完成了计划降低任务，使本年实际总成本降低 160 元，降低率为 2.11%。可比产品之所以没有完成成本降低任务，主要是由于乙产品成本超支造成的，共超支 700 元。

通过上面的分析，得到了成本计划完成任务的情况，并寻找到了进 步分析的重点。即将没有完成成本计划任务的乙、丙产品作为分析重点，分析乙产品和丙产品成本超支的原因。而对于甲产品分析的重点则是看它是否有进一步降低成本的可能。

（二）可比产品成本降低任务完成情况分析

在对产品成本进行分析时，可比产品成本分析是成本分析的重点。因为，在正常情况下，可比产品占全部产品的比重较高，且产品具有可比性，更加有助于企业降低成本工作的成绩和不足。因此下面重点介绍可比产品成本分析。

在分析可比产品成本降低任务完成情况时要涉及三类成本：上年实际成本数、本年计划成本数和本年实际成本数。其中上年实际成本数是企业已经达到的实际水平，是企业本期降低成本的起点，企业根据它制定本年度计划成本数。值得注意的是上年实际成本数在计算计划降低任务时指计划产量与上年实际单位成本的乘积，而计算实际降低任务时指实际产量与上年实际单位成本的乘积；本年计划成本数指本年计划产量与本年计划单位成本的乘积；本年实际成本数指本年实际产量与本年实际单位成本的乘积。最终，这三者并不会相等。可比产品成本降低任务情况分析的思路是：本年计划成本数与上年实际成本数之间的差距称为计划降低任务；本年实际成本数与上年实际成本数之间的差距称为实际降低情况。用图 2-1 简化描述。

根据上面例子的资料进行分析，分别计算可比产品成本降低计划情况与实际降低情况。

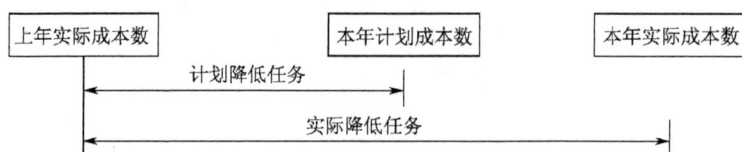

图 2-1 计划降低任务与实际降低任务示意图

1. 可比产品成本计划降低情况分析

假设某企业生产和经营甲、乙两个可比产品，安排其计划产量及单位成本如表 2-4 所示。

表 2-4 可比产品成本计划降低分析表

产品名称	计划产量/件	单位成本/元		总成本/元		计划降低任务	
		上年实际	本年计划	上年实际	本年计划	计划降低额/元	计划降低率/%
甲	100	100	95	10 000	9500	500	5
乙	300	60	50	18 000	15 000	3000	16.67
合计				28 000	24 500	3500	12.5

其中，

计划降低额＝计划产量本年计划总成本－计划产量上年实际总成本

$$计划降低率 = \frac{计划产量本年计划总成本 - 计划产量上年实际总成本}{计划产量上年实际总成本} \times 100\%$$

$$= \frac{计划降低额}{计划产量上年实际总成本} \times 100\%$$

通过表 2-4 可知，从企业的成本计划来说，是计划甲产品降低 500 元，降低率达 5%；乙产品降低 3000 元的幅度，降低率达 16.67%。两种产品综合降低率计划达到 12.5%。

2. 可比产品成本实际降低情况分析

续表 2-4，该企业甲、乙两个可比产品实际产量和单位成本如表 2-5 所示。

表 2-5 可比产品成本实际降低分析表

产品名称	实际产量/件	单位成本/元		总成本/元		实际降低任务	
		上年实际	本年实际	上年实际	本年实际	实际降低额/元	实际降低率/%
甲	80	100	93	8000	7440	560	7
乙	350	60	52	21 000	18 200	2800	13.33
合计				29 000	25 640	3360	11.59

其中，

实际降低额＝实际产量本年实际总成本－实际产量上年实际总成本

$$实际降低率 = \frac{实际产量本年实际总成本 - 实际产量上年实际总成本}{实际产量上年实际总成本} \times 100\%$$

$$= \frac{实际降低额}{实际产量上年实际总成本} \times 100\%$$

从可比产品成本实际降低情况来看，甲产品和乙产品都实现了成本降低。

3. 可比产品成本计划降低与实际降低综合分析

续表 2-5，该企业甲、乙两个可比产品成本计划与实际降低的综合分析计算见表 2-6 所述。

表 2-6　可比产品成本综合分析表

产品名称	计划		实际		实际比计划	
	降低额/元	降低率/%	降低额/元	降低率/%	降低额/元	降低率/%
甲	500	5	560	7	60	2
乙	3000	16.67	2800	13.33	−200	−3.34
合计	3500	12.5	3360	11.59	−140	−0.91

表 2-6 中，

实际比计划降低额＝实际降低额－计划降低额

实际比计划降低率＝实际降低率－计划降低率

根据可比产品成本综合分析表可以得到下列结论：甲产品成本实际降低额比计划降低额大，即超额完成计划降低任务 60 元，多降低 2 个百分点。因此甲产品完成成本降低任务。乙产品成本实际降低额没有达到计划降低额的要求，比计划降低额多 200 元成本，使实际比计划降低率少 3.34%。因此乙产品没有完成降低任务。企业可比产品成本实际降低额比计划成本降低额少降低 140 元，降低率少 0.91%。可比产品由于乙产品没有完成任务，而没有完成计划降低任务。

二、期间费用分析

期间费用分析是将期间费用的发生情况与预算同以前年度进行比较，从而得出结论的一种分析方法。期间费用的比较可以是绝对额差异比较，也可以是费用构成的相对比较。在分析期间费用时必须掌握重要性原则：一是绝对差异额大的项目应列入分析重点；二是相对变动额大的项目也应作为分析重点。期间费用比较分析是为进一步的差异原因分析提供线索。下面我们分别讨论管理费用、财务费用和销售费用的比较分析。

（一）营业费用分析

营业费用是指企业在销售产品、自制半成品和工业性劳务等过程中发生的各项费用及专设销售机构的各项经费。具体包括的项目内容为：与产品销售联系在一起的产品包装费、运输费、装卸费、保险费等销售产品的附加费；为提高企业或产品知名度、拓展产品或服务市场而发生的展览费和广告费；企业为销售本企业产品而专设的销售机构的费用，包括销售人员工资、福利费、差旅费、办公费、折旧费和其他经费。

例如，B公司销售费用分析表如表2-7所示，要求进行销售费用分析。

表2-7 销售费用分析表 单位：万元

项目		计划金额	实际金额	差异
产品销售产生费用	包装费	20	21	＋1
	运输费	32	35	＋3
	保险费	16	15	－1
	小计	68	71	＋3
提高企业知名度的费用	广告费	500	650	＋150
	展览费	140	150	＋10
	小计	640	800	＋160
销售机构产生的费用	销售人员工资费	50	50	0
	差旅费	80	90	＋10
	办公费	40	45	＋5
	小计	170	185	＋15
合计		878	1056	＋178

1. 产品销售产生的费用

这部分费用可视为变动费用，因为这类费用是企业为提供给客户优质的服务而不可减少的费用，而且通常是随产品销售数量的变化而变化的，即变动成本。因此，本期总费用超支了3万元，应该分析是否是因为本期企业多销售了产品从而导致3万元费用的超支。当企业打算减少这部分费用时，一定要谨慎考虑它对企业和产品形象的影响、对销售竞争力的影响。

2. 提高企业、产品知名度的费用

对广告费能增加企业销售量这一观点已经得到现代企业的认可，因此才会出现如此多的企业花费巨资进行广告宣传。但对展览和广告费的金额是否合理较难确定，对它们的分析我们可以根据经济学中一个普遍定理即边际成本等于边际收益来判断。正确的决策是只要广告费所带来的收益大于广告费的边际费用就应该不断增加广告支出，直至从1元增加的广告的边际效益恰好等于广告的全部边际成本。这个全部边际成本是直接花在广告上的这1元与广告带来的增加的销售所引起的边际生产成本之和。具体来说，其决策时的可依据预计增加的营业利润至少应能够抵销广告支出，其评价手段可用展览和广告后一定时期的销售收入增加额与广告费投入进行比较。压缩有效广告费用投入，会导致企业营业收入加速下跌。这部分费用常属于斟酌性费用，要求企业深入分析目前产品销售状况，选择广告费的支出。本例中企业的这部分费用增加 160 万元，必须结合产品市场销售情况分析。看看企业通过增加广告费等是否带来了相应的销量增加，而且应该进一步分析销量的增加是否带来利润的增加。

3. 销售机构产生的费用

销售机构产生的费用通常当企业在一定营业规模下是不变的，也就是说，相对而言属于固定费用，只有当营业规模变化时它才变化。设置销售机构是为了使企业更好地开拓产品市场。对于这部分费用的分析原则是设置销售机构产生的费用应该与该销售机构实现的销售收入、销售利润进行量本利分析，以判断其合理性。本例中这部分差旅费与办公费分别增加了 10 万元和 5 万元，尤其应该注意差旅费的增加，分析是否带来本期的销售量的增加。

（二）管理费用分析

管理费用是指企业行政管理部门为组织和管理生产经营活动而发生的各种费用。具体包括的项目有：行政管理费用，如总部管理人员工资及福利费、董事会会费、各种办公用品物料消耗及摊销、差旅费、会议费、业务招待费等；维持经营能力的费用，如固定资产折旧费、应收账款的坏账准备金、开办费摊销、长期待摊费用的摊销、咨询费等；促进企业发展的费用，如研究开发费、职工教育经费、无形资产摊销等；承担社会责任的费用，如劳动保险费、待业保险费、除所得税及营业税外的其他税费等。

例如，C 公司管理费用分析表如表 2-8 所示，要求进行管理费用分析。

表 2-8 管理费用分析表 单位:万元

项目		计划金额	实际金额	差异
行政管理费用	业务招待费	400	550	+150
	总部人员工资及福利费	820	815	−5
	办公用品消耗及摊销	100	120	+20
	小计	1 320	1 485	+165
维持经营能力的费用	固定资产折旧费	700	750	+50
	坏账准备	540	480	−60
	长期待摊费用	270	250	−20
	小计	1510	1 480	−30
促进企业发展的费用	研究与开发费	500	600	+100
	无形资产摊销	100	100	0
	职工培训费	80	70	−10
	小计	680	770	+90

续表

项目		计划金额	实际金额	差异
承担社会责任的费用	劳动保险费	350	350	0
	待业保险费	180	190	+10
	税金	240	290	+50
	小计	770	830	+60
合计		4 280	4 565	+285

具体分析如下：

（1）对行政管理费用分析。其中绝对数额大的管理人员工资、福利费及办公用品费，在一定时期内，如果企业经营规模没有发生重大改变，管理人员工资及福利费几乎与企业的业务量没有关系，属于相对固定的费用，因此对于这一部分要求预算制定合理。本例这一费用差额为 5 万元，金额并不大。而业务招待费是企业为业务经营的合理需要而支付的实际应酬费用，属于斟酌性固定费用，随着业务量的规模变化而发生增减变动。根据这个性质，应分析本期企业业务招待费的大额增加是否合理，如果不合理应作进一步调查。整个行政管理费用增加了 165 万元，应引起企业重视。

（2）对维持经营能力的费用分析。对于固定资产折旧费、应收账款坏账准备金，以及长期待摊费用的摊销等受企业会计政策影响很大，在固定资产额、应收账款金额、长期待摊费用既定的情况下，这部分费用金额的大小常取决于企业制定的摊销年份和提取比例，而且属于非现金支出。本例中固定资产折旧费没有完成计划，增加了 50 万元；坏账准备和长期待摊费用完成了计划任务，分别降低了 60 万元和 20 万元。对于折旧费的增加应进行进一步分析，企业有时会为了减少本期应交所得税而增加折旧费的提取。同样企业常常为了修饰利润而改变摊销年限和提取比例以降低这部分费用，从而使企业账面利润变大。如果由于这个原因使企业的费用降低，那并不能说明企业费用降低的业绩。

（3）对促进企业发展的费用分析。这部分费用主要是为了改良产品质量、开发新产品，为企业赢得竞争优势、促进企业发展等原因而产生的。研究开发费用、职工培训费等虽然在当前甚至近期无法看到成效，而且很容易受到企业追求调整账面利润需要而减少，但是它们却是企业未来发展至关重要的投入。这部分费用从金额直观地分析，应在企业可承担的能力范围内适当增加。国际上公司研究开发费的水平通常应达到销售收入的 10% 以上。本例中研究开发费用超过计划 100 万元，我们不能笼统地认为超过计划不好，这时应结合本公司目前的研究工作、未来发展等具体情况进行综合分析，才能得出正确的结论。

（4）承担社会责任的费用分析。本例中企业的税金和待业保险费分别比计划增加 50 万元和 10 万元，那么应如何看待呢？这部分费用是企业不可避免和减少的，而且大部分项目的金额都不是企业可以控制的，对这些企业无法控制的费用进行分析的重点不是其金额的大小，而是根据这一变化，从而纠正企业保本收入和保利收入的判断。

（三）财务费用分析

财务费用是指企业为筹集生产经营所需资金等而发生的费用，包括应作为期间费用的利息支出（减利息收入）、汇兑损失（减汇兑收益）以及相关的手续费等。可见，财务费用与企业筹资量有关，但不成正比，而筹资量与企业业务量只存在某种非线性的相关关系。因此，财务费用与企业业务量的关系不密切。判断企业财务费用控制是否合理的基础，不是企业业务量，而是筹资决策。因此，它应与筹资决策联系起来分析，考虑筹资中负债比率、长短期债务比率、债务条约等。

利息支出的分析要结合本期企业各种借款资金额、企业是否发行证券而产生相关手续费等进行。如企业利息支出额与计划支出额相差很大，首先应该判断差距产生的原因，然后要考虑利息费用对企业财务风险的影响。

利息收入是企业的一项收入，它是企业将闲置资金存入银行所得到的利息，利息收入是作为财务费用的一种抵减项。利息收入增加并不像产品销售收入增加那样，产品销售收入增加对企业而言是个好现象，但利息收入增加也许意味着企业存在大量的闲置资金，而存入银行的资金给企业带来的利息收益率要低于将资金投资于如证券、固定资产等中的投资收益率，因此利息收入的增加应该使管理者意识到要加强对资金的充分利用。

汇兑损失（收益）是有外汇业务的企业因汇率变化而产生的外汇项目的增减值。对这部分费用的增减企业是无法控制的，而只能加强对汇率变化的预测及管理。

第四节　利润分析

一、利润的构成分析

利润表中主要包括四个利润项目，即主营业务利润、营业利润、利润总额和净利润。这四个利润项目的内涵与实际意义均不同，应结合其明细资料分别进行分析。

1. 主营业务利润

主营业务利润是企业销售主营业务产品或提供劳务而取得的利润，其数额是以主营业务收入减去主营业务成本、主营业务税金及附加计算出来的。

主营业务利润是企业利润形成的主要渠道，一个企业主营业务利润的大小与其是否有好的产品及主营业务规模、成本、费用控制程度紧密相连。如果主营业务利润很大，一般说明该企业产品主营业务情况良好，具有一定的销货规模和市场占有率，主营业务业绩较突出。

分析主营业务利润可以从影响主营业务利润的因素入手，来确定各因素的影响。将上面计算主营业务利润的基本公式展开如下：

主营业务利润 = 主营业务收入 - 主营业务成本 - 主营业务税金及附加

$$= \sum 主营业务数量 \times （单位产品售价 - 单位产品成本 - 单位产品税金及附加）$$

$$= \sum （主营业务数量 \times 单位产品利润）$$

从上面的公式可以看出，影响利润总额的因素有销售数量、销售产品品种结构、单价、主营业务税金及附加、主营业务成本五项。这五个因素中，任何一个因素变动，都会影响主营业务利润。如果销售数量增加，单位主营业务利润高的主营业务越多，并且单位售价越高，成本、税金越低，那么现实的主营业务利润就越大；反之，实现的利润就越小。这五个因素变动有内在联系，有时销售单价下降，影响了单位产品利润，但降价能扩大销售数量，企业利润总额反而增加。有时销售数量扩大，也会使产品成本下降，因为每件产品负担的固定费用减少了，使利润总额增加。

如果一个企业主营业务利润小或亏损，可能会存在如下问题：第一，主营业务规模小，负担不了成本、费用；第二，成本、费用过高。若要增加主营业务利润，就应从扩大规模效益和降低成本入手。这是因为在现代激烈的市场竞争中谁的企业主营业务规模大，市场占有率高，谁的企业就能获得利润，也就是说，在竞争中能够生存和发展，否则将会被淘汰。

2. 营业利润

按现行制度规定，营业利润是企业主营业务利润和其他业务利润之和，减去营业费用、管理费用和财务费用后的余额。

企业营业利润的多少，代表了企业的总体经营管理水平和效果。通常营业利润越大的企业，效益越好。

当企业营业利润额较大时，通常认为该企业经营管理水平和效果好。但在分析中，应注意以下问题：

(1) 营业利润包括其他业务利润，所以在企业多元化经营，即多种经营业务开展得较好时，其他业务利润会弥补主营业务利润低的缺陷；如果企业其他业务利润长期高于主营业务利润，企业应适当考虑产业结构调整问题。

（2）应注意其他业务利润的用途，是用来发展主营业务，还是用于非生产经营性消费，（如购买小汽车、高档装修）。如果是前者，企业的盈利能力会越来越强；如果是后者，企业缺乏长远的盈利能力。

当企业营业利润较小时，应着重分析主营业务利润的大小、多种经营的发展情况和期间费用的多少。如果企业主营业务利润和其他业务利润均较大，但期间费用较高，也会使营业利润较小，这就要重点分析营业费用、管理费用和财务费用。分析三项费用的构成，找出三项费用居高的原因，严格控制和管理，通过降低费用，提高营业利润。

3. 利润总额和净利润

企业的利润总额是由营业利润加上投资收益、补贴收入、营业外收支净额等非营业利润组成。净利润的数额等于利润总额减去所得税后的余额。

在正常情况下，企业的非营业利润都是较少的，所得税也是相对稳定的。因此，只要营业利润较大，利润总额和净利润也会较高，在分析时应注意以下问题：

（1）当一个企业利润总额和净利润主要是由非营业利润获得的，则该企业利润实现的真实性和持续性应引起报表分析人员的重视。

（2）如果企业在营业利润方面是亏损的，而靠投资收益盈利，企业应肯定以前的投资决策是正确的，但要分析内部经营管理存在的问题，以提高企业内部生产经营活动的创新能力。

二、利润的结构质量分析

一般说来，企业的净利润高表示企业盈利能力强，企业的发展前景看好，但正如前面对利润项目的分析，利润还存在着结构问题，而盈利的结构是否合理，决定着企业的长远发展前景。因而进行利润的质量分析对决策有着十分重要的现实意义。

根据利润表中四项重要指标的不同组合，我们将它们归并为 2 类 12 种，见表 2-9。

在表 2-9 中，A1、A2、A3 为正常企业的经营状况。其中，

A1 的利润质量最高。主营业务实现的盈利不仅可以弥补各项期间费用，还可向国家上交所得税，并最终形成可供企业发展或向股东分红的净利润，保证了企业具有可持续的发展能力，是企业利润结构的理想状态。

A2 净利润产生亏损的原因在于应税所得与会计收益出现了巨大的差额。一般来说，这种亏损状况是暂时现象，但要注意限制各种赞助费和业务招待费的开支，因为这些项目往往是造成应税所得大于会计收益的原因，从而使企业在利润总额为正的情况下出现负的净利润。

表 2-9 利润结构类型示意

项目 种类	A						B				
主营业务利润	盈利						亏损				
营业利润	盈利		亏损				盈利		亏损		
利润总额	盈利		亏损	盈利		亏损	盈利		亏损	盈利	亏损
净利润	盈利	亏损	亏损	盈利	亏损	亏损	盈利	亏损	亏损	盈利	亏损	亏损
类别编号	A1	A2	A3	A4	A5	A6	B1	B2	B3	B4	B5	B6

A3 的出现，表明企业发生了投资或出现过多的营业外支出，如处置固定资产和无形资产发生的净损失。若因为投资损失，则应分析撤回投资的可行性，确保企业主营业务的发展。

A4、A5、A6 表明企业毛利率偏低，不足以弥补各项期间费用。A4 出现盈利主要是由于投资收益或营业外收入形成的。若是投资收益产生的影响，说明企业过去的投资决策是正确的，以后还可继续在一段时期内享受这种正确决策带来的红利；若是营业外收入带来的利益，那么这种利益只是暂时的，可视为 A6 考虑。A5 的出现，说明本期存在着应税所得大于会计收益现象，无论何种差异造成的，均可视同 A6 看待。而 A6 则是因毛利率低而产生亏损的代表。

B1、B2、B3 的共同点在于主营业务利润为负，而营业利润为正。这种现象的出现，表明企业其他业务突出或企业拥有巨大的存量现金，能够产生足够的其他业务收益或利息收入来弥补主营业务的不足。作为管理者要考虑产业结构的调整，或寻求好的项目，以此来形成企业利润的新增长点。B1、B2 拥有一定的投资收益或营业外收入，尽管 B2 存在着所得税的影响，但都应强化投资。而 B3 则要考虑撤回投资。

B4、B5、B6 表明企业要考虑进行深层次的变革或转产，否则会面临破产的危险。B4 出现的盈利，是由于企业对外投资或过多的营业外收入，单就母公司而言，其利润质量不高，而 B6 则已显示企业陷入危机之中。

从前面格利电器公司的利润表（表 2-1）可以看到：该公司利润质量非常高，不仅主营业务实现利润，其他业务和对外投资均取得了较好的效益，显示了公司的对外投资是很成功的。

第五节　盈利能力分析

企业的盈利能力，是指企业利用各种经济资源赚取利润的能力。盈利能力分析是企业财务分析的重点，因为盈利能力是企业各环节经营活动的具体表现，企业经营的好坏，都会通过盈利能力表现出来。通过对盈利能力的深入分析，可以发现经营管理中的重大问题，进而采取措施加以解决，提高企业收益水平。无论是企业管理人员、债权人还是股东（投资人），都非常关心企业的盈利能力并重视对利润率及其变动趋势的分析与预测。

一、与投资有关的盈利能力分析

企业收入的取得是以企业一定的原始投资为基础的。一般说来，企业的投资额大，收入相对就多，利润的绝对数也就多；反之，企业的投资额少，收入相对就少，利润的绝对数也较少。所以，一个企业所获利润的多少，是与企业的投资紧密相连的。要正确考核企业的盈利能力，就必须计算企业的投资报酬率指标。

这里所说的投资报酬是指投资所取得的利润，投资报酬率是指投入资本与所取得利润额之间的比率关系，它能从投入产出角度反映企业的盈利能力。例如，某企业 2007 年的投资额为 1 000 000 元，当年取得的营业收入为 1 500 000 元，获得的利润总额为 300 000 元。该企业税前利润率为 $20\%\left(\dfrac{300\,000}{1\,500\,000}\right)$，投资报酬率为 $30\%\left(\dfrac{300\,000}{1\,000\,00}\right)$。乙企业 2007 年的投资额为 500 000 元，当年取得的营业收入为 1 200 000 元，获得利润总额为 204 000 元，则税前利润率为 $17\%\left(\dfrac{204\,000}{1\,200\,000}\right)$，投资报酬率为 $40.8\%\left(\dfrac{204\,000}{500\,000}\right)$。从税前利润率看，甲企业比乙企业要高，似乎甲企业盈利能力比乙企业强，投资者应选择甲企业。其实不然，作为投资者他最关心的是同样投资额能否取得更多的利润，由于乙企业的投资报酬率更高，因而他肯定会选择乙企业进行投资。因此投资报酬率指标成为投资者衡量和评价企业盈利能力的最重要指标之一。

投资报酬率指标一般包括总资产报酬率、净资产收益率和资本金收益率等。

1. 总资产报酬率

总资产报酬率（rate of return on total assets）是指企业息税前利润与平均总资产的比率，用于衡量企业运用全部资产获利的能力。其计算公式为

$$总资产报酬率 = \frac{利润总额 + 利息支出}{平均资产总额} \times 100\%$$

式中，利润总额是指企业实现的全部利润；利息支出是指企业在生产经营过程中

实际支出的借款利息、债券利润等，从理论上讲，利息支出应包括计入财务费用的利息支出和计入固定资产原价的利息费用，因为它们都是属于企业创造利润的一部分。但由于我国现行损益表"利息支出"没有单列，而是混在"财务费用"中，所以外部报表使用者可以用"利润总额＋财务费用"来估计。平均资产总额是指企业资产总额年初数与年末数的平均值，平均资产总额＝（资产总额年初数＋资产总额年末数）/2。

有关总资产报酬率的分析如下：

（1）总资产报酬率表示企业全部资产获取收益的水平，全面反映了企业的获利能力和投入产出状况。该指标越高，表明企业投入产出的水平越好，企业的资产运营越有效。

（2）一般情况下，企业可据此指标与市场利率进行比较。如果该指标大于市场利率，则表明企业可以充分利用财务杠杆，进行负债经营，获取尽可能多的收益。

（3）评价总资产报酬率时，仅用一期的比率是不行的，需要与前期的比率、与同行业其他企业这一比率进行比较评价。同时，为了进一步对企业的总资产报酬率进行分析，也可以对总资产报酬率进行因素分析。下面举例说明其计算与分析方法。

珠海格力电器股份有限公司 2006 年、2007 年连续两年资产及收益资料见表2-10。

表 2-10　珠海格力电器股份有限公司 2006～2007 年

资产及收益数据表　　　　　　单位：万元

项　目	2006 年	2007 年
利润总额	79 248.03	142 637.70
利息支出	2 327.85	－974.22
小计	81 575.88	141 663.48
年初全部资产	1 266 624.00	1 663 457.75
年末全部资产	1 663 457.75	2 554 795.54
平均总资产	1 465 040.88	2 109 126.65

根据以上资料计算格力电器总资产报酬率：

$$总资产报酬率（2006 年）＝\frac{81\ 575.88}{1\ 465\ 040.88}×100\%＝5.57\%$$

$$总资产报酬率（2007 年）＝\frac{141\ 663.48}{2\ 109\ 126.65}×100\%＝6.72\%$$

通过比较可知，本年总资产报酬率比上年提高了 1.15％，企业盈利能力有所提高。同样可以将本年总资产报酬率与同行业其他企业进行比较，以判定企业盈利能力的强弱。

为了进一步对企业总资产报酬率进行分析，我们可以将总资产报酬率计算公式进行如下分解：

$$总资产报酬率 = \frac{利润总额 + 利息支出}{平均资产总额} \times 100\%$$

$$= \frac{销售收入}{平均总资产} \times \frac{利润总额 + 利息支出}{销售收入} \times 100\%$$

$$= 总资产周转率 \times 销售利润率（息税前）$$

由报表可知，珠海格力电器股份有限公司 2006 年销售收入为 2 635 791.60 万元，2007 年销售收入为 3 804 131.31 万元，该企业总资产报酬率计算公式如下：

$$总资产报酬率（2006 年）= \frac{2\ 635\ 791.60}{1\ 465\ 040.88} \times \frac{81\ 575.88}{2\ 635\ 791.60} \times 100\%$$

$$= 1.799\ 1 \times 3.09\% = 5.57\%$$

$$总资产报酬率（2007 年）= \frac{3\ 804\ 131.31}{2\ 109\ 126.65} \times \frac{141\ 663.48}{3\ 804\ 131.31} \times 100\%$$

$$= 1.803\ 7 \times 3.72\% = 6.72\%$$

按本年总资产周转率、上年销售（息税前）利润率计算的总资产报酬率为

$$1.803\ 7 \times 3.09\% = 5.57\%$$

根据连环替代法原理，由于总资产周转率的提高对总资产报酬率的影响为

$$5.57\% - 5.57\% = 0\%$$

由于销售（息税前）利润率的提高对总资产报酬率的影响为

$$6.72\% - 5.57\% = 1.15\%$$

计算结果表明，珠海格力电器股份有限公司 2007 年总资产报酬率比 2006 年提高 1.15%，是由于销售（息税前）利润率提高了 0.63%（3.72% - 3.09%）的结果。总资产周转率的变化很小，只提高了 0.0046（1.803 7 - 1.799 1），对总资产报酬率基本没有产生影响。所以要从提高总资产周转率和销售（息税前）利润率两个方面努力，才能从根本上提高企业的总资产报酬率。

2. 净资产收益率

净资产收益率（rate of return on stockholder's equity）是指企业一定时期内的净利润与平均净资产的比率。该指标充分体现了投资者投入企业的自有资本获取净收益的能力，突出反映了投资与报酬的关系。其计算公式为

$$净资产收益率 = \frac{净利润}{平均净资产} \times 100\%$$

式中，净利润是指企业的税后利润；平均净资产是指企业年初所有者权益同年末所有者权益的平均数，平均净资产 =（所有者权益年初数 + 所有者权益年末

数）/2。

有关净资产收益率的分析如下：

（1）净资产收益率是评价企业自有资产及其积累获取报酬水平的最具综合性与代表性的指标，反映了企业资产运营的综合效益。该指标通用性强，适应范围广，不受行业局限。在我国上市公司业绩综合排序中，该指标居于首位。

（2）一般认为，企业净资产收益率越高，企业自有资本获取收益的能力越强，运营效益越好，对企业投资人、债权人的保证程度越高。

（3）该指标反映企业所有者权益的投资报酬率，具有很强的综合性。

根据利润表计算珠海格力电器股份有限公司 2005～2007 年净资产收益率见表 2-11。

表 2-11　珠海格力电器股份有限公司 2005～2007 年净资产收益率计算情况

项　目	2005 年	2006 年	2007 年
净利润/万元	50 706.01	70 203.40	128 723.98
平均净资产/万元	256 817.40	312 184.48	470 438.81
净资产收益率/%	19.74	22.49	27.36

计算表明，该公司净资产收益率呈上升趋势，说明公司净资产盈利能力不断增强。

3. 资本金收益率

资本金收益率（rate of return on capital in cash）是指本期净利润与资本金的比率，该指标反映了投资者投入资本金的获利能力。其计算公式为

$$资本金收益率 = \frac{净利润}{平均实收资本余额} \times 100\%$$

式中，净利润是指企业税后利润；平均实收资本是指年初实收资本与年末实收资本的平均数，平均实收资本＝（实收资本年初数＋实收资本年末数）/2。

有关资本金收益率的分析如下：

（1）以实收资本做分母计算的利润率来反映投资者原始投资的获利能力，更能反映出投资者投资所产生的收益，与投资者的利益紧密相连。

（2）在衡量资本金收益率时，应首先确定基准资本金收益率。所谓基准资本金收益率是指基准净利润与实收资本的比值。基准净利润是指企业在一定条件和一定的资本规模下，至少应当实现的净利总额。若实际资本收益率低于基准收益率，就是危险的信号，表明企业的获利能力严重不足，投资者就会转移投资。企业基准资本金收益率的确定，一方面应考虑同期市场贷款利率，这是最低的投资回报；另一方面还应考虑风险费用率，风险越大的行业，风险费用率越高。此外，资本金收益率的分析，除了将报告期实际收益率与基准收益率比较外，还应

与上期比较、与计划目标比较，找出差距，分析原因。

（3）此外，我们还可以将资本金收益率计算公式作如下分解：

$$资本金收益率 = \frac{净利润}{平均实收资本} \times 100\%$$

$$= \frac{净利润}{平均净资产} \times \frac{平均净资产}{平均实收资本} \times 100\%$$

$$= 净资产收益率 \times 净资产与实收资本的比率$$

由此可见，资本金收益率主要受净资产收益率和净资产与实收资本的比率两个因素的影响，为了进一步说明其影响的程度，我们仍以珠海格力电器股份有限公司为例举例说明。

珠海格力电器股份有限公司资本金收益率计算见表 2-12。

表 2-12　珠海格力电器股份有限公司资本金收益率计算情况

项　目	2006 年	2007 年
平均实收资本（股本）/万元	67 117.5	82 017
平均净资产/万元	312 184.48	470 438.81
净利润/万元	70 203.4	128 723.98
资本金收益率/%	104.60	156.95

由以上资料可知该企业的资本金收益率为

$$资本金收益率（2006 年）= \frac{70\,203.4}{312\,184.48} \times \frac{312\,184.48}{67\,117.5} \times 100\%$$

$$= 22.49\% \times 4.65 = 104.60\%$$

$$资本金收益率（2007 年）= \frac{128\,723.98}{470\,438.81} \times \frac{470\,438.81}{82\,017} \times 100\%$$

$$= 27.36\% \times 5.74 = 156.95\%$$

该企业本年的资本金收益率比上年提高了 52.35%（156.95%－104.60%）。

以本年的净资产收益率和上年的净资产与实收资本的比率计算的资本金收益率为

$$27.36\% \times 4.65 = 127.22\%$$

则，由于本年净资产收益率比上年提高了 4.87%（27.36%－22.49%），对资本金收益率的影响为

$$127.22\% - 104.60\% = 22.62\%$$

由于本年的净资产与实收资本的比率比上年提高了 1.09（5.74－4.65），对资本金收益率的影响为

$$156.95\% - 127.22\% = 29.73\%$$

计算表明，两因素对资本金收益率的影响合计为 52.35%。资本金收益率大

幅度提高是净资产收益率和净资产与实收资本比率同时提高共同作用产生的结果。

以上介绍的是从投资报酬率角度分析企业获利能力的三个基本比率。在具体分析过程中，应将这三项比率结合起来，综合分析企业的投资报酬率。总资产报酬率从总资产角度反映了企业所有资产的获利能力，净资产收益率反映了企业净资产的获利能力，资本金收益率则反映了企业投资者投入的资本金的获利水平。将这三方面综合起来，就可以全面了解企业投资的获利能力。

二、与销售有关的盈利能力分析

在企业利润的形成中，营业利润是主要的来源，而其中更重要的原因，则是取决于产品销售利润的增长幅度。产品销售利润的高低，直接反映了企业生产经营状况和经济效益的好坏，因此对企业销售的获利能力分析是企业获利能力分析的重点。

（一）影响企业销售的获利能力的因素

（1）价格因素。当产品销售价格上升时，利润会增加；反之，利润会下降。随着价格管理体制的改革，国家定价范围逐渐减少，市场调节定价范围不断扩大，企业应在充分考虑市场供求状况、产品质量因素等前提下合理自主定价。

（2）销售成本、费用因素。产品销售成本费用包括产品销售成本和销售费用两部分。企业加强成本管理，千方百计降低产品成本，是增加盈利的最根本途径。企业成本降低了，产品的市场竞争能力就增强，而市场竞争中最重要的是价格竞争。成本降低将使产品的价格下降，在质量相同的情况下，产品的市场竞争能力就会大大提高。此外，通过降低成本、节约费用，相同的耗费就能为社会生产更多的产品，从而更好地满足社会的需要。

企业销售产品不可避免地要发生一些销售费用。产品销售费用虽然与产品销售成本性质不同，但二者对利润的影响却是一致的。降低产品销售费用，努力节约费用开支，是增强盈利的重要途径。节约费用开支不是说销售费用越低越好，应通过销售费用与促进销售所产生的效益相比较，确定合理的销售费用开支范围，在此基础上尽可能节约开支。

（3）产品品种构成因素。所谓产品品种构成是指某种产品的产量（或销售量）在全部产品产量或销售量中所占的比重。由于各种产品获利水平不同，企业增加盈利水平较高产品的销售比重，降低盈利水平较低产品的销售比重，就会使利润增加；反之在同等销售量下，利润会减少。

(二)与销售有关的盈利能力指标计算与分析

1. 销售毛利率

销售毛利率（rate of return on gross profit）是指毛利占销售收入的百分比，其中毛利是销售收入与销售成本的差。其计算公式为

$$销售毛利率 = \frac{销售收入 - 销售成本}{销售收入} \times 100\%$$

有关销售毛利率的分析如下：

（1）该指标表示每 1 元销售收入扣除销售成本后，有多少钱可以用于各项期间费用和形成盈利。销售毛利率是企业销售净利率的最初基础，没有足够大的毛利率便不能盈利。

（2）通常来说，毛利率随行业的不同而高低各异，但同一行业的毛利率一般相差不大。与同期企业的平均毛利率相比较，可以揭示企业在定价政策、产品或生产成本控制方面存在的问题。

根据利润表计算的珠海格力电器股份有限公司销售毛利率见表 2-13。

表 2-13 珠海格力电器股份有限公司销售毛利计算情况

项 目	2004 年	2005 年	2006 年	2007 年
销售毛利/万元	228 336.57	337 324.54	480 961.99	689 209.62
销售收入/万元	1 383 261.49	1 824 812.85	2 633 426.75	3 800 918.48
销售毛利率/%	16.51	18.49	18.26	18.13

计算表明，该企业销售毛利率总体呈小幅下降趋势，从个别年度看来波动较小，但由于其持续的下降还是应该引起管理层的注意，找出其不断下降的原因并加以改善。

2. 销售（营业）利润率

销售（营业）利润率（rate of return on net sales）是指企业一定时期销售（营业）利润同销售（营业）收入净额的比率。它表明企业每单位销售（营业）收入能带来多少销售（营业）利润，反映了企业经营业务的获利能力，是评价企业销售盈利能力的主要指标。其计算公式为

$$销售（营业）利润率 = \frac{销售（营业）利润}{销售（营业）收入净额} \times 100\%$$

式中，销售（营业）利润是指企业销售（营业）收入扣除销售（营业）成本、销售（营业）费用、销售（营业）税金及附加后的利润，不包括公允价值变动收益、长期投资收益、营业外收支等因素；销售收入净额是指企业当期销售产品、商品，提供劳务，让渡资产使用权等经营活动取得的收入减去销售折扣与折让后

的数额。

有关销售（营业）利润率的分析如下：

（1）销售（营业）利润率是从企业经营业务的盈利能力和获利水平方面对资本金收益率指标的进一步补充，体现了企业经营业务利润对利润总额的贡献，以及对企业全部收益的影响程度。

（2）该指标体现了企业经营活动最基本的获利能力，没有足够大的销售（营业）利润率就无法形成企业的最终利润。为此，结合企业的销售（营业）收入、销售（营业）成本分析，能够充分反映出企业成本控制、费用管理、产品营销、经营策略等方面的不足与成绩。

（3）该指标越高，说明企业产品或商品定价科学，产品附加值高，营销策略得当，经营业务市场竞争力强，发展潜力大，获利水平高。

根据利润表计算的珠海格力电器股份有限公司 2004～2007 年销售利润率见表 2-14。

表 2-14　珠海格力电器股份有限公司销售利润率计算情况

项　　目	2004 年	2005 年	2006 年	2007 年
销售利润/万元	48 044.97	62 282.47	82 722.16	137 481.18
销售收入净额/万元	1 383 261.49	1 824 812.85	2 633 426.75	3 800 918.48
销售利润率/%	3.47	3.41	3.14	3.62

计算表明，虽然该公司销售利润和销售收入净额的绝对数在持续上升，但销售利润率在 2004～2006 年持续下降，2007 年有个大的反弹。说明该公司在前几年销售效率不断降低，引起了管理层的注意后有所改善。

3. 销售净利率

销售净利率（rate of return on net profit）是指净利润与销售收入净额的百分比。其计算公式为

$$销售净利率 = \frac{净利润}{销售收入净额} \times 100\%$$

有关销售净利率分析如下：

（1）销售净利率反映每 1 元销售收入带来的净利润的多少，表示销售收入的收益水平。从销售净利率的指标关系看，净利额与销售净利率成正比关系，而销售收入额与销售净利率成反比关系。企业在增加销售收入额的同时，必须相应地获得更多的净利润，才能使销售净利率保持不变或有所提高。通过分析销售净利率的升降变动，可以促使企业在扩大销售的同时，注意改进经营管理，提高盈利水平。

（2）销售净利率可分解为销售毛利率、销售税金率、销售成本率、销售期间

费用率等。

珠海格力电器股份有限公司销售净利率的计算见表 2-15。

表 2-15　珠海格力电器股份有限公司销售净利率计算情况

项　　目	2004 年	2005 年	2006 年	2007 年
净利润/万元	42 078.43	50 706.01	70 203.4	128 723.98
销售收入净额/万元	1 383 261.49	1 824 812.85	2 633 426.75	3 800 918.48
销售净利率/%	3.04	2.78	2.67	3.39

　　计算表明，该公司销售净利率在 2004～2006 年持续下降，而销售收入和净利润却不断上升，说明公司销售获利能力不断下降。但这一比率在 2007 年却有一个大的反弹，反映了公司管理层已注意到这一问题，并采取相关措施提高了销售获利能力。

三、与股本有关的盈利能力分析

　　上市公司公开披露的财务信息很多，如招股说明书、上市公告等，对于公司的股东来说，全面了解公司的发展情况固然重要，但其最为关心的还是股本的获利能力。股本获利能力的高低对于股东来讲不仅关系到其目前的收益水平高低，而且对其所持股票的未来股价也产生较大影响。此外，股本获利能力的高低对于上市公司而言也关系到其财务状况是否稳定、发展前景是否良好等一系列问题。通常用一些财务比率指标来反映股本的获利能力。

　　1. 每股收益

　　每股收益（earnings per share）是指净利润扣除应发放的优先股股利后的余额与发行在外的普通股的平均股数之比。其计算公式为

$$每股收益 = \frac{净利润 - 优先股股利}{发行在外的普通股加权平均数}$$

式中，分子之所以要扣除优先股股利，是因为净利润在按规定发放优先股股利后的余额，才是普通股股东的所得；分母之所以采用加权平均数，是因为一个会计期间内发行在外普通股股数可能有变化，如因增发新股或为了退股而收回股票等，所以必须采用加权平均法计算，发行在外的普通股加权平均数 $= \sum$（发行在外普通股股数×发行在外月份数）$\div 12$。

　　有关每股收益指标的分析如下：

　　（1）每股收益是衡量上市公司盈利能力最重要的财务指标，反映普通股的获利水平。从收益的绝对值方面来分析公司的盈利水平往往是不准确的。如甲公司股本数为 5000 万股，净利润为 500 万元；乙公司股本数为 500 万股，净利润为 100 万元，从总的利润情况来分析，显然是甲公司净利润高，盈利能力强，但从

每股盈余的角度来分析却不一样：

$$甲公司的每股盈余 = \frac{500\ 万元}{5000\ 万股} = 0.1\ 元/股$$

$$乙公司的每股盈余 = \frac{100\ 万元}{500\ 万股} = 0.2\ 元/股$$

显然，乙公司的每股盈余比甲公司的每股盈余高1倍，说明乙公司的盈利能力比甲公司要强得多。从附录中可以看出，明星电力近三年每股盈余持续上升，说明该公司普通股获利能力有所增强。

（2）对于普通股股东来说，每股收益总是越高越好。因为股票投资者投资于股票，其收益有两个来源：一是分得的股利；二是股票涨价收入。而后者又与前者密切相关。股利水平越高，则股票价格必然上涨，相应地，投资者从股票价格的上涨中获得的收入就越多。而股利的多少和股票价格的高低在很大程度上取决于每股收益的多少。每股收益越多，可用于分配给股东的每股盈利也就越多，而每股股利越多，则投资者从每股中取得的收益也就越多，这样股票价格就会随之上涨，而股东的收益也就越多。反之，每股盈余越少，用以分配给股东的每股股利也就越少，股票价格上涨缓慢甚至有时候还会下降，投资者收益就会减少，甚至发生损失。

（3）对于公司的股东而言，通过每股收益不仅可以评价股本获利能力，同时还可以来衡量普通股票的投资价值。首先，公司股东可比较上市公司前后数年的每股收益，如每股收益逐年增加，表示公司的获利能力在不断提高，说明公司股票成长性较好，股价可能会不断上升；反之，则公司股票成长性下降，股价可能会不断下降。其次，公司股东可将上市公司的每股盈余，与同行业其他上市的每股收益相比较，如该公司每股收益高，则表示其获利能力比其他公司好，应该继续持有该公司股票。最后，公司股东可将上市公司的每股收益与股票市场上的平均市盈率相乘，即是该公司股票的合理价值。以该价值与该股票的交易价格相比，如比股票的交易价格低，则应将该股票卖出；反之，则应将这种股票买进。

2. 每股净资产

每股净资产（stockholder's equity per share）也称每股账面价值或每股权益，它是期末净资产（即股东权益）与年度末普通股份总数的比值。其计算公式为

$$每股净资产 = \frac{年度末股东权益}{年度末普通股数}$$

式中，年度末股东权益是指扣除优先股权益后的余额。

有关每股净资产的分析如下：

（1）该指标反映发行在外的每股普通股所代表的净资产成本即账面权益，它在理论上提供了股票的最低价值。如果公司的股票价格低于净资产的成本，成本

又接近变现价值，说明公司已无存在价值，清算是股东最好的选择。正因为如此，新建公司不允许折价发行股票，国有企业改组为股份制企业时，一般以评估确认以后的净资产折为国有股的股本。

（2）由于该指标是用历史成本比量的，既不反映净资产的变现价值，也不反映净资产的产出能力，因此在运用该指标进行投资分析时，只能有限地使用。从附录资料中可以看出四川明星电力有限公司每股净资产近三年一直在上升，这说明公司股票价值在不断上升，公司前景发展良好。

3．每股股利

每股股利（dividend per share）是指股利总额与期末普通股股份总数之比。其计算公式为

$$每股股利＝\frac{股利总额}{年末普通股股份总数}$$

式中，股利总额是指用于分配普通股现金股利的总额。

有关每股股利的分析如下：

（1）每股股利反映的是上市公司每一普通股获取股利的大小。每股股利越大，则公司股本获利能力就越强。每股收益只是从账面上反映了股本获利能力的高低，每股股利则从股利发放的角度直接反映了股东获取股利的多少，因此它更能直观地说明股本获利能力的高低。

（2）影响上市公司每股股利发放多少的因素，主要取决于上市公司的获利能力。通常上市公司的获利能力强，则每股股利的发放也会较多。此外，公司的股利发放政策也是影响每股股利发放多少的重要因素。如果公司为了今后的扩大再生产，现在多留公积金，以增强公司发展的后劲，则当前的每股股利必然减少；反之，则当前的每股股利会增加。

4．股利支付率

股利支付率（dividend payout ratio）是普通股每股股利与每股收益的比率，反映公司的股利分配政策和支付股利的能力。其计算公式为

$$股利支付率＝\frac{每股股利}{每股收益}×100\%$$

有关股利支付率的分析如下：

（1）该指标反映普通股股东从每股盈余中实际分到手的部分有多少。从公司股东的角度来分析，股利支付率和每股股利一样，比每股盈余更能直接体现当前收益。

（2）股利支付率的高低水平没有一个固定的衡量标准，而且公司与公司之间也没有可比性。因为公司股利分配多少要根据企业对资金需要量的具体情况而定，此外公司的股东对公司股利支付率的要求也不一致，有的股东愿意当期多拿

股利,也有的股东愿意让公司将更多的利润用于再投资以期将来获得最大的股利收入。

5. 市盈率

市盈率(price earing ratio)是指普通股每股市价与每股收益的比率。其计算公式为

$$市盈率 = \frac{普通股每股市价}{普通股每股收益}$$

有关市盈率指标的分析如下:

(1)市盈率反映股票持有者对每元净利润所愿支付的价格,可以用来估计股票的投资报酬和风险。一般而言,市盈率越高,表明市场对公司的未来越看好。在市价确定的情况下,每股收益越高,市盈率越低,投资风险越小;反之亦然。在每股收益确定的情况下,市价越高,市盈率越高,风险越大;反之亦然。仅从市盈率高低的横向比较看,高市盈率说明公司能获得社会信赖,具有良好的发展前景;反之亦然。

(2)该指标不能用于不同行业公司的比较。因为市盈率高低要受净利润的影响,而净利润受可选择的会计政策的影响,从而使得公司间的比较受到限制。一般而言,充满扩展机会的新兴行业市盈率普通较高,而成熟工业的市盈率普遍较低。由于一般的期望报酬率为5%~10%,所以正常的市盈率为20~10。

课 后 练 习

一、思考题

1. 利润表作用是什么?局限性表现在哪些方面?在进行财务报表分析时,应怎样克服这些局限性?

2. 收入的构成分析应从哪些方面进行?

3. 如何进行成本费用的分析?

4. 利润的质量类型有哪几种?每一种类型的投资策略是什么?

二、选择题

1. 我国企业的利润表一般多采用( )

A. 账户式　　B. 报告式　　　　C. 多步式　　　　D. 单步式

2. 车间用于组织管理生产的费用,应属于( )

A. 销售费用　　B. 管理费用　　　C. 财务费用　　　D. 制造费用

3. 下列影响营业利润的项目是( )

A. 公允价值变动损益　　　　B. 营业外支出

C. 所得税费用　　　　　　D. 营业外收入

4. 销售品种构成变动之所以影响产品销售利润,是因为( )

A. 各产品价格不同　　　　　　B. 各产品单位利润不同

C. 各产品单位成本不同　　　　D. 各产品利润率不同

5. 与利润分析无关的项目是（　　　）

A. 利润分配表　　　　　　　　B. 应缴增值税明细表

C. 应缴所得税明细表　　　　　D. 营业外收支明细表

6. 以下属于期间费用的是（　　　）

A. 营业税费　　B. 制造费用　　C. 财务费用　　D. 销售费用　　E. 管理费用

7. 影响企业销售获利能力的因素有（　　　）

A. 产品销售价格　　　B. 产品生产成本　　　C. 单个产品的利润率

D. 销售费用　　　　　E. 产品品种构成

8. 利润表中"利润总额"项目应根据"营业利润"项目加上（　　　）

A. 其他业务利润、投资收益和营业外收入，减去营业外支出

B. 其他业务利润和营业外收入，减去营业外支出

C. 营业外收入，减去营业外支出和所得税

D. 营业外收入，减去营业外支出

9. 利润表分析应包括的内容有（　　　）

A. 收入分析　　　　B. 利润构成分析　　　　C. 成本费用分析

D. 利润结构质量分析　　　E. 盈利能力分析

三、判断题

1. 毛利是销售收入与销售成本的差额，反映了企业的获利能力。因此不管哪个行业，毛利率高的企业效益比毛利率低的企业效益好。（　　　）

2. 每股股利是净利润与年末发行在外的普通股股数的比值。（　　　）

3. 利润表是根据权责发生制编制的。（　　　）

4. 按我国现行会计制度，企业当期的净利润即为企业当期可供分配的利润。（　　　）

5. 对利润表的分析也要用到其他财务报表的信息，财务分析并不是完全按照各个报表的类别来划分范围的。（　　　）

6. 利润总额为正，但是净利润却为负，很可能是存在较多产生所得税差异的项目。（　　　）

四、计算题

某公司 2008 年度产品生产总成本有关数据如表 1 所示。

表 1　产品生产总成本　　　　　　　　　单位:元

产品名称	生产总成本		
	按上年实际平均单位成本	全年计划总成本	本年实际总成本
主要产品合计	29 500	26 500	27 700
A 产品	22 500	20 000	21 000
B 产品	7000	6500	6700
非主要产品 C 产品	3000	3500	4000
全部生产成本合计	32 500	30 000	31 700

要求：

(1) 计算全部产品成本比上年计划的降低额和降低率；

(2) 计算主要产品总成本比上年实际的降低额和降低率。

五、案例分析题

根据宜宾纸业（600793）2005～2007 年的利润表（表2），分析下列问题：

(1) 宜宾纸业 2005～2007 年的利润变动情况；

(2) 分析三年的利润结构中，哪一年的较为合理；

(3) 分析近三年的利润质量，说明该公司是否具有投资价值？

表 2　宜宾纸业 2005～2007 年利润表　　　　　单位:元

项　目	2005 年	2006 年	2007 年
一、营业收入	506 266 752	497 915 168	534 957 888
减:营业成本	436 893 536	490 601 664	548 017 280
营业税金及附加	3 401 818	2 245 056	2 375 168.2
销售费用	13 509 117	27 273 718	21 404 920
管理费用	37 641 600	43 923 640	41 434 176
财务费用	10 278 517	5 437 399	9 617 985
资产减值损失			349 061.78
加:公允价值变动收益(损失以"—"号填列)			
投资收益(损失以"—"号填列)	311 512.47	366 163.78	80 351.88
二、营业利润(亏损以"—"号填列)	5 401 280.5	−65 425 384	−88 160 344
加:营业外收入	235 120.83	195 450.8	624 883.75
减:营业外支出	403 063.47	661 157	301 640.3
三、利润总额(亏损总额以"—"号填列)	5 544 850	−65 524 928	−87 837 096
减:所得税费用			708 988.8
四、净利润(净亏损以"—"号填列)	5 544 050	−65 524 928	−88 546 088

第三章

资产负债表分析

聚焦四川长虹（600839）

四川长虹电器股份有限公司（以下简称四川长虹）始创于1958年，公司前身国营长虹机器厂是我国"一五"期间的156项重点工程之一，是当时国内唯一的机载火控雷达生产基地。历经多年的发展，四川长虹已完成由单一的军品生产到军民结合的战略转变，成为集电视、空调、冰箱、IT、通信、网络、数码、芯片、能源、商用电子、电子产品、生活家电等产业研发、生产、销售、服务为一体的多元化、综合型跨国企业集团，逐步成为全球具有竞争力和影响力的3C信息家电综合产品与服务提供商。2005年，四川长虹跨入世界品牌500强。2008年，四川长虹品牌价值达到655.89亿元。

四川长虹现有员工64 000余人，拥有包括博士后、博士在内的专业人才15 000余人，拥有现代化的培训中心、国家级技术中心和博士后科研流动工作站，被列为全国重点扶持企业和技术创新试点企业。

植根中国，四川长虹在广东、江苏、长春、合肥等地建立数字工业园，在北京、上海、深圳、成都设立研发基地，在中国30多个省（市、区）设立200余个营销分支机构，拥有遍及全国的30 000余个营销网络和12 000余个服务网点；融入全球，四川长虹在印度尼西亚、澳大利亚、捷克、韩国等国投资设厂，在美国、法国、俄罗斯、印度、乌克兰、土耳其、阿拉伯联合酋长国、阿尔及利亚、泰国等10多个国家和地区设立分支机构，为全球100多个国家和地区提供产品与服务。

四川长虹披露的2006年年报显示，公司2006年共实现主营业务收入187.57亿元，创下历史新高，同比增长24.54％；实现主营业务利润28.63亿元，净利润3.05亿元，分别比2005年同期增长18.85％和7.32％，每股收益0.161元。2008年4月19日，四川长虹公布2007年年报，2007年公司营业收入创历史新高，达到230.47亿元，较上年同期增长21.99％；完成营业利润4.27亿元，较上年同期增长22.09％；实现归属于上市公司股东的净利润3.37亿元，较2006年同期增长47.14％，而归属于上市公司股东的扣除非经常性损益的净利润则同比增长了128.2％。在如此骄人的业绩下，四川长虹的经营状况到底如何？通过本章对资产负债表的学习，让我们一起走近四川长虹，关注四川长虹的如下问题：

- 资产、负债和所有者权益结构情况如何？
- 成长能力如何？
- 资本结构及偿债能力如何？
- 资产营运能力如何？

第一节　资产负债表概述

一、资产负债表的概念及作用

资产负债表（balance sheet）是反映企业某一特定日期财务状况的会计报表。它以"资产＝负债＋所有者权益"会计等式为理论依据，按照一定的分类标准和顺序，把企业一定日期的资产、负债、所有者权益项目适当排列编制而成。资产负债表是一张静态会计报表。

通过资产负债表，可以反映某一日期的负债总额及其结构，表明企业未来需要用多少资产或劳务清偿债务；通过资产负债表，可以反映所有者权益的情况，表明投资者在企业资产中所占的份额，了解所有者权益的构成情况。资产负债表还能够提供进行财务分析的基本资料，如通过资产负债表可以计算流动比率、速动比率等，以了解企业的短期偿债能力。

二、一般企业的资产负债表格式及内容

资产负债表正表的列报格式一般有两种：报告式资产负债表和账户式资产负债表。报告式资产负债表是上下结构，上半部列示资产，下半部列示负债和所有者权益。具体排列形式又有两种：一是按"资产＝负债＋所有者权益"的原理排列；二是按"资产－负债＝所有者权益"的原理排列。账户式资产负债表是左右结构，左边列示资产，右边列示负债和所有者权益。根据财务报表列报准则的规定，资产负债表采用账户式的格式，即左侧列报资产方，一般按资产的流动性大小排列；右侧列报负债方和所有者权益方，一般按要求清偿时间的先后顺序排列。账户式资产负债表中资产各项目的合计等于负债和所有者权益各项目的合计，即资产负债表左方和右方平衡。因此，通过账户式资产负债表，可以反映资产、负债、所有者权益之间的内在关系，即"资产＝负债＋所有者权益"。

表 3-1 是一般企业的账户式资产负债表格式，我们以四川长虹的 2007 年年度报告为例。

下面以表 3-1 为例，介绍资产负债表的各项内容：

(1)"货币资金"项目，反映企业库存现金、银行结算户存款、外埠存款、银行汇票存款、银行本票存款、信用卡存款、信用证保证金存款等的合计数。

(2)"交易性金融资产"项目，反映企业持有的以公允价值计量且其变动计

入当期损益的为交易目的所持有的债券投资、股票投资、基金投资、权证投资等金融资产。

表 3-1　资产负债表

2007 年 12 月 31 日　　　　　　　　　　　　　　单位:万元

资　　产	年初数	期末数	负债和所有者权益（或股东权益）	年初数	期末数
流动资产:			流动负债:		
货币资金	209 804.79	198 749.27	短期借款	242 818.07	282 245.26
交易性金融资产	278 482.25	9 967.45	交易性金融负债	0	0
应收票据	1 486 841.90	392 013.12	应付票据	190 821.85	336 172.59
应收账款	1 948 808.67	225 877.86	应付账款	233 083.33	369 729.90
预付款项	439 103.42	41 402.39	预收款项	53 420.16	67 792.57
应收利息	0	51.65	应付职工薪酬	15 721.82	26 108.84
应收股利	0	0	应交税费	−45 918.96	−49 974.67
其他应收款	380 630.43	39 721.58	应付利息	501.88	3 015.83
存货	5 308 191.43	658 671.84	应付股利	0	0
一年内到期的非流动资产	0	3 799.03	其他应付款	37 871.96	42 592.88
其他流动资产	0	0	一年内到期的非流动负债	0	2000
流动资产合计	11 940 106.04	1 570 254.18	其他流动负债	236.50	100 441.02
非流动资产:	0		流动负债合计	728 556.62	1 180 124.23
可供出售金融资产	0	0	非流动负债:	0	0
持有至到期投资	0	0	长期借款	0	18 684.91
长期应收款	0	17 167.12	应付债券	0	0
长期股权投资	223 245.24	135 145.49	长期应付款	0	0
投资性房地产	38 015.79	5 520.47	专项应付款	0	0
固定资产	2 385 827.62	267 227.35	预计负债	8 473.38	26 962.08
在建工程	165 517.10	12 180.14	递延所得税负债	536.67	1 840.63
工程物资	0	0	其他非流动负债	2 229.00	2451.28
固定资产清理	55 756.13	28 830.25	非流动负债合计	11 239.05	49 938.90
生产性生物资产	0	0	负债合计	739 795.67	1 230 063.13
油气资产	0	0	所有者权益（或股东权益）:	0	0
无形资产	1 668 293.78	236 363.95	实收资本(或股本)	189 821.14	189 821.14
开发支出	0	6 552.25	资本公积	326 702.97	326 399.96
商誉	19 610.53	2 873.80	减:库存股	0	0
长期待摊费用	56 799.97	2 435.12	盈余公积	349 992.30	352 235.69
递延所得税资产	226 836.51	21 106.42	未分配利润	43 474.48	61 641.55

续表

资　　产	年初数	期末数	负债和所有者权益 （或股东权益）	年初数	期末数
其他非流动资产	0	0	外币报表折算差额	－65.65	－334.45
非流动资产合计	4 839 902.66	735 402.36	归属于母公司所有者权益合计	909 925.25	929 763.90
	0	0	少数股东权益	28 279.95	145 829.51
	0	0	所有者权益（或股东权益）合计	938 205.20	1 075 593.41
资产总计	16 780 008.70	2 305 656.54	负债和所有者权益（或股东权益）总计	1 678 000.87	2 305 656.54

（3）"应收票据"项目，反映企业因销售商品、提供劳务等而收到的商业汇票，包括银行承兑汇票和商业承兑汇票。本项目应根据"应收票据"科目的期末余额，减去"坏账准备"科目中有关应收票据计提的坏账准备期末余额后的金额填列。

（4）"应收账款"项目，反映企业因销售商品、产品和提供劳务等经营活动应收取的款项。

（5）"预付款项"项目，反映企业预付给供应单位的款项。

（6）"应收利息"项目，反映企业应收取的债券投资等的利息。

（7）"应收股利"项目，反映企业应收取的现金股利和应收取其他单位分配的利润。

（8）"其他应收款"项目，反映企业除应收票据、应收账款、预付账款、应收股利、应收利息等经营活动以外的其他各种应收、暂付的款项。

（9）"存货"项目，反映企业期末在库、在途和在加工中的各种存货的可变现净值。

（10）"一年内到期的非流动资产"项目，反映企业将于一年内到期的非流动资产项目金额。

（11）"其他流动资产"项目，反映企业除货币资金、交易性金融资产、应收票据、应收账款、存货等流动资产以外的其他流动资产。

（12）"可供出售金融资产"项目，反映企业持有的以公允价值计量的可供出售的股票投资、债券投资等金融资产。

（13）"持有至到期投资"项目，反映企业持有的以摊余成本计量的持有至到期投资。

（14）"长期应收款"项目，反映企业融资租赁产生的应收款项、采用递延方式具有融资性质的销售商品和提供劳务等产生的长期应收款项等。

（15）"长期股权投资"项目，反映企业持有的对子公司、联营企业和合营企业的长期股权投资。

（16）"投资性房地产"项目，反映企业持有的投资性房地产。

（17）"固定资产"项目，反映企业各种固定资产原价减去累计折旧和累计减值准备后的净额。

（18）"在建工程"项目，反映企业期末各项未完工程的实际支出，包括交付安装的设备价值、未完建筑安装工程已经耗用的材料、工资和费用支出、预付出包工程的价款等的可收回金额。

（19）"工程物资"项目，反映企业尚未使用的各项工程物资的实际成本。

（20）"固定资产清理"项目，反映企业因出售、毁损、报废等原因转入清理但尚未清理完毕的固定资产的净值，以及固定资产清理过程中所发生的清理费用和变价收入等各项金额的差额。

（21）"生产性生物资产"项目，反映企业持有的生产性生物资产。

（22）"油气资产"项目，反映企业持有的矿区权益和油气井及相关设施的原价减去累计折耗和累计减值准备后的净额。

（23）"无形资产"项目，反映企业持有的无形资产，包括专利权、非专利技术、商标权、著作权、土地使用权等。

（24）"开发支出"项目，反映企业开发无形资产过程中能够资本化形成无形资产成本的支出部分。

（25）"商誉"项目，反映企业合并中形成的商誉的价值。

（26）"长期待摊费用"项目，反映企业已经发生但应由本期和以后各期负担的分摊期限在一年以上的各项费用。

（27）"递延所得税资产"项目，反映企业确认的可抵扣暂时性差异产生的递延所得税资产。

（28）"其他非流动资产"项目，反映企业除长期股权投资、固定资产、在建工程、工程物资、无形资产等资产以外的其他非流动资产。

（29）"短期借款"项目，反映企业向银行或其他金融机构等借入的期限在一年以下（含一年）的各种借款。

（30）"交易性金融负债"项目，反映企业承担的以公允价值计量且其变动计入当期损益的为交易目的所持有的金融负债。

（31）"应付票据"项目，反映企业购买材料、商品和接受劳务供应等而开出、承兑的商业汇票，包括银行承兑汇票和商业承兑汇票。

（32）"应付账款"项目，反映企业因购买材料、商品和接受劳务供应等经营活动应支付的款项。

（33）"预收款项"项目，反映企业按照购货合同规定预付给供应单位的款项。

(34)"应付职工薪酬"项目，反映企业根据有关规定应付给职工的工资、职工福利、社会保险费、住房公积金、工会经费、职工教育经费、非货币性福利、辞退福利等各种薪酬。

(35)"应交税费"项目，反映企业按照税法规定计算应交纳的各种税费，包括增值税、消费税、营业税、所得税、资源税、土地增值税、城市维护建设税、房产税、土地使用税、车船使用税、教育费附加、矿产资源补偿费等。

(36)"应付利息"项目，反映企业按照规定应当支付的利息，包括分期付息到期还本的长期借款应支付的利息、企业发行的企业债券应支付的利息等。

(37)"应付股利"项目，反映企业分配的现金股利或利润。

(38)"其他应付款"项目，反映企业除应付票据、应付账款、预收款项、应付职工薪酬、应付股利、应付利息、应交税费等经营活动以外的其他各项应付、暂收的款项。

(39)"一年内到期的非流动负债"项目，反映企业非流动负债中将于资产负债表日后一年内到期部分的金额，如将于一年内偿还的长期借款。

(40)"其他流动负债"项目，反映企业除短期借款、交易性金融负债、应付票据、应付账款、应付职工薪酬、应交税费等流动负债以外的其他流动负债。

(41)"长期借款"项目，反映企业向银行或其他金融机构借入的期限在一年以上（不含一年）的各项借款。"应付债券"项目，反映企业发行的尚未偿还的各种长期债券的本息。

(42)"应付债券"项目，反映企业为筹集长期资金而发行的债券本金和利息。

(43)"长期应付款"项目，反映企业除长期借款和应付债券以外的其他各种长期应付款项。

(44)"专项应付款"项目，反映企业取得政府作为企业所有者投入的具有专项或特定用途的款项。

(45)"预计负债"项目，反映企业确认的对外提供担保、未决诉讼、产品质量保证、重组义务、亏损性合同等预计负债。

(46)"递延所得税负债"项目，反映企业确认的应纳税暂时性差异产生的所得税负债。

(47)"其他非流动负债"项目，反映企业除长期借款、应付债券等负债以外的其他非流动负债。

(48)"实收资本（或股本）"项目，反映企业各投资者实际投入的资本（或股本）总额。

(49)"资本公积"项目，反映企业资本公积的期末余额。

(50)"库存股"项目，反映企业持有尚未转让或注销的本公司股份金额。

（51）"盈余公积"项目，反映企业盈余公积的期末余额。

（52）"未分配利润"项目，反映企业尚未分配的利润。

第二节　资　产　分　析

一、资产项目分析

1. 货币资金质量分析

货币资金是企业资产中流动性最强的一种资产，包括企业的库存现金、银行存款以及其他货币资金。其中，其他货币资金有外埠存款、银行汇票存款、银行本票存款、信用证保证金存款、信用卡存款、存出投资款等。对货币资金的分析，一是看货币资金的使用是否符合国家有关法规的规定，我国对货币资金的内部控制和管理应该依据的规定有《现金管理暂行条例》、《支付结算办法》和《银行账户管理办法》。二是看企业日常货币资金规模是否适当。为维持企业经营活动的正常运转，企业必须保有一定的货币资金余额。从财务管理的角度来看，过低的货币资金保有量，将会造成企业支付能力不足，易发生财务风险；而过高的货币资金保有量，又会使企业丧失潜在的投资机会，降低资金的使用效益。而企业日常货币资金规模是否适当，根据不同行业，不同情况又有所不同。一般而言，企业资产总额越大，相应的货币资金规模也就越大；业务收支频繁，且绝对额大的企业，货币资金规模也相对较大。报表的阅读者要根据具体情况具体分析企业持有的货币资金质量状况。

2. 交易性金融资产质量分析

交易性金融资产的特点之一就是变现能力强，其流动性仅次于货币资金。企业持有交易性金融资产的时间一般不超过一年。交易性金融资产是现金的后备来源，因此该资产越多，企业的支付能力和财务适应能力就越强。但它与货币资金又不同，相比较而言交易性金融资产的风险要大于货币资金。因此，对持有该资产的企业来说，应当注意防范风险。交易性金融资产是企业利用暂时闲置的资金进行的短期投资，主要的目的就是获利。因此报表阅读者还要结合投资的效益情况进行分析。

3. 应收票据项目分析

应收票据是指企业因赊销产品、提供劳务等在采用商业汇票结算方式下收到的商业汇票而形成的债权。按承兑人的不同，商业汇票可以分为商业承兑汇票和银行承兑汇票两种形式。票据的法律约束力和兑付能力强于一般的商业信用，尤其是银行承兑汇票，其信用程度更高，风险更小。商业汇票既可到期通过银行办理收款手续，也可中途转让或办理贴现进行融资。因此，期末的资产负债表上，应收票据反映的只是企业未到期收款也未向银行贴现的应收票据面值。如果当应收票据有确凿证据证明不能收回或收回的可能性不大时，应将这部分应收票据并入应收账款计提坏账准备。

4. 应收账款分析

应收账款是指企业因赊销商品、材料、提供劳务等业务而形成的商业债权。企业应收账款规模的大小取决于两个方面的因素：

（1）企业所处行业特点。处于零售行业的企业，大部分的业务是现金销售业务，其应收账款较少；而许多工业企业，往往采用赊销方式，从而有较多的应收账款。

（2）企业的信用政策。企业如果实行较为宽松的信用政策，会刺激销售，但是会形成较多的应收账款；企业如果实行较为紧缩的信用政策，会制约销售，但会减少应收账款的规模。

一般来说，企业的应收账款规模越大，其发生坏账的可能性也越大。企业应按应收账款余额的一定百分比来提取坏账准备金。从这个方面来说，应收账款越少越好。另外，应收账款反映本企业的资金被信用单位占用，并且一般是无偿占用，体现的是一种资金沉淀。在企业资金总量一定时，应收账款占用越多，现金就越短缺。

5. 预付账款

预付账款是企业按照购货合同规定预付给供应单位的款项。它是企业的一项债权，将来通过收回货物实现。预付账款是一种特殊的流动资产，体现的是一种普通的商业信用和资金的无偿占用，因此预付账款越少越好。如果企业预付账款较高，则需引起注意，仔细查看预付账款去向，因为有可能是企业向有关单位提供贷款、非法转移资金或抽逃资本的信号。

6. 应收利息项目分析

应收利息是指已到期但尚未领取的债券利息。债券投资的利息收入一般是按照权责发生制原则确认的，并且企业在预计利息收入时，一般不考虑被投资单位的财务状况和现金支付能力。阅读本项目时，必须结合被投资单位的现金流量状况，充分考虑其风险，并将其作为估计未来现金流量的依据。

7. 应收股利项目分析

应收股利是指因股票投资而应收取的现金股利或应收其他单位的利润。虽然现金股利是按照权责发生制原则确认的，但是股利并不是一定要发放的，因此被投资单位宣布分配股利时，一般都是充分考虑了本单位的现金支付能力。应收股利的风险一般较小，比应收账款、应收利息的风险都要小。所以，应收股利的多少是预测企业未来现金流量的重要依据。

8. 其他应收款

其他应收款是企业除应收票据、应收账款、预付账款等以外的其他各种应收、暂付款项，是由非购销活动所产生的应收债权，包括：企业拨出的备用金，应收的各种赔款、罚款，应向职工收取的各种垫付款项，以及已不符合预付账款性质而按规定转入的预付账款等。因此其他应收款会计科目类似于一个"杂物箱"，规定之外的应收款项均可往里装。

其他应收款仅仅是暂付款，一般期限较短。如果企业生产经营活动正常，其他应收款肯定要远小于应收账款。在分析该项目时，要注意是否有不应列入其他应收款的项目存在，是否有长期没有变化或数字较大的其他应收款存在。在实际中，一些企业为了种种目的，常把其他应收款作为企业调整成本费用和利润的手段，可能将一些无法收回的款项、不能计入成本的支出，以各种名目计入其他应收款。这样一方面掩盖了经营活动中的疏漏，另一方面虚增了企业的盈利，会对企业的投资者产生误导。若发现其他应收款数额过大，则要通过报表附注仔细分析它的构成、内容和发生时间，特别是其中的时间较长的款项，要警惕企业利用该项目粉饰利润以及转移销售收入偷逃税款。

9. 存货分析

存货是指企业日常活动中持有以备出售的产品或商品、处在生产过程中的在产品、在生产过程或提供劳务工程中耗用的材料和物料等，包括材料、燃料、低值易耗品、在产品、半成品、产成品、协作件、商品等。在企业内持有足够的存货能减少库存缺货和拖欠订单的情况。在生产过程中，库存缺货使经营混乱，并且导致浪费时间和错过生产计划的安排。在销售过程中，库存缺货意味着客户不能马上得到他们想要的产品，这将招致客户不满并且使客户转向其他的供应商，也就是损失了销售。但是在对存货进行分析的过程中，不能只观察资产负债表上存货账户所表明的价值来确定企业是否持有足够的存货，因为只有活跃的、有用的存货才会对企业的生产经营有用，那些过时的或者损坏的存货是不能带来收益的。

虽然持有足够的存货能带来生产经营的顺畅，改善客户关系，但是保持存货是有成本的。存货量过大，占用了资金，降低了资金的回报率；存货占用空间并且经常容易被偷，因此要支付仓储成本和安全费用；企业还要为存货购买保险，避免因为火灾和其他自然灾害造成大量存货损失；存货存在过久还会有无形磨损等，这些都是持有存货产生的成本。因此企业往往在持有存货的成本和收益间找到一个合适的批量，最常用的方法就是采用经济订货批量。经济订货批量的实质是最佳存货规模，即在保证企业生产需要的前提下，使存货总成本达到最低的订购数量。

10. 投资性房地产项目分析

投资性房地产是指为了赚取租金或资本增值，或两者兼而有之而持有的房地产。投资性房地产主要分为三类：出租的土地使用权、长期持有并准备增值后转让的土地使用权和企业拥有并已出租的建筑物。投资性房地产属于实物性投资，该投资金额大，受国家宏观政策影响，风险较大。报表阅读者要对该项目具有较大数额的情况给予重视。

11. 固定资产分析

固定资产是指使用期限较长、单位价值较高，并且在使用过程中保持原有实物形态的资产。固定资产按经济用途和使用情况可分为生产用固定资产、非生产用固定资产、未使用固定资产和不需用固定资产等。在各类固定资产中，生产用固定资产特别是其中的生产设备，同企业的生产经营直接相关，在全部的固定资产中应占较大比重。非生产用固定资产是指职工宿舍、食堂、浴室等非生产单位使用的房屋和设备。非生产用固定资产应在发展生产的基础上，根据实际需要适当增加这方面的固定资产，但增长速度不会超过生产用固定资产的增长速度，非生产用固定资产如果在总固定资产中所占比重下降，是正常的现象。未使用和不需用的固定资产对企业有效使用固定资产是不利的。

企业的固定资产占用资金数额大，资金周转时间长，并且企业拥有的固定资产不都是生产经营使用的。因此在对固定资产进行分析时，必须首先了解固定资产的结构。

固定资产结构分析是指各类固定资产的价值在全部固定资产总额中所占比重的分析。其计算公式为

$$某类固定资产所占比重 = \frac{某类固定资产价值}{全部固定资产总额} \times 100\%$$

对固定资产的结构分析可按以下三个方面进行：一是分析生产用固定资产和非生产用固定资产之间的比例变化情况；二是考察未使用和不需用固定资产比率变化情况，查明企业在处置闲置固定资产方面的工作是否具有效率；三是分析生产用固定资产内部结构是否合理。要对固定资产的配置作出切合实际的评价，必须结合企业的生产技术特点。

对固定资产进行分析的另一个方面就是看企业对固定资产采用什么样的折旧政策。不同的折旧政策对企业成本费用的计算会有不同的影响。如加速折旧法能较快收回企业投资，但这种方法增加了企业的成本、费用支出，一定程度上减少了周期的企业盈利。

固定资产的使用周期是较长的，因此企业所拥有的固定资产越多，在总资产中所占比重越大，则资产的流动性和变现能力就越差。因此对固定资产的分析还应结合行业特点来看。

12. 无形资产项目分析

无形资产是指企业拥有或控制的没有实物形态的可辨认非货币性资产。一项资源被确认为无形资产并纳入资产负债表，必须具备三个条件：一是符合无形资产的定义；二是产生的经济利益很可能流入企业；三是成本能够可靠地计量。合并商誉不包括在无形资产之内，而是有专门的商誉账户列示。企业自创的商誉在账面上只确认金额极小的注册费、聘请律师费等费用作为无形资产的实际成本。大量的在研究与开发过程中发生的材料费用、借款费用、直接参与开发人员的薪酬、开发过程中发生的租金等，均直接计入当期损益。同样的一项无形资产，当它是外购时，确认的账面价值可能要比自创的高许多倍。因此，可以这样说，在资产负债表上反映的无形资产是不完全的，报表中反映的无形资产仅仅是企业所控制的全部无形资源的一部分。财务报表阅读者在对无形资产项目进行分析时，不能仅看财务报表上的数字，而应该详细阅读报表附注及其他有助于了解企业无形资产来源、性质等情况的说明。

除了对无形资产的价值进行分析外，还要对无形资产的质量进行分析。下列情况表明无形资产质量发生下降：

（1）某项无形资产已被其他新技术所替代，使其为企业创造经济利益的能力受到重大不利影响；

（2）某项无形资产的市价在当期大幅度下跌，并在剩余摊销年限内不会恢复；

（3）其他足以证明某项无形资产实质上已经发生了减值的情形。

13. 长期待摊费用分析

长期待摊费用是指企业已经支出，但摊销期限在一年以上（不含一年）的各项费用，包括固定资产大修理支出、租入固定资产的改良支出等。

长期待摊费用在实际中并不能被企业直接使用，对企业而言这类资产的数额应该越少越好，占资产总额的比重越低越好。如果一个企业的长期待摊费用金额较大，占资产总额的比重较高时，说明企业的资产总价值比资产负债表上所反映的数字要小得多。

在实际情况中，一些企业根据自身需要将长期待摊费用科目作为利润调节的手段。例如，在不能完成利润目标的情况下，企业将一些影响利润的且不属于长期待摊费用核算范围的费用转入该科目待摊；在利润完成情况超过目标时，企业为了平滑利润或为了避税等目的，将长期待摊费用大量提前转入管理费用摊销。对长期待摊的分析，要分析长期待摊费用与利润总额增长趋势是否相适应。一般来说，只要企业在本期内没有大规模装修、完成技改项目、对租入资产进行改造、委托其他单位发行股票等情形发生，资产负债表中的长期待摊费用规模应该呈减少的趋势。如果企业的利润总额基本不变或者呈现递减，长期待摊费用不应该呈现增加的趋势。即使是利润总额呈现增长之势，长期待摊费用如果增加数额较大，也要仔细检查会计报表附注中的各类长期待摊费用项目，核查每个项目产生以及摊销的合理性。

在对长期待摊费用进行分析时，有一些特殊的情况要格外注意：

（1）分析长期待摊费用中是否有零的情况。这种情况在新上市的公司中比较常见，而在其他效益突然转好的公司中也有所见。主要原因是因为资金比较充足，或者经济效益良好，企业通过加快长期待摊费用的摊销速度，为以后各期经营业绩的提高奠定基础。这种做法不符合现行会计制度的规定，因此财务人员要对此现象引起关注。

（2）分析长期待摊费用中是否存在开办费未摊销的情形。企业会计制度规定，企业在筹建期间所发生的费用，应该在企业开始生产经营当月起一次性计入当月损益。如果企业会计报表附注中的长期待摊费用出现开办费，就要引起注意。

（3）分析长期待摊费用是否存在已经不能使以后会计期间受益的情况。如果存在这种情况，根据企业会计制度规定，企业应将尚未摊销的该项目的摊余价值全部转入当期损益。

二、资产结构分析

资产结构是指组成资产的各个类别在资产中所占的比重，反映了资产的组成情况。对资产结构的分析就是要证明和了解资产的分布与组成是否合理，能否满足生产经营对各类资产的需要。资产结构通常用构成比率来表示，其一般的计算公式是

$$某类资产的构成 = \frac{该类资产金额}{资产总额} \times 100\%$$

资产结构分析可以反映出企业资产的分布与配置的合理性，但资产结构分析并不能代替资产变动情况的分析。例如，当某类资产减少时，却不一定使该类资产的比重也减少；反之，如果某类资产比重上升，却不一定是因为该类资产存量规模上升所引起的。因此，在对资产结构分析的基础上，还要对资产的变动情况及变动原因进行分析，将二者结合起来，这样既可以了解资产的变动情况及变动原因，又可以了解这种变动是否合理。

资产规模及变动趋势的分析，首先是将期末数与期初数相比较，了解资产总额的增减变动情况，然后分项目考察各项目的增减变动情况与合理程度。

四川长虹的资产项目结构百分比分析及变动趋势分析见表3-2。

表3-2 四川长虹资产项目结构百分比分析

资产类别	2003 年		2004 年			2005 年			2006 年			2007 年		
	金额/万元	资产构成/%	金额/万元	变动率/%	资产构成/%	金额/万元	变动率/%	资产构成/%	金额/万元	变动率/%	资产构成/%	金额/万元	变动率/%	资产构成/%
流动资产	1 757 341	82.12	1 191 182	-32.22	76.1	1 232 922	3.5	77.9	1 198 658	-2.78	72.34	1 570 254.18	31.00	68.10
长期投资	3926	0.18	15 847.5	303.66	1.01	14 443	-8.85	0.91	24 285.6	68.15	1.47	135 145.49	456.48	5.86
固定资产	295 499	13.81	288 993	-2.2	18.5	268 993	-6.92	17	237 601	-11.67	14.34	267 227.35	12.47	11.59
无形资产	44 160	2.06	43 410.6	-1.7	2.77	43 534	0.28	2.75	166 829	283.22	10.07	236 363.95	41.68	10.25
其他资产	39 094	1.83	25 469.9	-34.85	1.63	22 507	-11.63	1.42	29 623.72	31.62	1.79	96 665.57	226.31	4.19
资产总计	2 140 020	100	1 564 903	-26.87	100	1 582 399	1.12	100	1 656 997.32	4.71	100.00	2 305 656.54	39.15	100.00

从表 3-2 的分析中可以看出四川长虹资产构成的主要部分是流动资产,其次是固定资产,这两项资产之和占了总资产的 90%。2003 年四川长虹的流动资产占总资产的比例超过 80%,虽然从 2004 年开始这个比例有所下降,但仍超过 70%。固定资产所占的比例,除 2003～2004 年有所上升外,其余 4 年基本呈下降趋势,由 2004 年的 18.5% 下降到 2007 年的 12.75%。无形资产近两年较前三年翻了 3 倍多,由 2003 年只占 2.06% 上升到 2007 年占 9.39%。

一般而言,企业的流动资产具有流动性强、变现速度快的特点。在资产总额中,流动资产所占的比重越大,企业营运资产越稳定,清偿能力越强,风险越小。但在销售水平一定的情况下,如果企业流动资产所占比重过大,又会降低企业的获利水平。在本例中,企业流动资产大约占了资产总额的 70%,这个比例是否正常,应与企业同行业平均水平或与企业制定的标准相比较才能作结论。另外,从固定资产看,固定资产构成率高有利于增加企业获利能力;但由于固定资产的变现能力差,不利于企业充分调度资金,可能会造成企业资金循环缓慢,现金流转受阻,增加财务风险。本例中,固定资产呈逐年下降的趋势,这种变化是否合理,则需结合本企业实际情况进一步进行分析。企业全部资产构成率的确定,要在清偿能力和获利能力二者之间进行选择。一个企业全部资产构成的合理标志,要根据各行业的特点并结合本企业实际情况来合理确定。对于长虹这样的制造业企业来说,根据表 3-2 所提供的信息,应该在接下来的资产项目分析中把握以下两个重点:①流动资产所占比例高的原因可能是存货所占数额大,而过大的存货比例对企业并非一件好事,因此要对流动资产的构成及质量再进行深入分析;②无形资产所占比例的上升,结合中国目前日用家电业创新不够的实际情况可能是一件好事。但是仍然要对无形资产的构成及无形资产的营运能力进行深入分析,确定企业所拥有的无形资产的价值。

第三节 负 债 分 析

一、负债项目分析

1. 短期借款项目分析

短期借款是企业从银行或其他单位借入的期限在一年以内的各种借款,包括短期流动资金借款、结算借款、票据贴现借款,以及企业借入的借款期在一年或长于一年的一个经营周期以内的新产品试制借款、引进技术借款、进口原材料短期外汇借款等。这些借款都是为了满足日常生产经营的短期需要而举借的,其利息费用作为企业的财务费用,计入当期损益。

短期借款的规模应与流动资产的规模相适应。由于短期筹资快捷,弹性较大，任何企业在生产经营中都会发生或多或少的短期借款。但短期借款必须与当期流动资产，尤其是存货项目相适应。一般而言，短期借款不会超过流动资产。

2. 应付票据项目分析

应付票据是企业因赊购交易而开出的承诺在一年内承兑的商业汇票，与资产项目中的应收票据相对应。应收票据反映的是企业的债权，而应付票据反映的就是企业的债务。在资产负债表上，应付票据项目反映的是尚未到期付款的应付票据面额。

3. 应付账款项目分析

应付账款是企业进行赊购交易而发生的债务，它是由于购进商品或接受劳务等的发生时间与付款时间不一致产生的。一方面，应付账款数额过大，会造成短期偿债能力下降，增加企业的财务风险。同时，超过信用期的应付账款，会损害企业在市场上的信用形象，增加企业的筹资成本。但另一方面，应付账款表明的是企业占用其他单位的资金，一些实力强的企业往往通过无偿占用其他企业的资金，来缓解自身的营运资金压力，增加资金的盈利能力。因此，对应付账款项目的评价要一分为二地来看。

4. 预收账款项目分析

预收账款是指企业商品销售尚未发生或劳务尚未提供而向购货方收取的货款或定金。例如，收到销货订单时同时收取的保证金、预收报纸杂志的订费、预收商品包装物上的押金、长期建筑合同开出发票超过成本部分的金额等。预收账款是用约定的商品、劳务或出租资产来抵偿，一般不会造成未来现金流的流出。只有在企业收取款项后，没有按约定的条件提供商品或劳务时，才要退还预收款项并赔偿由此给客户造成的损失。因此通常来说，流动负债中预收款项账户中数额高，说明企业提供的商品或服务比较走俏，企业的竞争能力越强，发展潜力也越大。由于流动负债中预收账款一般不会导致未来现金流出，因此预收账款数额的增加虽然会增加流动负债，但对企业的偿债能力影响却不大，对未来现金流的压力影响也较小。预收账款一般被列为流动负债，如果有特别合约规定，企业预收账款可在一年或长于一年的营业周期内用提供的商品、劳务来清偿，则应列为长期负债。

5. 应付职工薪酬项目分析

职工薪酬是指企业为了获取职工提供的服务而给予的各种形式的报酬以及其他相关支出。职工薪酬除包括工资和福利费之外，还包括工会经费和职工教育经费等。企业为了保持其在市场上的形象，一般不会拖欠员工的薪酬，因此如果发现企业存在拖欠职工薪酬的情况，很有可能是企业的财务出了问题。

6. 应交税费项目分析

应交税费是指企业在会计期末应交而未交的各种税金。按照我国税法规定，企业应交纳的税金包括增值税、营业税、消费税、城市维护建设税、房产税、车船使用税、土地使用税、所得税、资源税、固定资产投资方向调节税等。企业交纳的印花税以及其他不需要预计应交数额的税金，不包括在内。在资产负债表中，应交税金项目表示企业截至报表编制日按照计税依据和规定的税率计算出来的应交纳但尚未交纳的各种税金数额。如该项为负数，则表示企业多交的应当退回给企业或由以后年度抵交的税金。

7. 其他应付款项目分析

其他应付款是企业应付、暂收其他单位或个人的款项，如应付租入固定资产的租金、包装物的租金、应付保险费、存入保证金、应付统筹退休金等。其中：

（1）应付租入固定资产租金是指企业采用经营性租赁方式租入固定资产所应支付的租金。这项租金，应计入企业的费用。

（2）存入保证金是其他单位或个人由于使用企业的某项资产而交付的押金，待以后资产归还后需退还的暂收款项，如出租包装物押金。

（3）实行退休统筹办法的企业，根据退休金统筹办法按月提取统筹退休金，定期交给社会保险统筹机构，由社会保险统筹机构弥补给企业，由企业支付给退休职工。在社会保险机构未收到统筹退休金以前，该项金额构成企业流动负债的一部分。

8. 一年内到期的非流动负债项目分析

一般来说，企业的长期负债最终到期时是要以流动资产通常是货币资金来偿付的。为了准确反映企业短期内需偿付的债务金额，正确评价企业的短期偿债能力，资产负债表中将一年内到期的、已转化为流动负债的长期负债在流动负债中予以反映。该项目反映的即是企业"长期借款"、"应付债券"和"长期应付款"等项目内一年内到期的那部分金额。

9. 长期借款项目分析

长期借款是指企业向银行或其他金融机构借入的、期限在一年以上的款项。长期借款一般用于企业的固定资产购建、固定资产改扩建工程、固定资产大修理工程以及流动资产正常需要方面，如目前的大修理借款、更新改造借款、出口工业品生产专项借款、进口设备人民币借款等。长期借款按其偿还方式不同，可分为定期偿还的长期借款和分期偿还的长期借款。前者是指在规定的借款到期日一次还清的借款；后者是指在借款期限内，分期偿还本息，直到息日全部还清。会计核算上，长期借款的应计未付利息也计入长期借款。因此，资产负债表中长期借款项目反映的是企业尚未归还的长期借款本金和利息。

由于企业通过证券市场融资仍受到一定的限制，因此许多企业仍然通过长期借款的形式筹措资金。企业长期举债的成本很高，因此在企业长期负债有所增长时，要同时考察企业的利润水平是否也是同步增长，否则企业就没有很好地利用负债的财务杠杆作用，并且存在着对资金管理能力的不足。

10. 应付债券项目分析

应付债券是指企业为筹集长期资金而发行的偿还期在一年以上的债券。不论企业债券是溢价还是折价发行，应付债券均以实际收到的款项入账。在债券存续期间，企业要分期计提或支付债券利息，同时也需对债券折价或溢价分期进行摊销，折价转为利息费用，溢价摊销冲减利息费用。资产负债表中应付债券项目反映的是企业应付债券期末置存价值（不一定等于面值）和应付债券应计未付的利息。

在我国，企业迫于社会压力，偿还债券本息的积极性一般要高于偿还银行本息的积极性。但我国当前的公司债券市场很不发达，因此企业通过发行债券融资受到严格的限制，大部分企业难以达到发行债券的标准。

11. 长期应付款项目分析

长期应付款是指企业对其他单位所发生的付款期限在一年以上的结算债务。主要包括采用补偿贸易方式引进设备款和融资租入固定资产应付款。

（1）应付引进设备款是根据企业与外商签订来料加工、来料装配和中小型补偿贸易合同而引进国外设备所发生的应付款项。此项应付款在设备安装完成投产后，按合同规定的还款方式，用应收的加工装配收入和出口产品收入归还。引进设备所需用人民币支付的国内费用，如进口关税、国内运杂费和安装费等，可以向银行取得进口设备人民币借款。

（2）融资租入固定资产应付款，是指用融资租入方式租入固定资产所需支付的全部租赁费，包括租入固定资产的价款、运输费、途中保险费、安装调试费、手续费和利息支出等。

因为融资租赁要求企业自有资金的保证相对于长期借款要低，租赁公司所承担的风险需要从企业支付的较高的租赁费中进行补偿。所以在分析长期应付款时，要特别关注企业运用融资租赁时的风险性和稳定性问题。

12. 预计负债项目分析

预计负债是指因或有事项而确定的负债。基于过去的交易或事项引起的或有负债，有些是潜在的义务，有些是现时的义务。企业需要预计的负债仅仅是与或有负债事项相关的现时义务。出于谨慎性原则的考虑，企业对预计负债的估计都较为保守，一般来说，预计负债越多未来的现金流出量也越大。财务报表阅读者在考察偿债能力和估计未来的现金流量时，应当充分考虑这些预计负债。

二、负债结构分析

负债结构是指各负债项目占全部负债的比重，负债结构是否合理对企业来说是相当重要的。首先，负债结构影响财务风险。财务风险是因为企业举债而带来的风险。一般来说，短期负债的风险要高于长期负债的风险。这是因为短期负债借款期限短，需要及时偿还，如果企业有大量的短期债务，那么就要为经常偿还这些债务而准备资金；并且如果这些短期债务都集中在某一时期偿还时，企业就有可能因不能及时偿还这些债务而陷入偿债危机。其次，负债结构影响资金成本。企业通过不同的负债筹资方式取得的资金，其负担的资金成本是不一样的。一般而言，长期借款的资金成本高于短期借款的资金成本，债券的资金成本又高于银行借款的资金成本。企业在利用负债进行筹资时，通常希望以最小的代价获得资金，因而企业必须选择合理的负债结构，以尽量降低资金成本。

负债结构变动分析可分解为对流动负债结构变动分析、长期负债结构变动分析和对全部负债结构变动分析。

四川长虹的流动负债结构及总额增减变动情况分析见表 3-3。

四川长虹的流动负债主要由短期借款、应付票据和应付账款构成。2004 年的流动负债相比 2003 年有了大幅度的下降，但 2005～2007 年流动负债又大幅度地上升。2004 年相比 2003 年流动负债大幅度下降的原因是应付票据和应付账款的大幅度减少，这两项分别下降了 48％和 24％。2005～2007 年流动负债又大幅度上升的原因同样是应付票据和应付账款的增加。虽然在这 5 年中短期借款出现过大幅度的起伏，比如，2005 年的短期借款相比 2004 年大幅下降了 51％，但随后又大幅度上升了 86％。从总体来说，2007 年短期借款的水平比 2003 年有所下降。应付账款和应付票据主要是因为购买材料、劳务等经营活动产生的。它们数额的增加一方面会造成短期偿债能力下降，增加企业的财务风险和筹资成本；另一方面也可能是由于销售收入的增长，导致对存货需求的增加所致。因此在分析流动负债时，还要结合企业的销售收入增长情况和存货情况一起来分析。还有一点也需要指出的是，应付账款和应付票据是企业在商业活动中信用活动方式的表现，它是对其他企业资金的无偿使用，如果企业实力强，便拥有强大的谈判筹码。通过合理利用应付账款和应付票据能缓解营运资金的压力，因此对应付票据和应付账款的分析要一分为二地进行。既要看到风险，也要看到其他可能的原因，关键是要结合实际情况进行深入的分析。

四川长虹全部负债的变动情况见表 3-4。

表 3-3 四川长虹流动负债变动情况分析

负债项目	2003 年		2004 年			2005 年			2006 年			2007 年		
	金额/万元	债务构成/%	金额/万元	变动率/%	债务构成/%	金额/万元	变动率/%	债务构成/%	金额/万元	变动率/%	债务构成/%	金额/万元	变动率/%	债务构成/%
短期借款	270 602	33.45	267 046	-1.31	44.69	130 493	-51.13	22.67	242 818	86.08	33.25	282 245.26	16.24	27.52
应付票据	285 424	35.28	148 519	-47.97	24.86	183 207	23.36	31.83	190 822	4.16	26.13	336 172.59	76.17	28.00
应付账款	216 165	26.72	164 398	-23.95	27.51	197 251	19.98	34.27	222 839	12.97	30.52	369 729.90	65.92	32.35
预收账款	73 457.6	9.08	68 278	-7.05	11.43	73 615	7.82	12.79	53 420	-27.43	7.32	67 792.57	26.90	5.74
应付职工薪酬	4 576.5	0.57	7 838	71.27	1.31	12 041	53.62	2.09	4 821	-59.96	0.66	26 108.84	441.56	2.21
应交税费	-71 966	-8.89	-80 745	12.2	-13.5	-56 227	-30.36	-9.77	-45 599	-18.90	-6.24	-49 974.67	9.60	-4.23
应付股息	236.5	0.03	236.5	0	0.04	236.5	0	0.04	236.5	0.00	0.03	3 015.83	1 175.19	0.26
其他应付款	20 487	2.53	12 435	-39.3	2.08	24 574	97.62	4.27	39 923	62.46	5.47	42 592.88	6.69	3.61
其他流动负债	1 009.6	0.12	9 490.5	840.03	1.59	2 574.06	9.02	1.8	20 977.5	102.75	2.87	100 441.02	378.80	8.51
流动负债合计	809 078	100	597 496	-26.15	100	575 537	-3.68	100	730 258	26.88	100.00	1 180 124.23	61.60	100.00

表 3-4 四川长虹全部负债变动情况分析

负债项目	2003 年		2004 年			2005 年			2006 年			2007 年		
	金额 /万元	债务构成 /%	金额 /万元	变动率 /%	债务构成 /%	金额 /万元	变动率 /%	债务构成 /%	金额 /万元	变动率 /%	债务构成 /%	金额 /万元	变动率 /%	债务构成 /%
流动负债	809 078	98.97	597 496	-26.15	98.53	575 537	-3.68	99.52	730 258	26.88	98.48	1 180 124.23	61.60	95.94
长期负债	8453	1.03	8923	12.17	1.47	2171	-75.67	0.48	11 239.05	417.69	1.52	49 938.90	344.33	4.06
合计	817 531	100	606 419	-25.82	100.00	577 708	-4.737	100	741 497.05	28.35	100.00	1 230 063.13	65.89	100.00

从表 3-4 中来看，四川长虹在 2003～2007 年度负债结构并未发生较大改变，负债基本上都是流动负债，这样虽然使公司降低了资金成本，但同时却增加了财务风险。

由于四川长虹显示的负债结构比较极端，所以在这里将行业的负债结构情况列出来，看看是行业特征还是四川长虹本身的特殊情况，如表 3-5 所示。

表 3-5　四川长虹与行业流动负债与总负债百分比比较分析　　单位:%

项　　目	2003 年	2004 年	2005 年	2006 年	2007 年
四川长虹	98.97	98.53	99.62	99.67	95.94
行业平均	97.97	96.702	97.980	97.604	96.05
行业最高	100	100	100	100	100
行业最低	92.36	84	91.41	89.17	80.15

由行业比较数据可以看出，日用电器制造业的流动负债占总负债的比例都非常高，最低也超过 80%，这样的行业数据表明流动负债占总负债比重高是日用制造业的一个行业特点。这可能与制造业企业现金流周转比较快的特点相关，长期负债的资金成本要高于流动负债的资金成本，因此制造业更喜欢短期借款及应付账款等信用负债。

第四节　所有者权益分析

一、所有者权益项目构成及其变动分析

所有者权益是指企业资产扣除负债后由所有者享有的剩余权益。公司的所有者权益又称为股东权益。所有者权益的来源包括所有者投入的资产、直接计入所有者权益的利得和损失以及留存收益等。所有者权益可分为实收资本（或股本）、资本公积和留存收益，其中留存收益又包括盈余公积和未分配利润。

1. 实收资本项目分析

实收资本是投资者投入资本形成法定资本的价值。除非企业出现增资、减资等情况，实收资本在企业正常经营期间一般不发生变动。实收资本的变动将会影响企业原有投资者对企业的所有权和控制权，而且对企业的偿债能力、获利能力等都会产生重大影响。

2. 资本公积项目分析

资本公积是企业收到投资者的超出其在企业注册资本（或股本）中所占份额的投资，以及直接计入所有者权益的利得和损失等。资本公积包括资本溢价（或股本溢价）、直接计入所有者权益的利得和损失等。资本溢价（或股本溢

价）是企业收到投资者的超出其在企业注册资本（或股本）中所占份额的投资。形成资本溢价（或股本溢价）的原因有溢价发行股票、投资者超额缴入资本等。直接计入所有者权益的利得和损失是指不应计入当期损益、会导致所有者权益发生增减变动的、与所有者投入资本或者向所有者分配利润无关的利得或者损失。

3. 盈余公积项目分析

盈余公积是指企业按照规定从税后利润中提取的积累资金。盈余公积按其用途分为法定盈余公积和公益金。法定盈余公积在其累计提取额未达到注册资本的50%时，均应按税后利润的10%提取。对企业来说，盈余公积的数量越多，反映企业的资本积累能力、弥补亏损能力和应对风险的能力越强。

4. 未分配利润项目分析

未分配利润是指企业留待以后分配的结存利润。它是企业实现的利润扣除交纳的所得税、分发利润（或股利）和提取公积金后的余额，是留于以后年度分配的利润或者尚未分配的利润。相对于所有者权益的其他部分来说，企业对于未分配利润的使用和分配有较大的自主权。企业的未分配利润越多，说明企业当年和以后年度的积累能力和应对风险能力就越强。在资产负债表上如果此项目为负数，则说明企业有尚未弥补的亏损。

四川长虹2004～2007年股东权益及权益结构增减变动情况分析见表3-6。

四川长虹的股东权益在这5年总体呈下降趋势，由2003年的1 316 803万元降至2007年的1 075 593万元，下降了18.32%。股东权益下降主要是因为未分配利润的持续减少，2004年的未分配利润与2003年的未分配利润相比下降了184.39%，2005年与2004年相比又下降了16.79%，2006年与2005年相比下降了130.77%，2007年未分配利润有所增加。未分配利润为何会大幅持续下降，这就需要结合非财务信息进一步进行分析。2006年四川长虹发生了股本减少的情况，一般来说股本是不发生变动的，因此对这一数字变化要从报表附注中查明到底是什么原因导致的。四川长虹在2006年年报中对股本的减少作出了说明，2006年股本本期减少是因为公司报告期内实施定向回购。公司向四川长虹集团定向回购2.66亿股国有法人股，定向回购价格为每股4.494元。回购款项冲抵四川长虹集团对本公司的资金占用及相应利息费用计11.954亿元。大股东侵占上市公司的资金在我国是十分普遍的现象，根据上市公司对股本变动的信息披露，这种股本变动对提高上市公司的质量是有帮助的。2004年四川长虹将海外公司的应收账款大幅注销为坏账，导致当年巨额亏损，2004年和2005年的未分配利润为负，到2006年开始转为正数，从2007年的数据来看增长速度很快。这说明甩掉旧包袱后的四川长虹发展得较为顺利。

表 3-6　四川长虹所有者权益增减变动分析

所有者权益项目	2003 年 金额/万元	2004 年 金额/万元	2004 年 变动额/万元	2004 年 变动率/%	2005 年 金额/万元	2005 年 变动额/万元	2005 年 变动率/%	2006 年 金额/万元	2006 年 变动额/万元	2006 年 变动率/%	2007 年 金额/万元	2007 年 变动额/万元	2007 年 变动率/%
股本	216 421	216 421	0	0.00	216 421	0	0.00	189 821	-26 600	-12.29	189 821	0	0
资本公积	408 137	408 578	441	0.11	413 589	5011	1.23	326 703	-86 886	-21.01	326 400	-363	-0.09
盈余公积	491 097	490 379	-718	-0.15	490 379	0	0.00	349 992	140 387	-28.63	352 236	2244	0.64
未分配利润	201 196	-169 789	-370 985	-184.39	-141 286	28 503	-16.79	43 474	184 760	-130.77	61 642	18 168	41.79
所有者权益合计	1 316 803	945 532	-371 271	-28.19	979 100	33 567	4.82	938 205	-40 895	-4.18	1 075 593	137 388	14.64

二、企业可持续增长分析

企业的发展能力，也称企业的成长性，它是企业通过自身的生产经营活动，不断扩大积累而形成的发展潜能。企业能否健康发展取决于多种因素，包括外部经营环境、企业内在素质及资源条件等。而传统的财务分析仅关注企业的静态财务状况与经营成果，强调偿债能力和盈利能力分析，对企业的发展能力不够重视，一直未形成系统的分析体系和方法。评价企业发展能力，从宏观角度讲，可促进国民经济总量的不断发展；从微观角度讲，可促进企业经营者重视企业的持续经营和经济实力的不断增强。

1. 以影响价值变动因素衡量企业发展能力的分析思路

影响企业价值增长的因素主要有以下几个方面：

（1）销售收入。企业发展能力的形成要依托企业不断增长的销售收入。销售收入是企业收入来源之本，也是导致企业价值变化的根本动力。只有销售收入不断稳定增长，才能体现企业的不断发展，才能为企业的不断发展提供充足的资金来源，企业的价值才得以增长。

（2）资产规模。企业的资产是取得收入的保障，在总资产收益率固定的情况下，资产规模与收入规模之间存在正比例关系。同时总资产的现有价值反映着企业清算可获得的现金流入额。

（3）净资产规模。在企业净资产收益率不变的情况下，净资产规模与收入规模之间也存在正比例关系。只有净资产规模的不断增长，才能反映新的资本投入，表明所有者对企业的信心；同时对企业负债筹资提供了保障，有利于满足企业的进一步发展对资金的需求。

（4）资产使用效率。一个企业资产使用效率越高，其利用有限资源获得收益的能力越强，会给企业价值带来较快的增长。

（5）净收益。净收益反映企业一定时期的经营成果，是收入与费用之差。在收入一定的条件下，费用与净收益存在反比例关系，只有不断地降低成本，才能增加净收益。企业的净收益是企业价值增长的源泉，所有者可将部分留存企业以用于扩大再生产，同时可观的净收益会吸引更多新的投资人，有利于企业的进一步发展。

（6）股利分配。企业所有者从企业获得的利益分为两个方面：一是资本利得；二是股利。一个企业可能有很强的盈利能力，但如果把所有利润通过各种形式转化为消费，不注意企业的资本积累，那么即使这个企业效益指标很高，也不能说这个企业的发展能力很强。

这一分析思路能够对影响企业发展的因素进行比较全面的分析，能够得出对企业发展能力比较全面的看法，但对于各个因素的增长与企业发展的关系无法从数量上确定。

实务中，分析者常常采用这一思路分析企业的发展能力。不同时期企业采用的发展战略是不同的，因此运用该方法时，要结合企业发展战略进行分析。若采用的是资本扩张战略，企业将会有大量收购活动，资产规模迅速增长，但不一定带来净收益的快速增长。因此，这类企业的分析重点应放在资产或资本的增长上。若采用低成本战略，企业会在现有资产规模的基础上，充分挖掘内部潜力，采取积极的办法降低成本，保障产品质量，使得企业的资产或资本规模发展缓慢，净收益增长较快。因此这类企业的分析重点应放在净收益增长和资产使用效益上。

2. 以价值衡量企业发展能力的分析思路

企业发展能力衡量的核心是企业价值增长率，众多财务管理学者对此已达成共识的。但企业价值是一个抽象的概念，如何去描述企业价值是一个难题。在现有的财务理论中，有许多价值评估模型，而这些模型并未得到一致的认可，使企业价值的描述受各种不同评估模型的影响。公司的可持续增长率就是对公司发展能力在理论上比较普遍使用的一种评价。可持续增长率是指不增发新股并保持目前经营效率和财务政策条件下公司销售所能增长的最大比率。

可持续增长率的假设条件为：

（1）公司目前的资本结构是一个目标结构，并且打算继续维持下去；

（2）公司目前的股利支付率是一个目标支付率，并且打算继续维持下去；

（3）不愿意或者不打算发售新股，增加债务是其唯一的外部筹资来源；

（4）公司的销售净利率将维持当前水平，并且可以涵盖负债的利息；

（5）公司的资产周转率将维持当前的水平。

在上述假设条件成立时，销售的实际增长率与可持续增长率相等。计算可持续增长率的方法为

$$g = \frac{E\left(1 - \frac{D}{E}\right)}{OE} = \frac{\Delta RE}{OE}$$

或

$$g = \frac{E}{OE} \times \left(1 - \frac{D}{E}\right)$$

式中，g 表示可持续增长率；ROE 表示净资产收益率（期初权益）；D 表示每年的普通股股利和优先股股利；E 表示本期净利润；D/E 表示股利支付率；（$1 - D/E$）表示留存比率；OE 表示期初股东权益；ΔRE 表示当年留存收益变化。

该公式表示企业在不发行新的权益资本并维持一个目标资本结构和固定股利政策条件下，企业未来净收益增长率是期初净资产收益率和股利支付率的函数表达式。企业未来净收益增长率不可能大于期初净资产收益率。从上式中可以看出，企业净资产收益率和留存比率是影响企业净收益增长的两个主要因素。在

ROE 不变时，净收益增长率与净资产收益率和留存比率成正比例关系。留存比率之所以会影响企业净收益增长率是因为留存收益形成企业新的股本资本，在现有净资产收益率的基础上获得收益，实质上是企业净资产规模的不断扩大。企业留存比率越高，净收益增长率也越高，反映了企业为取得长远发展限制了股利的发放，而将资源留用于企业。净资产收益率对净收益增长率的影响则不光在于本身改变所产生的净收益的变化，还在于在留存比率确定的基础上，反映了企业新增资本获得收益的能力。

由于净资产收益率的重要作用，在实际运用中经常把净收益增长扩展成包括多个变量的表达式，其扩展式为

$$g = \frac{本期净利润}{本期销售收入} \times \frac{本期销售收入}{期末总资产} \times \frac{期末总资产}{期初股东权益} \times 本期收益留存率$$

＝销售净利率×总资产周转率×收益留存率×期初权益期末总资产乘数

可持续增长率的思想，不是说企业的增长不可以高于或低于可持续增长率，问题在于管理人员必须事先预计并且加以解决在公司超过可持续增长率之上的增长所导致的财务问题。当企业增长速度超过 g 时，上述四个比率必须改变，也就是企业要想超速发展，要么提高自己的经营效率（资产周转率），要么增强自己的获利能力（销售利润率），或者改变自己的财务政策（股利政策和财务杠杆）。也就是说，企业可以通过调整自己的经营效率、获利能力及财务政策来改变或适应自己的增长水平。假定一个企业的留存比率为 0.75，销售利润率为 10%，资产周转率为 1，财务杠杆为 2，这时净收益增长率 g 为 15%（0.75× 10%×1×2）。当企业的实际增长率超过 15%，达到 20%时，它可以通过改变股利政策，将留存比率提高到 1 来满足增长率的需要；或将财务杠杆提高到 2.67；也可以提高资产运用效率，使资产周转率达到 1.33；还可以将自己的获利能力提高到 13.33%等。当然也可以几个方面同时调整和改变。不过，上述调整和改变在现实生活中并不是很容易做到的。股利政策的改变可能会引起股东的不满而无法实施，而且这方面的改变限度最多是不分配。财务杠杆的提高可能会增大企业债权人的风险水平而使融资成本增加，从而抵销了一部分效果，也可能会因原有债权人贷款契约中的某些限制而无法得以实现。销售利润率因竞争原因往往并不是企业自己可以决定的。资产周转率因行业特征及原有的管理运作习惯并非很容易摆脱。因此超常增长只能是短期的。尽管企业的增长时快时慢，但从长期来看总是受到可持续增长率的制约。

在实际情况下，实际的净收益增长率与测算的净收益增长率常常不一致，这是因为上述四项比率实际值与测算值不同所致。当实际增长率大于测算增长率时，企业将面临现金短缺问题；当实际增长率小于测算增长率时，企业存在多余现金。

以净收益增长率为核心来分析企业的发展能力，其优点在于：各分析因素与净收益增长率存在直接联系，有较强的理论依据。其缺点在于：以净收益增长率来代替企业的发展能力存在一定的局限性，企业的发展必然会体现到净收益的增长上来，但并不一定是同步增长关系，企业净收益的增长可能会滞后于企业的发展。这使得我们分析净收益增长率无法反映企业真正的发展能力，而只能近似代替。

我们以四川长虹 2006 年底的数据来预测 2007 年的可持续增长率，并与实际的数据进行比较，以此来分析长虹的可持续发展能力。

我们假设长虹将在 2007 年维持 2006 年的资本结构，保持股利支付率不变，也没有发售新股的打算，增加债务是长虹唯一的外部筹资来源。2007 年的销售净利率与 2006 年持平，同时保持公司的资产周转率的不变。计算得到的 2007 年的可持续增长率为

$$g = \frac{305\,907\,434}{9\,243\,070\,000} \times \left(1 - \frac{2\,365\,019.62}{305\,907\,434}\right)$$
$$= 3.28\%$$

按照 2006 年的数据，四川长虹的可持续增长率在 3.28% 左右。根据已披露的 2007 年年报数据，长虹的实际增长率为 4.71%，高于预测的增长率，这样对于这个增长率是否适合长虹需要进一步分析。

第五节 企业偿债能力分析

企业的偿债能力是指企业偿还各种到期债务的能力。偿债能力的高低，是任何与企业有关联的人所关心的重要问题之一。对债权人而言，企业的偿债能力高低关系到其债权是否能及时收回，利息是否能按期取得。对投资者而言，如果企业的偿债能力欠佳，就会使企业的资金因主要用于偿债而影响企业正常的生产经营活动，使企业盈利受到影响，从而最终影响投资者的利益。对企业而言，一旦偿债能力大幅度下降，甚至出现资不抵债的情况，就有可能导致企业破产。

偿债能力分析包括短期偿债能力分析和长期偿债能力分析。

一、短期偿债能力分析

（一）影响企业短期偿债能力的因素

短期偿债能力是指企业以流动资产偿还流动负债的能力。影响企业短期偿债能力的因素主要有以下几个方面。

1. 资产的流动性

流动性是指企业资产转化为现金的能力。在权责发生制下，企业资产的流动

性问题十分突出。企业有盈利并不足以说明具有短期偿债能力。因为企业偿还债务，一般而言均用企业流动资产来偿还，不仅短期债务需用流动资产偿还，就是长期债务也要用流动资产来偿还，除非企业中止经营，进行清算，一般是不会出售固定资产来偿还短期债务。而企业的利润与企业实际持有的现金有一定差距。即使一个企业有很高的利润，但如果缺乏可支配的现金，仍然无法偿还到期债务，从而陷入财务困境。反之，一个企业也可以亏损，但只要它持有一定量的现金，便仍然有能力偿还到期的债务。因此，资产的流动性越强，尤其是流动资产中变现能力较强的资产，如果现金所占比重越大，则企业的短期偿债能力就越强。在企业的流动资产中，应收账款和存货的变现能力是影响流动资产变现能力的重要因素。由于应收账款可能会因呆滞而发生大量的坏账，存货可能因周转不畅等原因而造成大量积压，这将会使企业流动资产的变现能力大大下降，影响其偿债能力。

2. 企业的经营收益水平

短期负债通常是以流动资产中的现金来偿还，而现金的取得则主要来源于企业的经营收益。企业的利润是企业经营收益的集中体现。通常一个经营收益水平较高的企业，其利润也是相当可观的，而利润的取得又会增加企业的资金，使企业有持续和稳定的现金流入，从而从根本上保障了债权人的权益。当企业经营收益水平下降时，如果其现金的流入不足以抵补现金的流出，就会造成现金的短缺，导致偿债能力的下降。

3. 流动负债的结构

企业的流动负债中有些需要用现金偿付，如短期借款、应付账款等；有些则需要用商品或劳务来偿还，如预收账款。如果需要用现金偿付的流动负债占较大比重，则企业必须拥有足够的现金才能保证其偿债能力；如果在流动负债中预收账款的比重较大，则企业只要有足够的存货就可以保证其偿债能力。

（二）短期偿债能力指标计算与分析

1. 流动比率

流动比率（current ratio）是指企业一定时期流动资产同流动负债的比率。流动比率衡量企业短期债务偿还能力，评价企业偿债能力的强弱。其计算公式为

$$流动比率 = \frac{流动资产}{流动负债}$$

式中，流动资产指企业可以在一年或超过一年的一个营业周期内变现或耗用的资产；流动负债是指偿还期限在一年或者超过一年的一个营业周期以内的债务。

流动比率指标的分析应关注：

（1）流动比率衡量企业资金流动性的大小，充分考虑流动资产规模与流动负债规模之间的关系，判断企业短期债务到期前，可以转化为现金用于偿还流动负债的能力。

（2）从债权人角度来看，该指标越高，说明债权越有保障，企业的短期偿债能力越强。因为该指标越高，表明企业流动资产流转得越快，偿还流动负债的能力越强。但是，对于企业经营者来说，流动比率并不是越高越好。因为过高的流动比率使流动资产在全部资产中的比重上升，而流动资产，特别是变现能力最强的资产，如现金、银行存款、有价证券等，是盈利能力最低的资产，这部分资产的上升意味着企业获利能力的下降。因此从企业的角度来看，该指标应控制在一个合理的范围内，既要保证偿债能力，同时又要保证资产的获利能力。国际上公认经验比率为 200%，这是因为处在流动资产中变现能力最差的存货金额，约占流动资产总额的一半，剩下的流动性较大的流动资产至少要等于流动负债，企业的短期偿债能力才会有保证。

（3）一般而言，如果行业生产周期较长，则材料、产成品等存货量必然加大，应收账款的周期速度较慢，则企业的流动比率就会相应提高；如果行业生产周期较短，其存货量必然减少，应收账款的周转速度也加快，则企业的流动比率可以相对降低。在实际操作时，应将该指标与行业的平均水平进行分析比较。如果一个企业的流动比率等于或高于该行业平均的或正常的水平，则说明其短期偿债能力较强；反之则较弱。

根据四川长虹 2003～2007 年资产负债表截取的数据及行业数据可得表 3-7 和表 3-8。

表 3-7　四川长虹流动比率计算

项　　目	2003 年	2004 年	2005 年	2006 年	2007 年
流动资产/万元	1 757 341	1 191 182	1 232 922	1 198 658	1 570 254
流动负债/万元	809 078	597 496	575 537	730 258	1 180 124
流动比率/倍	2.17	1.99	2.14	1.64	1.33

表 3-8　四川长虹的流动比率与行业数据比较

流动比率/倍	2003 年	2004 年	2005 年	2006 年	2007 年
四川长虹	2.17	1.99	2.14	1.64	1.33
行业平均①	1.52	1.38	1.32	1.23	1.20
行业最高②	2.17	1.99	2.14	1.79	1.84
行业最低③	0.93	0.78	0.84	0.80	0.66

注：①、②、③的行业值数据取值国泰安研究服务中心数据库(本章下同)。

图 3-1 描述了四川长虹流动比率与行业数据在 2003～2007 年的变化趋势。从四川长虹与行业的对比来看，四川长虹的流动比率远高于行业的平均水平，在前两年它一直处于行业的最高水平，近两年流动比率有所下降，但仍高于 150%。

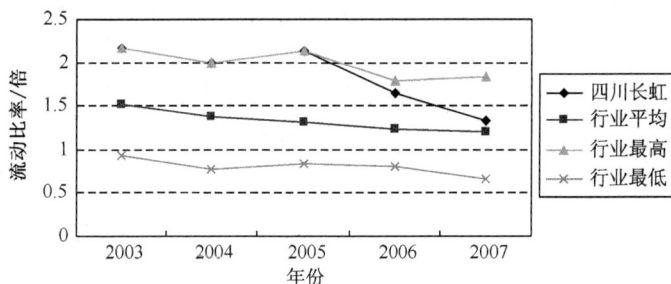

图 3-1　流动比率变动趋势

2. 速动比率

速动比率（quick ratio）是指企业一定时期的速动资产同流动负债的比率。速动比率衡量企业的短期偿债能力，评价企业流动资产变现能力的强弱。其计算公式为

$$速动比率 = \frac{速动资产}{流动负债}$$

式中，速动资产是指扣除存货后流动资产的数额，速动资产＝流动资产－存货；流动负债同上。速动比率是对流动比率的补充，由于分子中剔除了流动资产中变现能力最差的存货，因此在计算企业实际的短期债务偿还能力时是较为准确的。

速动比率指标的分析应关注：

（1）速动资产是指几乎可以立即用来偿付流动负债的那些资产，包括货币资金、短期投资、应收票据等。计算速动资产之所以要剔除存货，是因为存货是流动资产中变现速度最慢的资产，而且存货在销售时受到市场价格的影响，使其变现价值带有很大的不确定性，在市场萧条或产品不对路的情况下又可能成为滞销货而无法转换为现金。当企业流动比率较高时，如果流动资产中存货占较大比重，则其可立即用来支付债务的资产减少，其偿债能力也是较差的。反之，即使流动比率较低，但流动资产中的大部分都可以在较短时间内转化为现金，其偿债能力也很强。因此，以速动资产来评价企业的短期偿债能力，消除了变现能力最差的存货的影响，可以部分地弥补流动比率指标存在的缺陷，用其来评价的短期偿债能力可能更准确一些。

（2）与流动比率相似，对该指标进行分析时要从不同的角度来分析。从债权人角度来看，速动比率越高，表明企业偿还流动负债的能力越强；从企业经营者

角度来看，由于既要考虑速动资产的偿债能力，又要考虑速动资产的获利能力，因此它并不愿意维持一个过高的速动比率。一般认为保持在100％的水平比较好，因为在企业的全部流动资产中，存货大约占50％。这表明企业既有好的债务偿还能力，又有合理的流动资产结构。国际上公认的经验比率是100％，我国目前较好的比率在90％左右。

（3）由于行业间的关系，速动比率合理水平值的差异较大。例如，商品零售业，由于大量都是现金销售，几乎没有应收账款，大大低于100％的速动比率是很正常的。因此在实际运用中，应结合行业特点分析判断。

根据四川长虹2003～2007年资产负债表截取的数据及行业数据可得表3-9。

表3-9　四川长虹的速动比率与行业数据比较　　　　单位：倍

速动比率	2003年	2004年	2005年	2006年	2007年
四川长虹	1.31	0.99	1.31	0.91	0.77
行业平均	1.06	0.92	0.92	0.88	0.81
行业最高	1.54	1.70	1.51	1.46	1.48
行业最低	0.70	0.53	0.49	0.56	0.29

图3-2描述了四川长虹速动比率与行业数据在2003～2007年的变化趋势。从四川长虹的速动比率来看，它符合前面对速动比率这个指标进行的一般分析。从与行业对比来看，长虹的速动比率均高于行业平均水平。在这个指标上，长虹做得是很不错的。

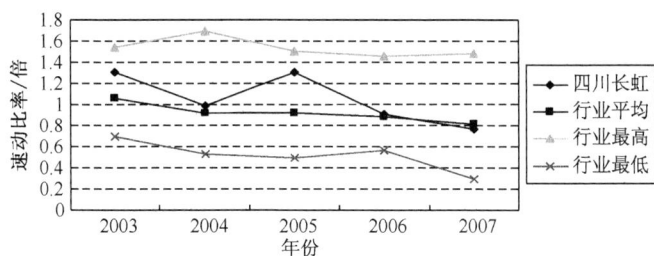

图3-2　速动比率变动趋势

3. 现金流量比率

现金流量比率是指企业一定时期的经营现金净流入同流动负债的比率。现金流动负债比率是从现金流动角度来动态地反映企业当期偿付短期负债的能力。其计算公式为

$$现金流量负债比率 = \frac{年经营现金净流入}{年末流动负债} \times 100\%$$

式中，年经营现金净流入指一定时期内，由企业经营活动所产生的现金及其等价

物的流入量与流出量的差额；流动负债同上。

现金流动负债比率指标分析应关注：

（1）现金流动负债比率是从现金流入和流出的动态角度对企业实际偿债能力进行再次修正。

（2）由于有利润的年份不一定有足够的现金来偿还债务，所以利用以收付实现制为基础的现金流动负债比率指标，充分体现企业经营活动所产生的现金净流入可在多大程度上保证当期流动负债的偿还，直观地反映出企业偿还流动负债的实际能力。从债权人的角度来看，它比流动比率、速动比率更真实、更准确地反映了企业短期偿债能力。

（3）该指标越大，表明企业经营活动产生的现金净流入越多，能够保障企业按时偿还到期债务。但也不是指标越大越好，太大则表示企业流动资金利用不够充分，收益能力不强。

根据四川长虹 2003～2007 年资产负债表和现金流量表及行业数据可得表 3-10。

表 3-10　四川长虹的现金流量比率与行业数据对比　　　　单位：倍

项　目	2003 年	2004 年	2005 年	2006 年	2007 年
四川长虹	−9.20	0.108	0.242	0.059	−3.52
行业平均	14.49	0.020	0.096	0.052	−4.51
行业最高	45.06	0.346	0.368	0.176	17.88
行业最低	−15.09	−0.242	−0.103	−0.096	4.71

图 3-3 描述了四川长虹现金流量负债比率与行业数据在 2003～2007 年的变化趋势。可以看出，四川长虹的现金流量比率为正且高于行业平均值，但是与行业最高值还有一定差距。并且这个指标起伏比较大，可能与行业的特性有关。

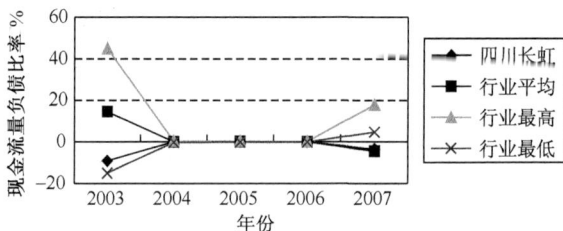

图 3-3　现金流量负债比率变动趋势

如前所述，由于应收账款和存货的变现速度将影响企业的短期偿债能力，因此分析企业短期偿债能力时，除了分析上述四项指标外，还应考虑应收账款周转率和存货周转率的高低。有关应收账款和存货的分析详见下一节。

从总体上来看，长虹的短期偿债能力是比较好的。

（三）影响企业短期偿债能力的特别项目

上述短期偿债能力指标，都是从财务报表资料中取得的。还有一些财务报表资料中没有反映出来的项目，也会影响企业的短期偿债能力，甚至影响力相当大。对于这方面的情况报表使用者也应加以充分的注意。

1. 增强企业短期偿债能力的特别项目

（1）可动用的银行贷款指标。银行已同意、企业尚未办理贷款手续的银行贷款限额，由于可以随时增加企业的现金，故能提高企业的支付能力。

（2）即将变现的长期资产。由于某种原因如企业转行经营，企业可能在近期将一些长期资产出售变为现金，这也是增强企业短期偿债能力的一个方面。

（3）企业偿债的声誉。如果企业的长期偿债能力一贯很好，即企业信用良好，当企业短期偿债方面暂时出现困难时，也可以很快地通过发行债券和股票等方法来解决短期资金短缺，提高短期偿债能力。这个增强变观能力的因素，取决于企业自身的信用声誉和当时的筹资环境。

以上三个方面的因素，都会使企业流动资产的实际偿债能力高于企业财务报表中所反映的偿债能力。

2. 减弱企业短期偿债能力的特别项目

（1）未作记录的或有负债。美国财务会计准则公告第5号把"或有事项"定义为一种现存的状况或处境，其最终的结果为企业收益还是损失尚不确定，只有在发生或不发生一个或若干个未来事项时才能最终证实，或有事项特征就在于它是一种最终结果不确定的现存状况，或有事项包括或有收益、或有损失。在我国或有损失指或有负债。或有负债是指未来有可能发生的债务。除了已经贴现的商业承兑汇票作为附注列示在资产负债表的下端外，其余的或有负债，包括售出产品可能发生的质量事故赔偿、尚未解决的税额争议可能出现的不利后果等。按照我国《企业会计准则》规定均不作为负债登记入账，也不在报表中反映。如果这些或有负债一旦成为事实上的负债，将会增加企业的偿债负担。

（2）担保责任引起的负债。企业有可能以自己的流动资产为他人提供担保，如为他人提供购物担保或为他人履行有关经济责任提供担保等。这种担保有可能成为企业的负债，从而增加企业的偿债负担。以上两方面因素会减弱企业的偿债能力，或使企业陷入偿债危机中。

二、长期偿债能力分析

（一）影响企业长期偿债能力的因素

长期偿债能力是指企业偿还长期债务的能力。企业的长期负债包括长期借款、长期应付款、应付债券和其他长期负债。影响企业长期偿债能力的因素主要有以下几点。

1. 企业的盈利能力

企业的盈利能力是影响企业长期偿债能力的最重要因素。企业的长期负债大多用于企业长期资产投资，形成企业的固定生产能力。在正常的生产经营条件下，企业不可能靠出售长期资产作为偿债的资金来源，而是依靠企业生产经营所得。因此企业的长期偿债能力与企业的盈利能力密切相关。企业能否有足够的现金流入量偿还长期债务本息制约于收支配比的结果。一个长期亏损的企业，在通货膨胀普遍存在的情况下，要保全资本都十分困难，而企图保持正常的长期负债的偿还能力就更加不易。相反，对于长期盈利企业，随着现金净流量的不断增加，必然为及时定额地偿还各项债务本息提供坚实的物质基础。

2. 所有者资本的积累程度

虽然企业的盈利能力是影响长期偿债能力最重要的因素，但是长期偿债能力必须以雄厚实力的所有者资本为基础。如果企业将利润的绝大部分都分配给投资者，而只提取少许的所有者资本，使其增长和积累速度较慢，就会降低偿还债务的可能性。此外，当企业结束经营时，其最终的偿债能力取决于企业所有者资本的实际价值。如果资产不能按其账面价值处理，就有可能损害债权人利益，使债务不能全部清偿。

（二）长期偿债能力指标计算与分析

1. 资产负债率

资产负债率（total debt to total assets ratio）是指企业一定时期负债总额同资产总额的比率。资产负债率表示企业总资产中有多少是通过负债筹资的，是评价企业负债水平的综合指标。其计算公式为

$$资产负债率 = \frac{负债总额}{资产总额} \times 100\%$$

式中，负债总额是指企业承担的各项短期负债和长期负债的总和；资产总额是指企业拥有的各项资产价值的总和。根据财政部财清字 [1996] 8 号文件的有关规定，计算资产负债率时，资产总额中要扣除全国第五次国有企业清产核资土地估价入账金额。这主要是考虑不同地区、不同部门入账情况不统一，为了保证指标的历史可比性，所以在计算该指标时暂扣减清产核资土地估价入账价值。

资产负债率指标分析应关注：

（1）资产负债率是衡量企业负债水平及风险程度的重要判断标准。该指标不论对企业投资人还是企业债权人都十分重要。从投资者角度看，由于企业通过举债筹措的资金与所有者提供的资金在经营中发挥同样的作用，所以所有者关心的是总资产报酬率是否超过借入款项的利率。如果前者大于后者，则所有者所得到

的利润就会加大；相反，则对所有者不利，因为借入资本的多余利息要用所有者所得的利润份额来弥补。因此，从所有者的立场看，在总资产报酬率高于借款利息率时，负债比例越大越好，否则反之。从债权人的立场看，他们最关心的是贷给企业的款项的安全程度，也就是能否按期收回本金和利息。如果所有者提供的资本与企业资本总额相比，只占很小的比例，则企业的风险将主要由债权人负担，这对债权人来讲是不利的。因此，他们希望债务比例越低越好，企业偿债有保证，贷款不会有太大的风险。此外，对于企业而言，资产负债率应适度，既要体现企业利用债权人提供资金进行经营活动的能力，又要确保债权人所提供资金的安全性，具有较强的偿债能力。

（2）资产负债率是国际公认的衡量企业负债偿还能力和经营风险的重要指标，比较保守的经验判断一般为不高于50%，国际上一般公认60%比较好。根据我国企业当前生产经营实际，以及所属行业的资产周转特征和长期债务偿还能力，不同行业中企业的资产负债率各不相同。其中，交通、运输、电力等基础行业的资产负债率一般平均为50%左右，加工业为65%左右，商贸业为80%左右。

（3）在企业管理实践中，难以简单地用资产负债率的高或低来判断负债状况的优劣。因为资产负债率过高表明企业财务风险太大，而过低的资产负债率则表明企业对财务杠杆利用不够。企业究竟应该确定怎样的一个负债比率，取决于企业管理者对企业资产报酬率的预测状况，以及未来财务风险的承受能力，将二者作权衡后，才能作出正确的决策。

根据四川长虹2003～2007年资产负债表截取的数据及行业数据可得表3-11。

表 3-11　四川长虹的资产负债率与行业数据对比　　　　单位：%

资产负债率	2003 年	2004 年	2005 年	2006 年	2007 年
四川长虹	38.20	38.75	36.51	44.22	53.35
行业平均	48.32	53.24	55.87	59.44	63.06
行业最高	74.79	75.45	83.41	91.51	107.33
行业最低	30.84	28.56	35.28	32.00	30.05

图 3-4 描述了四川长虹资产负债率与行业数据在 2003～2007 年的变化趋势，

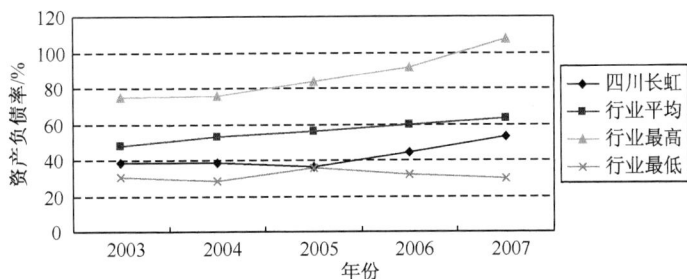

图 3-4　资产负债率变动趋势

可以看出四川长虹的资产负债率在行业中是比较低的。日用电子制造业整体的资产负债率比较高，平均水平已经高于 50%，而四川长虹都在 50% 以下。从这个指标来看，四川长虹做得也是很好的。

2. 利息保障倍数

利息保障倍数是企业一定时期息税前利润与利息支出的比值，反映了企业偿付债务利息的能力。其计算公式为

$$利息保障倍数 = \frac{息税前利润}{利息费用}$$

式中，息税前利润是指企业当年实现的利润总额与利息支出的合计数，息税前利润＝利润总额＋实际利息支出。理论上利息支出不仅包括财务费用中的利息费用，还应包括计入固定资产成本的资本化利息。由于我国现行利润表"利息费用"没有单列，而是混在"财务费用"之中，因此外部报表使用者可用"利润总额＋财务费用"来估计。

利息保障倍数指标的分析应关注：

(1) 利息保障倍数指标反映了当期企业经营收益是所需支付的债务利息的多少倍，从偿债资金来源角度考察企业债务利息的偿还能力。该指标越高，表明企业的债务偿还越有保证；相反，则表明企业没有足够的资金来源偿还债务利息，企业偿债能力低下。对于企业而言，往往需要选择计算企业连续几个会计年度利息保障倍数，这是因为企业在好年景和坏年景一样都需要偿付利息，某个年度利润很高，利息保障倍数也会很高，但不能年年如此。所以从稳健性角度出发，应通常选择连续 5 年中最低的利息保障倍数比率作为最基本的偿付利息能力指标。

(2) 因企业所处的行业不同，利息保障倍数有不同的标准界限，国际上公认的利息保障倍数为 3。一般情况下，该指标若大于 1，则表明企业负债经营能够赚取比资金成本更高的利润，但这仅表明企业能维持经营，还远远不够；若小于 1，则表明企业无力赚取大于资金成本的利润，企业偿务风险很大。

根据四川长虹 2003～2007 年资产负债表和利润表截取的数据及行业数据可得表 3-12。

表 3-12 四川长虹的利息保障倍数与行业数据对比   单位:倍

利息保障倍数	2003 年	2004 年	2005 年	2006 年	2007 年
四川长虹	4.56	−168.35	3.64	3.62	3.58
行业平均	10.53	−17.41	5.92	2.83	3.16
行业最高	98.84	25.28	53.25	24.99	17.02
行业最低	−18.45	−168.35	−25.28	−13.35	−6.32

由于 2004 年四川长虹报出亏损，所以导致利息保障倍数为负。虽然在随后的两年里四川长虹扭亏为盈，但是利息保障倍数仍低于平均值。由于这个数值容

易受利润总额影响，所以该指标并不十分稳定。但从数值上来讲，3倍多的保障
程度实际上是可以的。

图3-5描述了四川长虹利息保障倍数与行业数据在2003～2007年的变动趋
势，从中可以看出从2005年后该指标逐渐趋好。

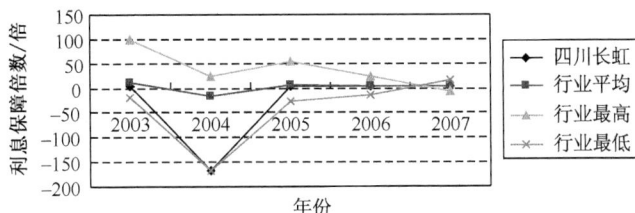

图3-5　利息保障倍数变动趋势

3. 长期资产适合率

长期资产适合率（rate of long-term assets suiting）是指企业所有者权益与
长期负债之和同长期资产的比率。长期资产适合率从企业资源配置结构方面反映
了企业的偿债能力。其计算公式为

$$长期资产适合率 = \frac{所有者权益 + 长期负债}{长期资产} \times 100\%$$

式中，所有者权益是所有者权益总额的年末数；长期负债指偿还期在一年或超过
一年的一个营业周期以上的债务；长期资产是指除流动资产以外的资产。

长期资产适合率指标的分析应关注：

（1）长期资产适合率从企业长期资产与长期资本的平衡性与协调性的角度出
发，反映了企业财务结构的稳定程度和财务风险的大小。

（2）该指标在充分反映企业偿债能力的同时，也反映了企业资金使用的合理
性。因此，分析企业是否存在盲目投资、长期资产挤占流动资金或者负债使用不
充分等问题，有利于加强企业的内部管理和外部监督。

（3）从维护企业财务结构稳定和长期安全性角度出发，该指标数值较高比较
好，但过高会导致融资成本的增加，理论上认为该指标≥100%较好。但该指标
究竟多高合适，还应根据企业的具体情况，参照行业平均水平确定。

根据四川长虹2003～2007年资产负债表截取的数据及行业数据可得表3-13，
并根据表3-13的数据制作趋势分析图，如图3-6所示。

表3-13　四川长虹的长期资产适合率与行业数据对比　　　　单位：%

长期资产适合率	2003年	2004年	2005年	2006年	2007年
四川长虹	442.43	290.05	319.44	346.39	279.72
行业平均	215.43	233.28	206.03	190.07	164.52
行业最高	442.43	466.11	362.78	346.39	355.65
行业最低	97.70	88.62	85.36	78.21	−40.95

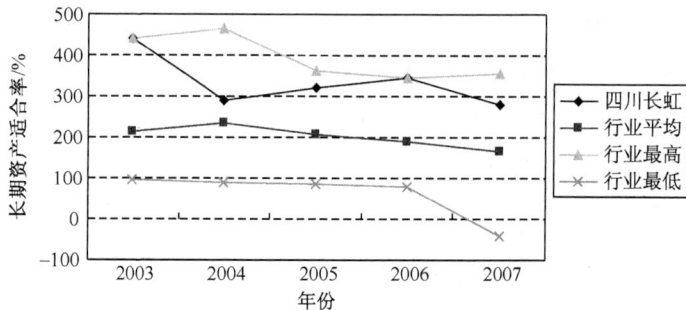

图 3-6　长期资产适合率变动趋势

从表 3-13 和图 3-6 中可以看出长期资产适合率这个指标，四川长虹高于行业平均值，并且远高于 100%。所以从资产结构来看，长虹的长期资产适合率是比较好的。

4. 其他长期偿债能力指标

其他长期偿债能力指标主要包括产权比率、有形净值债务率等。

产权比率是指负债总额与所有者权益总额的比率。该指标是资产负债率指标的补充分析指标。由于"资产＝负债＋所有者权益"，在资产总额不变的情况下，负债和所有者权益是一个此消彼长的关系。如果该指标超过 100%，说明负债总额大于所有者权益，在企业进行清算时，所有者权益不能完全保证债权人的利益，因为国家规定债权人的索偿权在所有者前面。如果该指标小于 100%，说明负债总额小于所有者权益，企业债权人投入的资金有足够的安全保证，即使企业进行清算，一般也不会给债权人造成损失。

有形净值债务率是指负债总额与所有者权益扣除无形资产净值后的比率。该指标是产权比率指标的延伸，是更为谨慎、保守地反映在企业清算时债权人投入的资本受到所有者权益的保障程度。由于无形资产如商誉、商标、专利权等不一定能用来还债，所以为谨慎起见一律视为不能偿债，将其从分母中扣除。从长期偿债能力来讲，该指标越低越好。该指标其他方面的分析与产权比率相同。

以上这些其他偿债能力指标也是非常有用的指标，根据分析的不同方面可以进行不同的应用，具体的应用方法和前面所举的例子一样，这里就不再一一赘述。

（三）影响企业长期偿债能力的特别项目

1. 长期租赁

租赁按性质可分为融资租赁和经营租赁。融资租赁按承租人获得资产的方式进行处理，租入的固定资产作为企业的固定资产入账，相应的租赁费用作为长期负债处理，这种资本化的租赁，在分析长期偿债能力时，已经包括在债务比率指标计算之中。经营租赁不在资产负债表中反映，但在附注和利润表中作为租赁费用予以反映。

长期性的经营租赁是长期筹资的一种形式，虽然这种长期性筹资不包括在长期负债中，但到期时必须支付租金，会对企业的偿债能力产生影响。因此，如果企业经常发生经营租赁业务，应考虑租赁费用对偿债能力的影响。

2. 合资经营

企业参与合资经营的方式有多种，可以采取股份公司的形式或者是非股份制公司的形式。当企业参与合资时，通常要作出承诺，如要为合资企业的银行贷款提供担保，或者与合资企业签订长期的原材料购货合同等。这类活动可能使企业存在一些潜在负债，而这些潜在的负债并不出现在资产负债表上，这对企业的长期偿债能力也将产生一定的影响。

3. 担保责任

企业在与其他单位进行经济业务交往时，会发生很多担保责任。这些担保项目时间长短不一，有些涉及企业的长期负债，有些涉及企业的短期负债。在分析企业长期偿债能力时，应根据有关资料判断担保责任带来的潜在长期负债问题。

4. 或有项目

如前所述，或有项目是指现在无法肯定，但在将来可能会对企业带来损失或收益的项目。这种项目具有不确定性，一旦发生，便会对企业的财务状况产生很大影响。因此企业应对它们予以足够的重视，在评价企业长期偿债能力时也要考虑它们的潜在影响。

第六节　资产使用效率分析

一、短期资产运营能力分析

（一）应收账款营运能力分析

应收账款是指企业因销售商品、产品或提供劳务等而应向购货客户或接受劳务的客户收取的款项。

各种应收账款的共同特点是企业只有在未来才能收到现金，并且应收账款的收回在很大程度上取决于付款方的信用，受这两方面的因素影响使得应收账款存在着收不回来的可能性。因此对应收账款的质量和应收账款周转率的分析是分析其营运能力的重点。

1. 应收账款的质量分析

所谓应收账款的质量，是指债权转化为货币的质量。由于应收账款既可转化为现实货币，又可转化为坏账，形成损失。因此在既定的债权规模下，对应收账款质量的分析尤为重要。

对应收账款的质量分析，主要有以下几种方法：

一是对债权的账龄进行分析。企业已发生的应收账款时间有长有短，有的尚未超过信用期，有的则超过了信用期。账龄分析法通过对现有债权按其欠账期长短（即账龄）进行分析，进而对不同账龄的债权分别判断其质量。一般而言，未过信用期或已过信用期但拖欠期较短的债权出现坏账的可能性比已过信用期较长时间的债权发生坏账的可能性要小。

二是对债务人的偿债信誉进行分析。在很多情况下，企业债权的质量，不仅与债权的账龄有关，更与债务人的偿债信誉有关。对于资信好、经济实力强的债权人而言，其偿债能力有保障，偿债信誉也好，企业债权收回的可能性也就越大。而对于某些偿债声誉较差的债务人而言，企业收回债权的可能性就要差些。企业在确定某一客户的偿债声誉时，可通过 5C 系统来进行，所谓"5C"系统，是评估客户信用品质的 5 个方面，即品质（character）、能力（capacity）、资本（capital）、抵押（collateral）和条件（conditions）。通过"5C"系统，可以了解客户的信用品质，评估其赖账的可能性。

三是对应收账款坏账准备计提是否充分进行分析。坏账准备的计提是对未来损失的估计，合理估计应收账款的坏账损失是对应收账款价值真实反映的基础。有数据显示，企业时常通过变更坏账损失估计标准来进行盈余管理。因此，分析者应关注坏账准备计提方法以及计提标准，尤其关注这些内容的变化。

2. 应收账款周转速度分析

应收账款周转速度指标包括应收账款周转率和应收账款周转天数。

应收账款周转率（receivables turnover ratio）又叫应收账款周转次数，是指企业一定时期内销售（营业）收入净额与平均应收账款余额的比率。它表明年度内应收账款转为现金的平均次数，说明应收账款流动的速度。用时间表示的周转速度是应收账款周转天数，也叫平均应收账款回收期或平均收现期，它表示企业从取得应收账款的权利到收回款项、转换为现金所需要的时间。其计算公式为

$$应收账款周转率（次）= \frac{销售（营业）收入净额}{平均应收账款余额}$$

$$应收账款周转天数 = \frac{360}{应收账款周转率}$$

式中，"平均应收账款"是指未扣除坏账准备的应收账款金额，它是资产负债表中"期初应收账款余额"与"期末应收账款余额"的平均数。"销售（营业）收入净额"是指损益表中扣除折扣和折让后的销售净额。尽管从理论上用"赊销净额"（即用"销售净额"扣除"现金销售"）来代替"销售净额"计算更为合理些

（因为现金销售与应收账款无关）。但是，不仅财务报表的外部使用人无法获得得该数据，而且财务报表的内部使用人也未必容易获得该数据。因此，在实务中多采用"销售净额"来计算应收账款周转率。事实上，只要保持历史的一贯性，这种近似计算一般不影响对该指标的分析和利用。

一般而言，应收账款周转率越高，平均收款期越短，说明企业的应收账款回收得越快，企业资产流动性增强，企业短期清偿能力也强；同时提高这一比率也降低了坏账发生的可能性，为企业安全收款提供保障。反之，则企业的营运资金过多地呆滞在应收账款上，会严重影响企业资金的正常周转。但是如果这一比率过高，可能是由于企业的信用政策、付款条件过于苛刻所致，这样会限制企业销售量的扩大，从而影响企业的盈利水平。

在某些特殊情况下会影响该指标计算的正确性，这些因素包括：①由于企业生产经营的季节性原因，应收账款周转率不能正确反映公司销售的实际情况；②企业在产品销售中大量采用分期付款的方式；③大量地使用现金结算的销售；④企业年末大量销售或年末销售大幅度下降。这些因素都会对该指标计算结果产生较大的影响。财务报表的使用人可以将计算出的指标与该企业前期指标，与行业平均水平或其他类似企业的指标相比较，判断该指标的高低。

根据四川长虹 2003～2007 年资产负债表和利润表截取的数据及行业数据可得表 3-14，并根据表 3-14 的数据制作趋势分析图，如图 3-7 所示。

表 3-14　四川长虹的应收账款周转率与行业数据对比　　　　单位：次

应收账款周转率	2003 年	2004 年	2005 年	2006 年	2007 年
四川长虹	0.77	0.805	1.430	1.863	10.2
行业平均	3.21	2.90	2.67	2.661	9.68
行业最高	10.44	7.37	6.77	6.678	22.47
行业最低	0.51	0.52	0.49	0.560	3.36

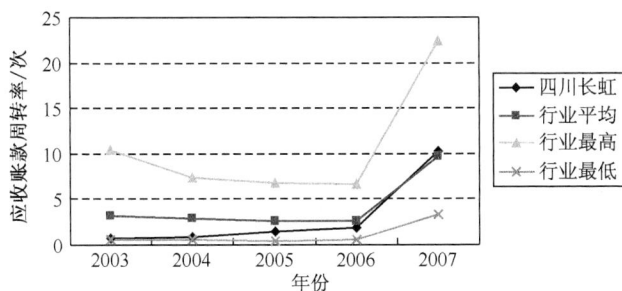

图 3-7　应收账款周转率变动趋势

四川长虹所在的日用电子器具制造业一般都以赊购的方式进行交易，因此该行业的应收账款的周转率比较低。但从表 3-14 和图 3-7 中可以看出，四川长虹在这个指标上低于行业的平均水平，证明四川长虹在应收账款管理能力方面有所欠缺。

（二）存货营运能力分析

存货是企业重要的流动资产之一，通常占流动资产总额的一半以上。一方面，与其他流动资产相比，存货的变现能力相对较弱。因而存货过多将使存货在流动资产中所占的比重上升，使流动资产总体的变现能力下降，从而影响企业的短期偿债能力；而且存货过多将使企业的资金过多地占用在存货上，影响企业的资金周转，同时还会增加存货的存储成本及磨损或霉变等损失。另一方面，存货是企业生产经营的前提和条件，存货量不足，就无法满足企业正常生产经营的需要，容易导致企业生产经营的中断，使企业失去获利机会。

1. 存货增减变动分析

存货增减变动的分析，首先是考察全部存货期末余额与全部存货期初余额及与计划占用额的增减变动差异，其次是了解各项存货的增减变动情况及其原因。

引起存货发生增减变动的原因是多方面的，下面进行具体分析：

（1）材料存货变动原因分析。材料类存货的主要项目是原材料及主要材料，因此应重点分析原料及主要材料变动的原因。影响原料及主要材料变动的主要因素有：①期初结存量；②本期购入量；③本期耗用量；④材料单价。

（2）在产品存货变动原因分析。影响在产品存货增减变动的因素主要有：①生产周期变动。生产周期延长，会使在产品存货增加；反之，会使在产品存货减少。②产品产量变动。在其他条件不变的情况下，产品产量增加，会使在产品存货相应增加；反之，会使在产品存货相应减少。③单位成本变动。在其他条件不变的情况下，单位成本提高，在产品存货就会增加；反之，就会减少。

（3）产成品存货变动原因分析。产成品存货的变动与材料存货的变动类似，可以从期初结存量、本期生产量、本期销售量和产品单位成本四个方面进行分析。

另外，在分析各种存货储备时，还应查明在存货占用中有无因管理不善或违反规定而形成虚假存货情况的。例如：①有无因管理不善或未及时处理而造成存货的损坏变质、数据短缺、价值减少等；②有无在领用存货时，以多报少、少转成本等形成库存存货余额虚增数；③有无因核算错误造成存货价值虚增等。

以上各种不合理的虚占资金，将会给企业造成虚盈实亏、资金流失的后果，因此在分析时应充分重视，以促进企业改进存货管理。

2. 存货周转速度分析

存货周转速度指标包括存货周转率和存货周转天数。

存货周转率（inventory turnover ratio）是企业一定时期销售成本与平均存货的比率。它是衡量和评价企业购入存货、投入生产、销售收回等各环节管理状况的综合性指标。其计算公式为

$$存货周转率（次）＝\frac{销售成本}{平均存货}$$

$$存货周转天数＝\frac{360}{存货周转率}$$

式中，销售成本是指企业销售产品、商品或提供劳务等经营业务的实际成本；存货是指企业在生产经营过程中为销售或用于储备的材料；平均存货是存货年初数与年末数的平均值，即平均存货＝（存货年初数＋存货年末数)/2。

有关存货周转率的分析如下：

（1）一般来讲，存货周转速度越快，存货的占用水平越低，流动性越强，存货转换为现金或应收账款的速度越快。提高存货周转率可以提高企业的变现能力，而存货周转率慢则变现能力越差，但是存货周转率过高，也可能说明企业管理方面存在其他方面的一些问题，如存货水平太低，甚至经常缺货，或者采购次数过于频繁、批量太小等。因此，合理的存货周转率应视产业特征、市场行情及企业自身特点而定。

（2）由于对发出存货的计价处理存在着不同的会计方法，如先进先出法、加权平均法等，因此与其他企业进行比较时，应考虑到会计处理方法不同而产生的影响。

根据四川长虹 2003～2007 年资产负债表和利润表截取的数据及行业数据可得表 3-15，并根据表 3-15 制作趋势分析图，如图 3-8 所示。

表 3-15　四川长虹的存货周转率与行业数据对比　　　　单位：次

存货周转率	2003 年	2004 年	2005 年	2006 年	2007 年
四川长虹	0.498	0.443	0.699	0.932	3.50
行业平均	1.841	2.273	2.470	2.473	9.00
行业最高	5.722	12.788	13.817	8.702	39.83
行业最低	0.342	0.443	0.699	0.912	2.87

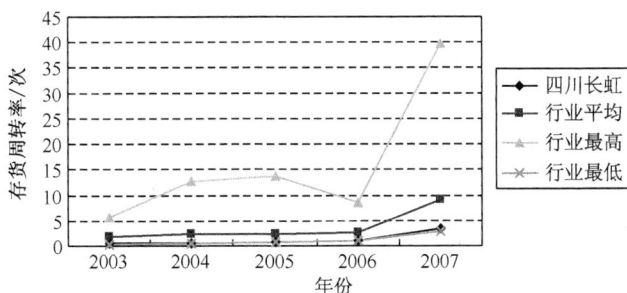

图 3-8　存货周转率变动趋势

从表 3-15 和图 3-8 来看，四川长虹的存货周转率几乎是行业最低水平。面对这个结果，必须对存货的构成及管理进行进一步分析。

此外，企业管理者和外部报表使用者还应对存货的结果以及影响存货周转速度的重要项目进行分析，如分别计算产成品周转率、原材料周转率、在产品周转率或某种存货的周转率。其计算公式为

$$产成品周转率 = \frac{产品销售成本}{平均产成品存货}$$

$$原材料周转率 = \frac{耗用原材料成本}{平均原材料存货}$$

$$在产品周转率 = \frac{制造成本}{平均在产品存货}$$

存货周转分析的目的是从不同的角度和环节上找出存货管理中的问题，使存货管理在保证生产经营连续性的同时，尽可能少占用企业的经营资金，提高企业资金的使用效率，促进企业管理水平的提高。

（三）流动资产周转速度分析

流动资产周转率（current asset turnover ratio）是指企业一定时期销售（营业）收入净额同平均流动资产总额的比值。流动资产周转率是评价企业资产利用效率的主要指标。其计算公式为

$$流动资产周转率（次） = \frac{销售（营业）收入净额}{平均流动资产总额}$$

$$流动资产周转天数 = \frac{360}{流动资产周转率}$$

式中，销售（营业）收入净额含义同前；平均流动资产总额是指企业流动资产总额的年初数与年末数的平均值，平均流动资产总额 =（流动资产年初数＋流动资产年末数）/2。

有关流动资产周转率指标分析如下：

（1）流动资产周转率反映了企业流动资产的周转速度，是从企业全部资产中流动性最强的流动资产角度对企业资产的利用效率进行分析，以进一步揭示影响企业资产质量的主要因素。

（2）该指标将销售（营业）收入净额与企业资产中最具活力的流动资产相比较，既能反映企业一定时期流动资产的周转速度和使用效率，又能进一步体现每单位流动资产实现价值补偿的高与低，以及补偿速度的快与慢。

（3）一般情况下，该指标越高，表明企业流动资产周转速度越快，利用越好。在较快的周转速度下，流动资产会相对节约，其意义相当于流动资产投入的扩大，在某种程度上增强了企业的盈利能力；而周转速度慢，则需补充流动资金

参加周转，形成资金浪费，降低企业盈利能力。

（4）要实现该指标的良性变动，应以销售（营业）收入增幅高于流动资产增幅作保证。在企业内部，通过对该指标的分析对比，一方面可以促进企业加强内部管理，充分有效地利用流动资产，如降低成本、调动暂时闲置的货币资金用于短期投资创造收益等；另一方面也可以促进企业采取措施扩大销售，提高流动资产的综合使用效率。

根据四川长虹 2003～2007 年资产负债表和利润表截取的数据及行业数据可得表 3-16，并依据表 3-16 制作图 3-9，以揭示流动资产周转率的变动趋势。

表 3-16　四川长虹的流动资产周转率与行业数据对比　　　单位:次

流动资产周转率	2003 年	2004 年	2005 年	2006 年	2007 年
四川长虹	0.511	0.410	0.642	0.718	1.468
行业平均	0.519	0.533	0.574	0.647	2.051
行业最高	0.988	1.116	1.115	1.451	4.748
行业最低	0.154	0.163	0.164	0.266	1.330

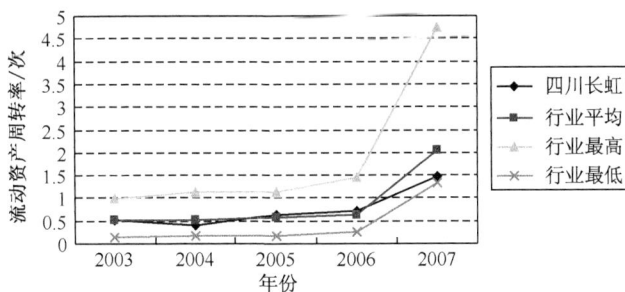

图 3-9　流动资产周转率变动趋势

从表 3-16 和图 3-9 来看，四川长虹的流动资产周转率一直呈现稳步上升趋势，由 2004 年低于行业水平到 2005 年后超过行业水平。说明四川长虹的流动资产管理能力在朝一个好的方向发展。

此外，营业周期也是影响短期资产营运能力的一个重要因素。营业周期是指从取得存货开始到销售存货并收回现金为止的这段时间。其计算公式为

营业周期＝存货周转天数＋应收账款周转天数

一般情况下，营业周期短，说明资金周转速度快；营业周期长，说明资金周转速度慢。

二、长期资产营运能力分析

长期资产通常是指变现能力在一年以上的各项资产，包括长期投资、固定资

产、无形资产和其他长期资产。在长期资产中，固定资产、无形资产营运能力的强弱对整个长期资产的营运能力将产生重要影响。本节主要讨论固定资产、无形资产营运能力。

（一）固定资产营运能力分析

1. 固定资产构成分析

固定资产构成是指各类固定资产原价占全部固定资产原价的比重，它反映着固定资产的配置情况。合理地配置固定资产既可提高企业的生产能力，又能使固定资产得到充分有效的利用。分析固定资产构成情况的变化，就是看固定资产的配置是否合理，为挖掘固定资产的利用潜力提供依据。

固定资产结构变动的分析主要包括三个方面的内容：一是分析生产经营用固定资产与非生产经营用固定资产之间的比例变化情况，查明企业是否优先增加生产经营用的固定资产；二是考察未使用、不需用固定资产比重的变化情况，查明企业在处置闲置固定资产方面是否作出了成绩；三是考察生产经营用固定资产内部结构是否合理。

分析固定资产结构变动的情况，可编制成固定资产结构变动分析表。大华公司固定资产结构变动分析见表 3-17。

表 3-17　固定资产结构变动分析

固定资产类别	固定资产原值/元				固定资产构成/%		
	年初	增加	减少	期末	年初	期末	差异
生产经营用固定资产	5 260 000	9 135 000	390 000	5 783 000	78.81	82.03	+3.22
其中：房屋及建筑物	1 758 500	100 200	47 200	1 811 500	26.35	25.70	-0.65
机器及设备	3 407 500	813 000	343 000	3 877 500	51.06	55.00	3.94
运输工具	70 500			70 500	1.05	1.00	-0.05
其他设备	23 500			23 500	0.35	0.33	-0.02
非生产经营用固定资产	900 000	50 000	47 000	903 000	13.49	12.81	-0.68
租出固定资产	250 000			250 000	3.75	3.55	-0.2
融资租入固定资产	74 000			74 000	1.11	1.05	-0.06
未使用固定资产	4000			40 000	0.60	0.57	-0.03
不需用固定资产	150 000		150 000	0	2.25	0	-2.25
合　计	6 674 000	963 500	587 500	7 050 000			

各类固定资产原值增减数量不同，将使固定资产的构成情况发生变化。本例中固定资产构成从总的变化趋势看是正常的。生产用固定资产，特别是其中生产设备和产品生产有着直接关系，本例中生产经营用固定资产占全部固定资产的比

重期末与年初分别为 82.03% 和 78.81%，且期末较年初增长了 3.22%，资产的比重增高，有利于生产的发展。如果在全部生产设备中先进设备比重增加，则更说明企业生产技术水平有所提高。与职工生活福利有关的非生产用房屋和设备的比重略有降低，表明其增长速度低于生产用固定资产的增长速度，符合优先增长生产用固定资产的原则。未使用和不需用固定资产的比重应当逐渐缩减。本例中这类固定资产的减少，表明企业在尽量压缩闲置备用设备、积极清理不需用固定资产方面取得一定的成绩。通过上述分析，可以了解各类固定资产变动的趋势是否符合有利于提高资产利用效果的要求，这对于正确评估固定资产增减变动的合理性是完全必要的。

2. 固定资产更新率

企业在生产经营过程中，会不断添置新的固定资产，淘汰旧的固定资产。固定资产的总体新旧程度在一定意义上反映了企业的实际生产能力和潜力，通常用固定资产更新率来反映这方面的情况。计算固定资产更新率的指标主要有以下几项。

1) 固定资产更新率

固定资产更新率（rate of fixed assets renewal）是反映固定资产更新程度的指标，是指全年新增加的固定资产对现有固定资产的比率。其计算公式为

$$固定资产更新率 = \frac{当年新增固定资产原价}{年初固定资产原价之和} \times 100\%$$

为了说明企业固定资产现代化的提高程度，分子不应包括旧的固定资产的增加。该指标反映了固定资产更新的规模和速度。由于科技的快速发展，企业只有不断淘汰落后的机器设备，更换新的先进设备，才能使生产保持先进水平，跟上时代的发展。一个企业固定资产更新的速度与规模是否合适，应同国民经济对企业发展的需要联系起来，但最低的界限至少应等于固定资产的退废率。

2) 固定资产退废率

固定资产退废率（rate of fixed assets withdrawing）是指企业全年退废固定资产（包括正常、非正常报废的固定资产以及本企业不需用而让售或投资转出的固定资产）对原有固定资产总额的比率。其计算公式为

$$固定资产退废率 = \frac{当年退废固定资产原价}{年初固定资产原价之和} \times 100\%$$

该指标反映了一年报废固定资产的原始价值。固定资产的退废，要有相应的固定资产的更新，才能维持企业再生产规模，所以对该指标的分析应结合固定资产更新率进行。一般来说，新建企业固定资产更新率和退废率指标都较低，而老企业因设备陈旧，故其更新率和退废率指标都较高。

3）固定资产损失率

固定资产损失率（rate of fixed assets wastage）是指全年盘亏、毁损的固定资产所造成的损失数占原有固定资产的比率。用公式表示就是

$$固定资产损失率 = \frac{全年盘亏毁损固定资产价值}{期初固定资产原值} \times 100\%$$

固定资产损失率，反映企业因盘亏及毁损而造成的固定资产损失程度。对于发生的固定资产损失，特别是损失程度较大时，需要分析查明生产损失的具体原因。固定资产盘亏一般是企业管理不善造成的，如反映固定资产实有数量的账册不全，固定资产调出或移动手续不完备，财产管理制度不健全，财产管理无人负责、乱扔乱放、乱拆乱卸等。固定资产毁损有人为的原因，如使用者技术不熟练、责任心不强、违反操作规程等；也有意外事故原因，如水灾、火灾等。分析时，应查清原因，分清责任，并根据分析结果采取相应改进措施，以减少、杜绝盘亏和毁损现象。

3. 固定资产利用效率分析

固定资产利用效率分析，主要是通过营业收入与固定资产的比例关系，分析固定资产的周转速度，评价固定资产的运用效率。常用的评价固定资产利用效率的指标是固定资产周转率和固定资产周转天数。其计算公式为

$$固定资产周转率 = \frac{销售收入}{固定资产净值}$$

$$固定资产周转天数 = \frac{360}{固定资产周转率}$$

一般来说，固定资产周转率越高，周转天数越少，说明固定资产的利用效率越高，固定资产的管理水平也就越高。

根据四川长虹 2003～2007 年资产负债表和利润表截取的数据及行业数据可得表 3-18，并依据表 3-18 制作图 3-10，以揭示固定资产周转率的变动趋势。

表 3-18　四川长虹的固定资产周转率与行业数据对比情况　　　单位：次

固定资产周转率	2003 年	2004 年	2005 年	2006 年	2007 年
四川长虹	1.289	0.987	1.350	1.834	8.624
行业平均	1.470	1.620	1.804	2.084	11.327
行业最高	4.134	4.034	3.640	4.508	21.008
行业最低	0.105	0.120	0.112	0.165	1.032

从表 3-18 和图 3-10 来看，四川长虹的固定资产管理能力虽然一直呈稳步增长的趋势，但是一直低于行业水平。通过前面对资产结构的分析，我们看到四川长虹在近几年的固定资产净值一直是呈下降趋势的，这也会导致固定资产周转率的提高。固定资产的减少到底是清除了不必要的固定资产还是其他的原因，有待进一步的查证。

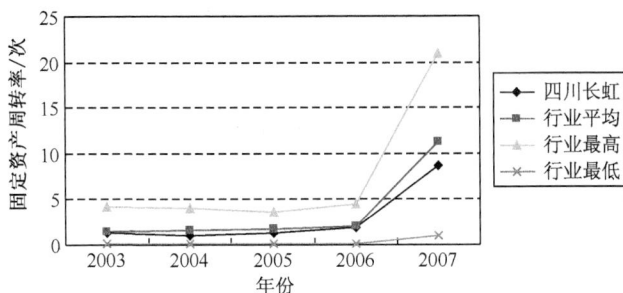

图 3-10　固定资产周转率变动趋势

（二）无形资产营运能力分析

1. 无形资产增减变动分析

无形资产增减情况的分析与固定资产相似，主要从两个方面进行：一是，在全面了解无形资产增减情况的基础上，分析计算无形资产的增减率；二是，分析无形资产增减的原因。此外，还应分析无形资产摊销的核算是否正确与及时。

一般来讲，引起无形资产增加的原因主要有：

（1）购入无形资产；

（2）自行开发取得无形资产；

（3）投资者投资转入无形资产；

（4）接受外单位捐赠的无形资产。

引起无形资产减少的原因主要有：

（1）对外投资转出无形资产；

（2）对外转让或出售无形资产；

（3）无形资产价值摊销。

分析无形资产增减变动情况时，对于增加的无形资产，应重点分析其技术上的必要性、经济上的合理性和取得渠道的合法性；对于减少的固定资产，则应重点分析对外转让、对外投资是否符合国家有关规定，作价是否合理。此外，还应分析无形资产摊销的方法是否正确，摊销期限是否符合有关规定，是否及时摊销等。

2. 无形资产利用效果分析

无形资产的利用效果可以借助以下两个指标进行评价：

（1）无形资产产值率 $=\dfrac{本期总产值}{本期无形资产平均价值}\times 100\%$

无形资产产值率的高低，反映了无形资产对企业生产产值的影响程度。无形资产产值率越高，说明无形资产在企业生产中的作用较大，是影响企业产值的重要因素。

（2）无形资产利润率＝$\dfrac{\text{本期产品销售利润}}{\text{本期无形资产平均价值}}\times100\%$

无形资产利润率，反映了无形资产在销售利润中的权重。无形资产利润率高，说明在销售利润中，无形资产形成的份额较大。

总之，无形资产产值率、无形资产利润率是反映企业无形资产品质和利用效果的重要指标。

三、总资产营运能力分析

在前面的内容里，我们分析介绍了短期资产营运能力和长期资产营运能力，但要全面地反映企业的营运能力，还必须进行总资产营运能力分析。

总资产营运能力的分析包括总资产结构及变动情况分析、资产配置分析和总资产营运效率分析。其中总资产结构及变动情况分析见本章第二节，本节主要讨论资产配置问题和总资产营运效率。

1. 资产的配置分析

所谓资产的配置是指在资产结构体系中，固定资产和流动资产之间的结构比例。通常称之为固流结构，其表达方式一般为

固流结构＝固定资产总额∶流动资产总额

固流结构对资产的利用效果影响比较大。在企业的生产经营中，如果企业的总资产中固定资产比例过高，一方面会使企业对经济形势的应变能力降低，相应的财务风险会增大；另一方面会使固定资产闲置，其利用效率降低，同时折旧费用增加，从而使企业的获利能力下降。但是，固定资产比例过低，设备不足虽然可以使企业偿债能力提高，降低风险，但会使企业的资产过多地保留在获利能力较低的流动资产上，而且会使流动资产相对过多而闲置，得不到充分利用，从而使企业的获利能力下降。一般而言，企业会根据自己的实际情况采取以下几种固流政策：

（1）保守型固流结构政策。企业的流动资产既要维持正常的生产经营，又要及时清偿到期债务，同时还要应付一些意外事件的发生。在这种情况下，企业会保持较高量的流动资产，而使固定资产维持在一般水平，因此固流结构比例会较低。采用这种政策，由于流动资产存量的比例较高，会增加筹资成本和利息支出，因而会降低资产的报酬率，但风险也因此而降低。

（2）中庸型固流结构政策。企业的流动资产在企业正常的生产经营条件下，只需保证正常经营所需的正常需要量和正常的保险储备量。如果没有特殊的意外事件发生，企业不会产生流动资产周转困难的情况。因此，固流结构比例会保持

平均水平，企业的收益与风险也将维持平均水平。

（3）风险型固流结构政策。是指企业在正常生产经营情况下，只保留流动资产正常需要量，而不进行保险储备或其他储备。在这种情况下，企业的固流结构比例会较低。由于减少了资金占用量，因而企业的收益也较高。但一旦企业经营中出现意外事件，就会出现资金周转困难，因而风险也高。

根据四川长虹 2003～2007 年资产负债表截取的数据及行业数据可得表 3-19，并据表 3-19 制作图 3-11，以揭示固流结构的变动趋势。

表 3-19   四川长虹的固流结构与行业数据对比情况   单位：倍

固流结构	2003 年	2004 年	2005 年	2006 年	2007 年
四川长虹	0.168	0.243	0.218	0.203	0.170
行业平均	0.426	0.411	0.430	0.391	0.333
行业最高	1.496	1.690	2.000	1.707	1.411
行业最低	0.098	0.133	0.147	0.130	0.080

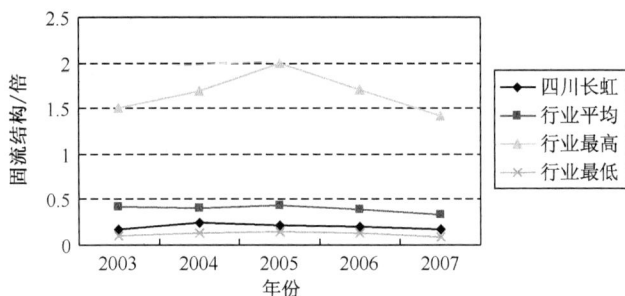

图 3-11   固流结构变动趋势

从表 3-19 和图 3-11 中可以看出四川长虹的固流结构低于行业的平均值，所以我们可以说在四川长虹所属行业中四川长虹采用的是保守型固流结构政策。

2. 总资产营运效率分析

总资产的营运效率通常用资产周转速度来进行衡量。资产周转速度越快，表明资产可供运用的机会越多，使用效率越高；反之则表示资产利用效率越差。资产周转速度通常用总资产周转率（total asset turnover ratio）表示。其计算公式为

$$总资产周转率 = \frac{销售收入}{平均资产总额}$$

$$总资产周转天数 = \frac{360}{总资产周转率}$$

其中，

平均资产总额＝（年初资产总额＋年末资产总额）/2

总资产周转率是反映企业全部资产综合使用效率的指标。该指标总是越高越好。该指标越高，说明同样的资产取得的收益越多，因而资产的管理水平越高，相应的企业的偿债能力就越强。在具体分析时，经营者可以将当期的总资产周转率与上期指标进行对比，也可以将本企业指标与本行业平均水平进行对比，以评价资产管理水平的高低；也可以观察连续几年的总资产周转率，以分析企业总资产周转率的变动趋势。

根据四川长虹2003～2007年资产负债表和利润表截取的数据及行业数据可得表3-20，并据表3-20制作图3-12，以揭示总资产周转率的变化趋势。

表 3-20　四川长虹的总资产周转率与行业数据对比情况　　　　单位:次

总资产周转率	2003 年	2004 年	2005 年	2006 年	2007 年
四川长虹	0.176	0.156	0.239	0.290	1.000
行业平均	0.229	0.256	0.299	0.348	1.383
行业最高	0.479	0.453	0.512	0.689	2.878
行业最低	0.063	0.071	0.070	0.105	0.517

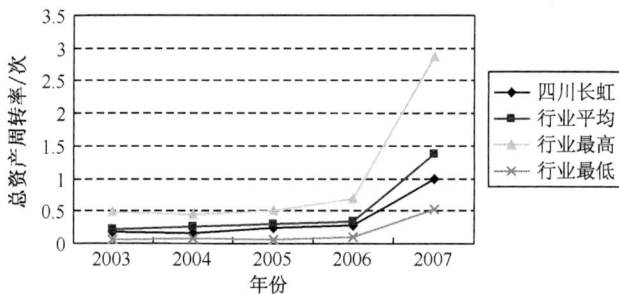

图 3-12　总资产周转率变动趋势

从表3-20和图3-12来看，2005～2007年四川长虹的总资产周转率一直呈上升趋势，但是一直明显低于行业平均水平。从前面对流动资产周转率和固定资产周转率的分析可以看出，总资产周转率低下的主要原因在于固定资产周转率的低下。因此，应该重点分析固定资产周转率低下的原因。

通过对四川长虹的资产负债表指标进行分析，我们得出四川长虹的资产结构以流动资产为主，大约占到总资产的70％。四川长虹的负债结构几乎全部为流动负债，已经超过99％，而流动负债主要由应付票据、应付账款与短期借款组成，三者构成了流动负债的90％左右。短期借款的增加如果没有足够的现金流作保证，很容易产生财务风险，而应付票据和应付账款的增加，一方面可能是公司影响力实力增加的结果，另一方面也可能会对公司的信誉造成影响，增加长期讨价还价的成本,对公司的未来发展是不利的。通过对近三年所有者权益的分析,四川长虹的所有者权益变动不大,但是在 2005 年出现了实收资本减少的异常现象,以及 2004 年未分配利润为负的情况。2004 年由于四川长虹海外欠款一事,导致四川长虹在 2004 年报出巨额亏损。而随后就扭亏为盈,在这种扭亏为盈的背后四川长虹的偿债能力以及资产营运能力和发展能力如何呢?在后面的分析中我们可以看到,四川长虹的偿债能力在行业内一直处于前列水平,从四个指标的综合考察来看,四川长虹的流动比率、速动比率、现金比率以及现金流量比率都显示比较好。从长期资产负债率来看,四川长虹的资产负债率比较低,低于 40%。从利息保障倍数、长期资产适合率来看,由于 2004 年利润为负的影响,其余指标虽然并不比行业平均值好,但是仍处于可以接受水平。从总体来看,四川长虹的偿债能力是可以的。从四川长虹的营运能力来看,四川长虹的应收账款周转率,存货周转率都明显低于行业平均水平,其中存货周转率几乎为行业的最低水平,说明四川长虹对应收账款和存货的管理能力不强。存货周转能力低下,说明存货中可能存在很大一部分过时卖不出去或者已经毁损没有价值的产品,这对公司创造利润的能力影响是很大的。结合前面对资产结构的分析,四川长虹总资产中大部分为流动资产,如果除去这部分没有价值的存货,四川长虹的流动资产会远低于账面值。总资产也会相应减少,那么对前面所进行的偿债能力所进行的分析就要相应进行修正。这是从短期营运能力分析来看,从长期营运能力分析,四川长虹的流动资产周转率呈逐年上升趋势,并且在 2005 年超过行业的平均水平,但是固定资产周转能力虽然也呈上升趋势,但一直低于行业的平均水平。由于固定资产周转率远低于行业的平均水平,导致总资产周转率也远低于行业的平均水平。由于四川长虹的资产结构 2005~2007 年固定资产一直呈下降趋势,因此它的固定资产周转率低下说明销售收入相对固定资产总额来讲过低。四川长虹从 2005 年开始一直报出的是销售收入创下新高的喜讯,但是从营运能力指标分析来看,它的销售收入相比它的资产总额来讲并不十分配比。这可能是由于四川长虹的资产中存在许多已经不产生或者只产生很少收益的资产,这可能也是近几年四川长虹固定资产一直下降的原因,四川长虹可能已经在处理掉一部分已经过时的固定资产。但是具体情况如何,还要根据实际情况才能确切的判断。通过对资产负债表的分析,只能看到企业的部分面貌,要真正分析企业的全貌还要结合另外两张报表的分析。

课 后 练 习

一、思考题

1. 简述资产负债表的含义、内容和格式。

2. 资产与负债及所有者权益之间的关系如何?

3. 影响企业短期和长期偿债能力的因素分别有哪些？

4. 流动比率的局限性是什么？

5. 应收账款周转率越高，企业的财务状况就越好吗？

二、选择题

1. 以下属于资产管理比率的是（　　）

  A. 存货周转率 B. 流动比率   C. 产权比率   D. 资产负债率

2. 资产负债表分析的目的是（　　）

  A. 了解企业财务状况的变动情况 B. 评价企业会计对企业经营状况的反应程度

  C. 修正资产负债表的数据   D. 评价企业的会计政策

  E. 说明资产负债表的编制方法

3. 下列不属于股东权益项目的是（　　）

  A. 股本   B. 应付股利   C. 保留盈余   D. 资本公积

4. 以下会导致所有者权益减少的是（　　）

  A. 提取盈余公积   B. 发放股票股利

  C. 投资者注册减资   D. 发放现金股利

  E. 增发新股

5. 下列资产中，属于非流动资产的有（　　）

  A. 长期股权投资 B. 其他应收款   C. 一年内到期的非流动资产

  D. 投资性房地产 E. 可供出售金融资产

6. 下列各项指标中，反应短期偿债能力的有（　　）

  A. 流动比率   B. 速动比率   C. 利息保障倍数

  D. 现金流量比率 E. 资产负债率

7. 利息保障倍数所反映的财务层面包括（　　）

  A. 获利能力   B. 长期偿债能力

  C. 短期偿债能力   D. 发展能力

8. 股东从公司获得利益的主要方式有（　　）

  A. 股利   B. 资本利得   C. 债券利息   D. 实物资产

9. 可持续增长的假设条件是（　　）

  A. 公司不增发新股，外部筹资的主要来源是发行债务

  B. 公司打算维持现有的目标资本结构

  C. 保持普通股每股股利不变

  D. 维持经营效率，即资产周转率和销售净利率不变

  E. 维持所有者权益报酬率不变

10. 某企业应收账款的质量存在严重的问题，周转率很低，则对于该公司短期债务的债权人而言，最适合用于评价该企业短期偿债能力的指标为（　　）

  A. 流动比例 B. 资产负债率 C. 速动比率   D. 现金比率

11. 对企业的应收账款质量进行评价，主要考察哪些方面（　　）

  A. 应收账款的账龄   B. 债务人的信誉

　　C. 坏账准备计提情况　　　　　　D. 应收账款的周转率

　　E. 同行业的情况

三、判断题

　　1. 应收账款的增长率大幅度超过销售收入的增长率是不正常的，往往暗示一定的问题，如企业的信用政策可能太过严厉。（　　　）

　　2. 非流动资产的变现时间和数量有较大的不确定性，主要包括存货、待摊费用、一年内到期的非流动资产和其他流动资产。（　　　）

　　3. 获利能力越强的企业，其偿债能力也越强。（　　　）

　　4. 存货周转率可分为收入的存货周转率和成本的存货周转率，两者所反映的内容是一致的。（　　　）

四、计算题

　　1. 长江公司年初占用流动资产 1200 万元，年末 1450 万元；年初存货 600 万元，年末为 300 万元。该公司的销售毛利率为 40%，本年销售收入 8000 万元。试计算流动资产周转次数（收入）和存货周转天数（成本）。

　　2. 某股份有限公司 2007 年简化的资产负债表如表 1 所示。

表 1　资产负债表

2007 年 12 月 31 日　　　　　　　　　　　　　　单位：万元

资产	年初数	年末数	负债和股东权益	年初数	年末数
货币资金	1 400 000	1 815 000	流动负债	2 651 400	1 572 650
交易性金融资产	15 000	15 000	非流动负债	600 000	1 160 000
应收票据	246 000	46 000	负债合计	3 251 400	2 732 650
应收账款	290 000	420 000			
其他应收款	5000	5000	股本资本	1 000 000	1 000 000
预付账款	100 000	85 000	资本公积	4 000 000	4 000 000
存货	2 580 000	2 484 700	盈余公积	100 000	131 185
待摊费用	100 000	90 000	未分配利润	50 000	194 500
流动资产合计	4 960 700	4 960 700	减：库存股	0	0
非流动资产合计	3 665 400	3 097 635	股东权益合计	5 150 000	5 325 685
资产总计	8 401 400	8 058 335	负债和股东权益总计	8 401 400	8 058 335

　　另外，该公司 2007 年的销售收入为 1 250 000 万元。

　　要求：（一年按照 360 天计算）

　　（1）计算 2007 年末营运资本、流动比率、速动比率以及长期资本；

　　（2）按照期末数计算 2006 年和 2007 年营运资本的配置比率，据此分析短期偿债能力的变化；

　　（3）计算 2007 年末资产负债率、产权比率和长期资产适合率；

　　（4）按照平均数计算 2007 年应收账款及应收票据周转天数。

五、案例分析题

　　请通过互联网选择一家上市公司进行偿债能力和营运能力分析。

第四章

现金流量表分析

聚焦华发股份 (600325)

　　珠海华发实业股份有限公司（以下简称华发股份）成立于 1992 年 8 月，其前身始创于 1980 年，是珠海最早从事房地产开发经营的企业，1994 年，取得国家一级房地产开发资质。十几年来，华发股份先后开发了银海新村、海滨新村、海景花园、丽景花园、美景花园、美景山庄、翠景花园、豪景花园、华景花园、九洲花园、鸿景花园（凯旋门广场）、华发广场、绿洋山庄、嘉园、华发新城等十多个住宅小区以及美景写字楼、翠景工业区、山海楼酒店、绿洋酒店等项目，竣工面积近 200 万平方米。1997 年，鸿景花园、美景山庄被建设部评为全国优秀示范小区，美景山庄被评为广东省优质样板工程；1999 年，鸿景花园荣获国家建设部颁发的"全国城市住宅小区建设试点银质奖"；2001 年，九洲花园和鸿景花园荣获"珠海园林花园小区"称号；2004 年华发新城荣获由中国土地运营博览会评比的"影响中国的三十大社区"称号，在珠海、珠三角地区和港澳地区，乃至全国造成了一定的影响。

　　一直以来，华发股份始终坚持"诚信、品质、服务"的经营方针，实现了十几年连年盈利的良好效益，成为珠海房地产企业的龙头，树立了良好的品牌形象。2001 年以来，华发股份先后被中国工商银行、中国建设银行、交通银行授予"信誉等级 AAA 级"，2002 年和 2003 年连续两年被评为"广东地产资信 20 强"。2004 年 2 月华发股份获中国证监会批准发行 6000 万股份 A 股，并于 2004 年 2 月 25 日在上海证券交易所挂牌交易，成为实行核准制以来全国房地产行业第 5 家上市公司，也是珠海市近 7 年来的第一家上市企业。2004 年 12 月 3 日，华发股份被评选为"2004 年度中国房地产上市公司 20 强"名列第五；2004 年 12 月 14 日入选上证 180 指数样本股，跻身蓝筹股行列；2005 年 12 月荣获 2005 年中国主流地产"金鼎奖"十大领袖品牌开发商称号；2006 年 5 月再次被评为"第五届（2006 年度）广东资信 20 强"。

　　截至 2007 年 12 月 31 日，华发股份资产总额为 924 118 万元，比 2006 年的 550 774 万元增加 373 344 万元，增长率为 67.79%。其中，流动资产 741 422 万元，占总资产比例 80.23%，主要包括货币资金 157 216 万元、存货 527 882 万元、预付账款 52 642 万元；非流动资产 182 696 万元，占总资产比例的 19.77%，主要包括固定资产 3391 万元、无形资产 176 356 万元。公司实现业务收入 21.66 亿元，同比增长 155.69%；净利润 3.63 亿元，同比增长

145.47%。结算项目面积 31.27 万平方米，同比增长 119.75%；结算收入 21.22 亿元，同比增长 154.72%，主要来源于以下项目：华发新城一期 413 万元；华发新城二期 3384 万元；华发新城三期 183 026 万元；华发生态园一期 22 896 万元；华景花园 477 万元；翠景厂房 2000 万元。报告期该公司对前五名承包商的工程款合计 40 376 万元，占公司全年工程款总额的 38.65%；报告期本公司对前五名客户销售额合计 7303 万元，占公司全年销售收入总额的 3.37%。

2008 年公司将继续开发华发新城五期项目，华发世纪城二、三、四期项目，中山华发生态庄园，华发水郡花园等项目。而这些项目耗资巨大，作为华发股份的投资者和债权人也必须关注以下问题：

- 珠海华发股份是否有足够的现金（或者债权人能否融资）来支撑这些项目？
- 项目建设中，公司现金支付能力和盈利能力是否受到影响？
- 项目结束后，可否形成企业新的经济增长点？

本章以珠海华发为背景，探讨包含以上诸问题在内的有关现金流量表的分析。

第一节　现金流量表概述

一个公司是否有足够的现金流入是至关重要的，这不仅关系到其支付股利、偿还债务的能力，还关系到公司的生存和发展。因此，投资者、债权人在关心上市公司的每股净资产、每股净收益率等资本增值和盈利能力指标时，对公司的支付、偿债能力也应予以关注。在其他财务报表中，投资者只能掌握企业现金的静态情况，而现金流量表是从各种活动引起的现金流量的变化及各种活动引起的现金流量占企业现金流量总额的比重等方面去分析的，它反映了企业现金流动的动态情况。因此，投资者在研究现金流量表时，与其他财务报表结合起来分析，就会更加全面地了解这一企业。而现金流量表正是反映现金及现金等价物的流入和流出的财务状况变动表。通过现金流量表的分析，可以了解现金流量的构成、发展趋势，抓住现金流量的管理重点，为决策服务。

一、现金流量的概念及分类

目前，关于现金流量的概念有很多种，如贴现现金流量、自由现金流量、现金流入量、现金流出量、净现金流量等，这些概念在不同的范围内使用，体现着不同的含义。这里所指的现金流量是从财务报告角度进行分析的，因而我们将它的概念定义为：企业销售商品、提供劳务、收到股息及从银行借款等取得现金，形成企业的现金流入；企业购买商品、接受劳务、购建固定资产、对外投资、偿还债务等支付现金，形成企业的现金流出；一定时期的现金流入量减去现金流出量的净值，称为净现金流量。这里的现金具体包括：

（1）库存现金。指企业持有可随时用于支付的现金余额。

（2）银行存款。指企业存在金融企业可以随时用于支付的存款。

（3）其他货币资金。指企业存在金融企业有特定用途的资金，如银行本票存款、银行汇票存款、信用卡存款等。

（4）现金等价物。指企业持有的期限短、流动性高、易于转换为已知金额的现金、价值变动风险很小的短期投资。在会计实务中现金等价物通常指购买在3个月或更短时间内即到期或即可转换为现金的短期债券投资。权益性投资变现的金额通常不确定，因而不属于现金等价物。企业应当根据具体情况，确定现金等价物的范围，一经确定不得随意变更。

我国《企业会计准则——现金流量表》将企业在一定期间产生的现金流量按照其经营业务发生的性质归为以下三类：

（1）经营活动产生的现金流量。经营活动是指企业投资活动和筹资活动以外的所有交易和事项，包括销售商品、提供劳务、购买货物、交纳税款等。

（2）投资活动产生的现金流量。投资活动是指企业长期资产的购建和不包括在现金等价物范围内的投资及其处置活动，包括购建固定资产、无形资产、收到投资回报的现金等。

（3）筹资活动产生的现金流量。筹资活动是指导致企业资本及债务规模和构成发生变化的活动，包括吸收投资、发行股票、分配利润等。

二、现金流量表的作用

现金流量表（statement of cash flows），是综合反映企业在一定会计期间现金和现金等价物流入和流出的报表。这里的"现金"是一种广义的现金，包括企业的现金和现金等价物。其中，现金是指企业库存现金以及可以随时用于支付的存款；现金等价物是指企业持有期限短（3个月内）、流动性强、易于转换为已知金额现金、价值变动风险很小的投资。

我们知道，在市场经济条件下，企业的现金流转情况在很大程度上影响着企业的生存和发展。企业现金充裕，就可以及时购入必需的材料物资和固定资产，及时支付工资、偿还债务、支付股利和利息；反之，企业的正常生产经营则会受到影响，产生企业的生存危机。在实际工作中，有些企业利润表上反映的是盈利，却没有现金支付能力，偿还不了到期的债务；而有些企业利润表上反映的是亏损，但现金充足，不仅能经营运作，甚至还能对外投资。这是因为利润表是按权责发生制编制的，而现金流量表是按收付实现制编制的。现金管理已经成为企业财务管理的一个重要方面，受到企业管理人员、投资者、债权人以及政府监管部门的关注。具体而言，现金流量表的作用有以下三个方面。

1. 现金流量表有助于评价企业的支付能力、偿债能力和营运能力

通过现金流量表，并配合资产负债表和利润表，将现金与流动负债进行比较，计算出现金比率；将现金流量净额与发行在外的普通股加权平均股数进行比较，计算出每股现金流量；将经营活动现金流量净额与净利润进行比较，计算出盈利现金比率，可以了解企业的现金能否偿还到期债务、支付股利和进行必要的固定资产投资，了解企业现金流转效率和效果等，从而便于投资者作出投资决策、债权人作出信贷决策。

2. 现金流量表有助于预测企业未来现金流量

评价过去是为了预测未来。通过现金流量表所反映的企业过去一定期间的现金流量以及其他生产经营指标，可以了解企业现金的来源和用途是否合理，了解经营活动产生的现金流量有多少，企业在多大程度上依赖外部资金，就可以据此预测企业未来现金流量，从而为企业编制现金流量计划，组织现金调度，合理节约地使用现金创造条件，为投资者和债权人评价企业的未来现金流量、作出决策提供必要信息。

3. 现金流量表有助于分析企业收益质量及影响现金净流量的因素

利润表中列示的净利润指标，反映了企业期间的经营成果，这是体现企业经营业绩的最重要的一个指标。但是，利润表是按照权责发生制原则编制的，它不能反映企业经营活动产生了多少现金，并且没有反映投资活动和筹资活动对企业财务状况的影响。通过编制现金流量表，可以掌握企业经营活动、投资活动和筹资活动的现金流量，将经营活动产生的现金流量与净利润相比较，就可以从现金流量的角度了解净利润的质量。并进一步判断，是哪些因素影响现金流入，从而为分析和判断企业的财务前景提供信息。

三、现金流量表的内容和格式

企业的现金流量产生于不同的来源，也有不同的用途，如工业企业可通过销售产品、提供劳务收回现金，通过向银行借款收到现金等；为生产产品购买原材料、固定资产需要支付现金，职工工资也需要用现金进行支付等。现金流量表将现金流量分成了三大类，即经营活动产生的现金流量、投资活动产生的现金流量和筹资活动产生的现金流量，这三个部分构成现金流量表的主要内容。

1. 经营活动产生的现金流量

经营活动是指企业投资活动和筹资活动以外的所有交易和事项。从经营活动的定义可以看出，经营活动的范围很广。它包括除投资活动和筹资活动以外的所有交易和事项，各类企业经营活动的范围因其行业特点的不同而异，对于工商企

业而言，经营活动主要包括销售商品、提供劳务、购买商品、接受劳务、支付税费等。

经营活动产生的现金流入项目主要有：销售商品、提供劳务收到的现金，收到的税费返还，收到的其他与经营活动有关的现金。经营活动产生的现金流出项目主要有：购买商品、接受劳务支付的现金，支付给职工以及为职工支付的现金，支付的各项税费，支付的其他与经营有关的现金。

各类企业由于行业特点不同，对经营活动的认定存在一定差异，在编制现金流量表时，应根据企业的实际情况，对现金流量进行合理的归类。由于金融保险比较特殊，该准则对金融保险业经营活动的认定作了提示。

2. 投资活动产生的现金流量

投资活动是指企业长期资产的购建和不包括在现金等价物范围内的投资及其处置活动。其中，长期资产是指固定资产、无形资产、在建工程、其他资产等持有期限在一年或一个营业周期以上的资产。

但是，这里所讲的投资活动，既包括实物资产投资，也包括金融资产投资，它与投资准则所讲的"投资"是两个不同的概念。"投资"是指企业为通过分配来增加财富或为谋求其他利益，而将资产让渡给其他单位所获得另一项资产。购建固定资产不是"投资"，但属于投资活动。

这里之所以将"包括在现金等价物范围内的投资"排除在外，是因为已经将包括在现金等价物范围内的投资视同现金。

投资活动产生的现金流入项目主要有：收回投资所收到的现金，取得投资收益所收到的现金，处置固定资产、无形资产和其他长期资产所收回的现金净额，收到的其他与投资活动有关的现金。投资活动产生的现金流出项目主要有：购建固定资产、无形资产和其他长期资产所支付的现金，投资活动所支付的现金，支付的其他与投资活动有关的现金。

3. 筹资活动产生的现金流量

筹资活动是指导致企业资本及债务规模和构成发生变化的活动。

这里所说的资本，既包括实收资本（股本），也包括资本溢价（股本溢价）；这里所说的债务，指对外举债，包括向银行借款、发行债券以及偿还债务等。应付账款、应付票据等商业应付款等属于经营活动，不属于筹资活动。

筹资活动产生的现金流入项目主要有：吸收投资所收到的现金，取得借款所收到的现金，收到的其他与筹资活动有关的现金。筹资活动产生的现金流出项目主要有：偿还债务所支付的现金，分配股利、利润或偿付利息所支付的现金，支付的其他与筹资活动有关的现金。

我国企业现金流量表的基本格式如表 4-1 所示。

表 4-1　现金流量表

编制单位:珠海华发实业股份有限公司　　　　　　　　　　　　　　　　单位:元

项　　目	2007 年	2006 年	2005 年
一、经营活动产生的现金流量:			
销售商品、提供劳务收到的现金	4 114 281 484.66	1 713 472 953.35	1 103 680 901.82
收到的税费返还	—	—	—
收到的其他与经营活动有关的现金	78 253 607.73	93 809 238.35	80 740 527.43
经营活动现金流入小计	4 192 535 092.39	1 807 282 191.70	1 184 421 429.25
购买商品、接受劳务支付的现金	1 294 123 357.66	754 111 962.08	717 150 170.82
支付给职工以及为职工支付的现金	79 599 865.04	38 582 675.85	22 690 246.82
支付的各项税费	262 826 934.48	124 235 696.68	85 629 825.48
支付的其他与经营有关的现金	264 327 845.57	127 297 437.11	80 937 971.10
经济活动现金流出小计	1 900 878 002.75	1 044 227 771.72	906 408 214.22
经营活动产生的现金流量净额	2 291 657 089.64	763 054 419.98	278 013 215.03
二、投资活动产生的现金流量:			
收回投资所收到的现金	—	—	300 000.00
取得投资收益所收到的现金	90 678.00	15 017 491.06	30 705 016.84
处置固定资产、无形资产和其他长期资产所收回的现金净额	—	—	189 980 329.26
处置子公司及其他营业单位所收到的现金净额	—	—	—
收到的其他与投资活动有关的现金	—	—	—
投资活动现金流入小计	90 678.00	15 017 491.06	220 985 346.10
购建固定资产、无形资产和其他长期资产所支付的现金	2 772 681 507.63	633 047 980.20	106 015 322.14
投资所支付的现金	279 179 414.00	—	112 590 000.00
取得子公司及其他营业单位所支付的现金净额	—	—	—
支付的其他与投资活动有关的现金	—	—	—
投资活动现金流出小计	3 051 860 921.63	633 047 980.20	218 605 322.14
投资活动产生的现金流量净额	−3 051 770 243.63	−618 030 489.14	2 380 023.96
三、筹资活动产生的现金流量:			
吸收投资所收到的现金	—	—	—
其中:子公司吸收少数股东投资收到的现金	—	—	—

续表

项 目	2007 年	2006 年	2005 年
取得借款所收到的现金	2 640 000 000.00	1 900 000 000.00	1 956 500 000.00
收到的其他与筹资活动有关的现金	—	413 100 000.00	—
筹资活动现金流入小计	2 640 000 000.00	2 313 100 000.00	1 956 500 000.00
偿还债务所支付的现金	1 605 000 000.00	1 683 200 000.00	1 877 940 400.00
分配股利、利润或偿付利息所支付的现金	195 956 119.41	119 202 100.41	90 408 109.33
其中:子公司支付给少数股东的股利、利润		—	
支付的其他与筹资活动有关的现金	—	—	—
筹资活动现金流出小计	1 800 956 119.41	1 802 402 100.41	1 968 348 509.33
筹资活动产生的现金流量净额	839 043 880.59	510 697 899.59	−11 848 509.33
四、汇率变动对现金的影响	—	—	—
五、现金及现金等价物净增加额	78 930 726.60	655 721 830.43	268 544 729.66
加:期初现金及现金等价物余额	1 493 229 574.98	837 507 744.55	568 963 014.89
六、期末现金及现金等价物余额	1 572 160 301.58	1 493 229 574.98	837 507 744.55

第二节　现金流量规模与结构分析

一、现金流量项目分析

项目分析是按现金流量的项目或类别,分析识别该类业务活动的现金流入流出状况是否正常,有无异常现象,并在此基础上,进一步分析其产生的各种方法。具体而言,就是对经营活动、投资活动和筹资活动产生的现金流量进行分析。

(一)经营活动现金流量分析

阅读现金流量表,最关键的是看企业来自经营活动的净现金流量。这是因为企业贷款本息的偿还,固定资产的购置支出等都需动用现金,而经营活动产生的现金流量是满足这些需要最为根本的来源。一般来说,在企业经营正常且稳定的情况下,经营现金净流量应为正数,这样企业的正常经营活动就不需要额外补充流动资金,而且还能有一部分剩余为企业的投资等活动提供现金流量的支持。当企业处于成长期时,由于刚开始从事经营活动,其设备、人力、资源的利用率相对较低,材料的消耗量相对较高,导致企业成本消耗较高。同时,企业为了开拓市场,其将产品推向市场,有可能投入较大资金,因而在这一时期企业的经营活动现金流量可能为负值。下面分别从经营活动产生的现金流量大小进行分析。

1. 经营活动现金流量产生的现金流量小于零

这意味着企业通过正常的商品购、产、销所带来的现金流入量，不足以支付因上述经营活动而引起的货币流出。企业正常经营活动所需的现金支付则通过以下几种方式解决：

（1）消耗企业现存的货币积累；

（2）挤占本来可以用于投资活动的现金，推迟投资活动的进行；

（3）在不能挤占本来可以用于投资活动的现金的条件下，进行额外贷款融资，以支付经营活动的现金需要；

（4）在没有贷款融资渠道的条件下，只能用拖延债务支付或加大经营活动引起的负债规模来解决。

从企业的成长过程来分析，在企业开始从事经营活动的初期，由于其生产阶段的各个环节都处于"磨合"状态，设备、人力资源的利用率相对较低，材料的消耗量相对较高，导致企业的成本消耗较高。同时，为了开拓市场，企业有可能投入较大资金，采用各种手段将自己的产品推向市场（包括采用渗透法定价、加大广告支出、放宽收账期等），从而有可能使企业在这一时期的经营活动现金流量表现为"入不敷出"的状态。

我们认为，如果是由于上述原因导致的经营活动现金流量小于零，应该认为这是企业在发展过程中不可避免的正常状态。但是，如果企业在正常生产经营期间仍然出现这种状态，我们应当认为企业经营活动现金流量的质量不高。

2. 经营活动产生的现金流量等于零

这意味着企业通过正常的商品购、产、销所带来的现金流入量，恰恰能够支付因上述经营活动而引起的货币流出。

在企业经营活动产生的现金流量等于零时，企业的经营活动现金流量处于"收支平衡"的状态。企业正常经营活动不需要额外补充流动资金，企业的经营活动也不能为企业的投资活动以及融资活动贡献现金。

但是，必须注意的是，在企业的成本消耗中，有相当一部分属于按照权责发生制原则的要求而确认的摊销成本（如无形资产、长期待摊费用摊销，固定资产折旧等）和应计成本（如对预提费用的处理等）（下面我们把这两类成本统称为非现金消耗性成本）。显然，在经营活动产生的现金流量等于零时，企业经营活动产生的现金流量不可能为这部分非现金消耗性成本的资源消耗提供货币补偿。因此，从长期来看，经营活动产生的现金流量等于零的状态，根本不可能维持企业经营活动的货币"简单再生产"。

因此，我们认为，如果企业在正常生产经营期间持续出现这种状态，企业经营活动现金流量的质量仍然不高。

3. 经营活动产生的现金流量大于零但不足以补偿当期的非现金消耗性成本

这意味着企业通过正常的商品购、产、销所带来的现金流入量，不但能够支付因经营活动而引起的货币流出，而且还有余力补偿一部分当期的非现金消耗性成本。

此时，企业虽然在现金流量的压力方面比前两种状态要小，但是，如果这种状态持续，则企业经营活动产生的现金流量从长期来看，也不可能维持企业经营活动的货币"简单再生产"。

因此，我们认为，如果企业在正常生产经营期间持续出现这种状态，对企业经营活动现金流量的质量仍然不能给予较高评价。

4. 经营活动产生的现金流量大于零并恰能补偿当期的非现金消耗性成本

这意味着企业通过正常的商品购、产、销所带来的现金流入量，不但能够支付因经营活动而引起的货币流出，而且还有余力补偿全部当期的非现金消耗性成本。

在这种状态下，企业在经营活动方面的现金流量的压力已经解脱。如果这种状态持续，则企业经营活动产生的现金流量从长期来看，刚好能够维持企业经营货币的"简单再生产"。

但是，从总体上看，这种维持企业经营活动的货币"简单再生产"的状态，仍然不能为企业扩大投资等发展提供货币支持，企业的经营活动为企业扩大投资等发展提供货币支持，只能依赖于企业经营活动产生的现金流量的规模继续扩大。

5. 经营活动产生的现金流量大于零并在补偿当期的非现金消耗性成本后仍有剩余

这意味着企业通过正常的商品购、产、销所带来的现金流入量，不但能够支付因经营活动而引起的货币流出、补偿全部当期的非现金消耗性成本，而且还有余力为企业的投资等活动提供现金流量的支持。

应该说，在这种状态下，企业经营活动产生的现金流量已经处于良好的运转状态，如果这种状态持续，则企业经营活动现金流量产生的现金流量将对企业经营活动稳定与发展、企业投资规模的扩大起到重要的促进作用。

从上面的分析可以看出，企业经营活动产生的现金流量，仅仅大于零是不够的。企业经营活动产生的现金流量要想对企业作出较大贡献，必须在上述第五种状态下进行。

珠海华发股份 2007 年经营活动产生的现金流量净额为 2 291 657 089.64 元，大于零并且可以补偿当期的非现金消耗性成本后仍有余额，说明该公司的经营活动稳定，并且可以促进公司投资规模的扩大。

（二）投资活动现金流量分析

投资活动现金流量反映了企业资本性支出中的现金流量，分析的重点是购置或处置固定资产发生的现金流入和流出数额。根据固定资产投资规模和性质，可以了解企业未来的经营方向和获利能力，揭示企业未来经营方式和经营规模的发展变化。同时还应分析投资方向与企业的战略目标是否一致，了解资金是来自内部积累还是外部融资。如果处置固定资产的收入大于购置固定资产产生的支出，则表明企业可能正在缩小产生经营规模，或正在退出该行业，应进一步分析是由于企业自身的原因如某系列产品萎缩，还是行业的原因如该行业出现衰落趋势，以便对企业的未来进行预测。当企业扩大规模或开发新的利润增长点时，需要大量的现金投入，投资活动产生的现金流入量补偿不了流出量，投资活动现金净流量为负数。当企业处于衰退时期时，由于市场已饱和，销售下降，企业将大幅度收回投资，因此此时投资活动现金净流量为正。下面分别从投资活动产生的现金流量大小进行分析。

1. 投资活动产生的现金流量小于零

这意味着企业在购建固定资产、无形资产和其他长期资产，权益性投资以及债权性投资等方面所支付的现金之和，大于企业因收回投资，分得股利或利润，取得债券利息收入，处置固定资产、无形资产和其他长期资产而收回的现金净额之和。企业上述投资活动的现金流量，处于"入不敷出"的状态。企业投资活动所需资金的"缺口"，可以通过以下几种方式解决：

（1）消耗企业现存的货币积累；

（2）挤占本来可以用于经营活动的现金，削减经营活动的现金消耗；

（3）利用经营活动积累的现金进行补充；

（4）在不能挤占本来可以用于经营活动的现金的条件下，进行额外贷款融资，以支付投资活动的现金需要；

（5）在没有贷款融资规模渠道的条件下，只能采用拖延债务支付或加大投资活动引起的负债规模来解决。

从投资活动的目的分析，企业的投资活动，主要有以下几个目的：

（1）为企业正常生产经营活动奠定基础，如购建固定资产、无形资产和其他长期资产等；

（2）为企业对外扩张和其他发展性目的进行权益性投资和债权性投资；

（3）利用企业暂时不用的闲置货币资金进行短期投资，以求获得较高的投资收益。

在上述三个目的中，前两种投资一般都应与企业的长期规划和短期计划相一致，第三种则在很多情况下，是企业的一种短期理财安排。因此，面对投资活动的现金流量小于零的企业，我们首先应当考虑的是：在企业的投资活动符合企业的长期规划和短期计划的条件下，这种现象表明了企业经营活动发展和企业扩张的内在需要，也反映了企业在扩张方面的努力与尝试。

2. 投资活动产生的现金流量大于等于零

这意味着企业在投资活动方面的现金流入量大于流出量。这种情况的发生，或者是由于企业在本会计期间的投资回收活动的规模大于投资支出的规模，或者是由于企业在经营活动与筹资活动方面急需资金而不得不处理手中的长期资产以求变现等。因此，必须对企业投资活动的现金流量原因进行具体分析。

必须指出的是，企业投资活动的现金流出量，有的需要由经营活动的现金流入量来补偿。例如，企业的固定资产、无形资产购建支出，将由未来使用有关固定资产和无形资产会计期间的经营活动的现金流量来补偿。因此，即使在一定时期企业投资活动产生的现金流量小于零，我们也不能对企业投资活动产生的现金流量的质量简单作出否定的评价。

珠海华发股份投资活动产生的现金流量净额为－3 051 770 243.63元，小于零，其中投资活动现金流入量为 90 678 元，投资活动现金流出量为3 051 860 921.63元，公司 2007 年购建固定资产、无形资产和其他长期资产支付的现金为 2 772 681 507.63 元，比 2006 年的 633 047 980.20 元增长了 337.99％，主要是公司投资于办公楼和华发新城西土地使用权中 S3、S4 号地块（尚未开工建设）。公司没有对外进行投资，因此公司的资金主要用于企业内部生产能力的扩张上。

（三）筹资活动现金流量分析

根据筹资活动现金流量，可以了解企业的融资能力和融资政策，分析融资组合和融资方式是否合理。融资方式和融资活动直接关系到资金成本的高低和风险大小。例如，债务融资在通货膨胀时，企业以贬值的货币偿还债务会使企业获得额外利益。但债务融资的风险较大，在经济衰退尤其如此。如果企业经营现金流量不稳定或正在下降，问题就更严重。

筹资活动的现金流量与企业的发展规划有很大联系。当企业以扩大投资和经营活动为目标时，企业将以各种方式筹资，此时现金流量可能为正；但如果企业认为经营正常，且有足够能力偿付债务时，可能会拿出资金去偿付债务，此时现金流量可能为负。下面分别从筹资活动产生的现金流量大小进行分析。

1. 筹资活动产生的现金流量大于零

这意味着企业在吸收权益性投资、发行债券以及借款等方面所收到的现金之和大于企业在偿还债务、支付筹资费用、分配股利或利润、偿付利息、融资租赁以及减少等方面所支付的现金之和。在企业处于发展的初期阶段，投资需要大量资金、企业经营活动的现金流量小于零的条件下，企业现金流量的需求主要通过筹资活动来解决。因此，分析企业筹资活动产生的现金流量大于零是否正常，关键要看企业的筹资活动是否已经纳入企业的发展规划，是企业管理层已扩大投资和经营活动为目标的主动行为还是企业因投资活动和经营活动的现金流出失控不得已而为之的被动行为。

2. 筹资活动产生的现金流量小于零

这意味着企业在吸收权益性投资、发行债券以及借款等方面所收到的现金之和小于企业在偿还债务、支付筹资费用、分配股利或利润、偿付利息、融资租赁以及减少注册资本等方面所支付的现金之和。这种情况的出现，或者是由于企业在本会计期间集中发生偿还债务、支付筹资费用、分配股利或利润、偿付利息、融资租赁等业务，或者是因为企业经营活动与投资活动在现金流量方面运转较好，有能力完成上述各项支付。但是，企业筹资活动产生的现金流量小于零，也可能是企业在投资和企业扩张方面没有更多作为的一种表现。

珠海华发股份 2007 年筹资活动产生的现金流量净额为839 043 880.59元，大于零，其中现金流入量为 2 640 000 000 元，现金流出量为 1 800 956 119.41 元。现金流入量中主要是公司取得借款收到的现金 2 640 000 000 元，这部分资金用于公司的经营活动和投资活动。

（四）非现金活动现金流量分析

非现金活动流量是指不涉及现金收支的活动，包括用实物资产对外投资、用实物资产和投资偿还债务、债务转为资本、优先股转为普通股、一年内到期的可转换公司债券、融资租入固定资产，以及资产的非现金交换等。通过分析，可以了解资产负债表中有关项目变动的原因，分析企业的经营策略，判断企业未来的发展趋势。

除以上四个方面的分析外，将企业现金净流量与现金股利和净利润结合起来进行分析，还可以了解企业的股利政策。因为支付股利不仅需要有利润，还要有充足的现金，选择将现金留在企业还是分给股东，与企业的经营状况和发展战略有关。通常，处于快速成长期的企业不愿意支付现金股利，而更愿意把现金留在企业内部，用于扩大再生产，加速企业的发展。将企业现金净流量与投资规模结合起来，还可以了解企业的投资策略。因为投资不仅需要有利润，更要有足够的现金，没有足够的现金，企业只能望"利"兴叹。

综上所述，处于正常生产经营期间的企业，经营活动对企业现金流量的贡献应占较大比重，这是因为，处于正常生产经营期间的企业，其购、产、销等活动均应协调发展，良好循环，其购、产、销活动应为其引起现金流量的主要原因。

一方面，投资活动与筹资活动，属于企业的理财活动。在任何期间，企业均有可能因这些方面的活动而引起现金流量的变化。不过,处于开业初期的企业,其理财活动引起的现金流量变化较大,占企业现金流量变化的比重也较大。

另一方面,理财活动也意味着企业存在相应的财务风险。例如,企业对外发行债券,就必须承担定期支付利息、到期还本的责任。如果企业不能履行偿债责任,有关方面就会对企业采取法律措施。又如,企业购买股票,就可能存在着股票跌价损失的风险,等等。因此,企业的理财活动越大,财务风险也可能越大。

下面我们将不同项目的现金流量,根据其净现值为正还是为负,进行排列组合。可以发现,在不同的组合下,其产生的背景和结果是不同的,所要采取的措施也是不同的。具体分析情况如表 4-2 所示。

表 4-2 现金流量项目组合分析

现金流量方向			分析影响结果
经营活动	投资活动	筹资活动	
+	+	+	企业筹资能力强、经营活动与投资活动良好,是一种较为理想的状态。此时应警惕资金的浪费,把握良好的投资机会
+	+	−	企业进入成熟期后。在这个阶段产品销售市场稳定,已进入投资回收期,经营及投资进入良性循环,财务状况稳定安全,但很多外部资金需要偿还,以保持企业良好的融资信誉
+	−	+	企业高速发展扩张时期的表现。这时产品的市场占有率高,销售呈现快速上升趋势,造就经营活动中大量货币资金的回笼。当然为了扩大市场份额,企业仍需要大量追加投资,仅靠经营活动现金流量净额远不能满足所追加的投资,必须筹集必要的外部资金作为补充
+	−	−	企业经营状况良好,可在偿还前欠债务的同时继续投资,但应密切关注经营状况的变化,防止由于经营状况恶化而导致财务状况恶化
−	+	+	企业靠借债维持经营活动所需现金,财务状况可能恶化;投资活动现金流入增加是一个亮点,但要分析是来源于投资收益还是投资收回。如是后者,企业面临形势也更加严重
−	+	−	企业衰退时期的症状:市场萎缩,产品销售的市场占有率下降,经营活动现金流入小于流出,同时企业为了应付债务不得不大规模收回投资以弥补现金的不足。如果投资活动现金流量来源于投资收益还好,如果来源于投资的回收,则企业将会出现更深层次的危机
−	−	+	有两种情况:①企业处于初创阶段,企业需要投入大量资金,形成生产能力,开拓市场,其资金来源只有举债、融资等筹资活动。②企业处于衰退阶段,靠借债维持日常生产经营活动,如度不过难关,再继续发展其前途非常危险
−	−	−	这种情况往往发生在盲目扩展后的企业。由于市场预测失误等原因,造成经营活动现金流出大于流入,投资效益低下造成亏损,使投入扩张的大量资金难以收回,财务状况异常危险,到期债务不能偿还

注:"+"表示现金流入量大于现金流出量;"−"表示现金流出量大于现金流入量。

二、现金流量结构变动分析

对现金流量结构进行分析其主要依据是企业的现金流量表，现金流量表提供企业在一定时期内现金流入、来源和支出、去向的信息，通过分析可以了解和掌握企业现金增减变动的原因，并可进一步预测企业在未来期间的现金流量。现金流量结构分析主要是指企业各种现金流入量、各种现金流出量及现金净流量与企业总的现金流入量、总的现金流出量及全部现金净流量的比率关系。在进行分析时，可将现金流量结构分为现金流入结构、现金流出结构和现金流入流出结构，并分别进行分析。

（一）现金流入结构分析

现金流入结构反映企业全部现金流入中，经营活动、投资活动现金和筹资活动分别所占的比例，以及在这三种关系中，不同渠道流入的现金在该类别现金流入量和总现金流入量中的比例。一般来说，经营活动现金流入占现金总流入比重大的企业，经营状况较好，财务风险较低，现金流入结构较为合理。但是对于经营风险差异较大的企业来说，这个比例会存在较大的不同，因而需要区别对待。

1. 现金总流入结构分析

现金流入构成是反映企业的各项业务活动现金流入，如经营活动的现金流入、投资活动现金流入、筹资活动现金流入在全部现金流入中的比重以及各项业务活动现金流入中具体项目的构成情况，明确企业的现金究竟来自何方，要增加现金流入主要应在哪些方面采取措施等。

对于现金流量总流入的构成，可用以下三个公式进行分析：

$$经营活动现金流入占现金总流入之比 = \frac{经营活动现金流入量}{各项活动现金流入量之和} \times 100\%$$

$$投资活动现金流入占现金总流入之比 = \frac{投资活动现金流入量}{各项活动现金流入量之和} \times 100\%$$

$$筹资活动现金流入占现金总流入之比 = \frac{投资活动现金流入量}{各项活动现金流入量总和} \times 100\%$$

以现金流入总量为基数，计算经营活动、投资活动和筹资活动占现金总流入的比率，可以了解企业当期现金流入的总体构成情况，说明企业现金流入的主要来源是经营活动、投资活动抑或是筹资活动，分析企业在哪些方面还具备发展的潜力，为以下的"三项活动"内部结构分析提供方向。

下面我们对珠海华发股份的现金流入结构进行分析（表 4-3）。

表 4-3　现金流入结构分析

项 目	金额/元	百分比/%
经营活动现金流入量	4 192 535 092.39	61.36
投资活动现金流入量	90 678	0
筹资活动现金流入量	2 640 000 000	38.64
各项活动现金流入量之和	6 832 625 770	100

　　根据表 4-3，我们可以看出 2007 年华发股份各项活动的现金流入量中，经营活动产生的现金流入量比例最大，投资活动现金流入量占的比例几乎为 0，筹资活动现金流入量占 38.64%，说明该公司主要依靠经营活动产生现金流入，经营状况较好，财务风险较低，现金流入结构较为合理。

　　2. 经营、投资和筹资活动现金流入的内部结构分析

　　现金流入构成是反映企业各项业务活动的现金收入比重，通过现金流入构成分析，可以明确现金究竟来自何方，要增加现金收入主要依靠什么。现金流量表中含有"三项活动"——经营活动、投资活动和筹资活动。我们需要对这三项活动的现金流入的内部结构分别进行细致深入的分析。

$$经营活动产生的现金流入结构比率 = \frac{经营活动产生的现金流入明细项目}{经营活动现金流入量小计} \times 100\%$$

　　经营活动中各项明细所占流入量的比例，可以告诉我们企业的经营活动现金流入的主要来源是主营业务收入还是其他明细项目，可以判断经营活动能否为企业创造更多的现金流入；同时，也是对其合理性进行分析的基础。

$$投资活动产生的现金流入结构比率 = \frac{投资活动产生的现金流入明细项目}{投资活动现金流入量小计} \times 100\%$$

　　投资活动中各明细所占流入量的比例，可以告诉我们企业的投资活动现金流入的主要来源，也是对其合理性、真实性进行分析判断的基础。

$$筹资活动产生的现金流入结构比率 = \frac{投资活动产生的现金流入明细项目}{投资活动现金流入量小计} \times 100\%$$

　　筹资活动中各项明细所占流入量的比例，可以告诉我们企业筹资活动现金流入的主要来源，也是对其合理性、真实性进行分析判断的基础。

　　下面我们对珠海华发股份各项活动内部的现金流入结构进行分析（表 4-4）。

　　通过表 4-4，我们可以得出珠海华发股份经营活动产生的现金流入中有 89.13% 的现金流是主营业务收入实现的现金流，可见经营活动产生的现金流入比较合理；投资活动产生的现金流入中 100% 都是取得投资收益所收到的现金，且这部分现金流入占公司总的现金流入比例很小，说明公司在对外投资方面很少；筹资活动产生的现金流中 100% 是取得借款所收到的现金，说明公司主要靠债务融资来应对经营活动和投资活动中所需要的现金，这在某种程度上会加大公

司的财务风险。

表 4-4　各项活动内部的现金流入结构分析

项　　目	金额/元	百分比/%
一、经营活动产生的现金流量：		
销售商品、提供劳务收到的现金	4 114 281 484.66	98.13
收到的税费返还	—	
收到的其他与经营活动有关的现金	78 253 607.73	1.87
经营活动现金流入小计	4 192 535 092.39	100.00
二、投资活动产生的现金流量：		
收回投资所收到的现金	—	
取得投资收益所收到的现金	90 678.00	100.00
处置固定资产、无形资产和其他长期资产所收回的现金净额	—	
处置子公司及其他营业单位所收到的现金净额	—	
收到的其他与投资活动有关的现金	—	
投资活动现金流入小计	90,678.00—	100.00
三、筹资活动产生的现金流量：		
吸收投资所收到的现金	—	
其中:子公司吸收少数股东投资收到的现金		
取得借款所收到的现金	2 640 000 000.00	100.00
收到的其他与筹资活动有关的现金	—	
筹资活动现金流入小计	2 640 000 000.00	100.00

（二）现金流出结构分析

现金流出结构反映企业全部现金流出量中，经营活动、投资活动和筹资活动现金支出占现金总流出的比重，以及在这三种活动中，不同渠道流出的现金在该类别现金流出量和总现金流出量中所占的比例。一般而言，企业经营活动产生的现金流出量，在企业总现金流出量中所占比重较大，而且具有一定的稳定性，各期变化幅度不是太大。而投资活动和筹资活动产生的现金流出量，从量上看会因企业的财务政策不同企业存在较大差异；从稳定性上看，也经常具有偶发性。例如，随着交付投资款、偿还到期债务、支付股利等活动的发生，当期该类活动的现金流出量便会呈现剧增。因此，在对企业现金流出结构进行分析时，应结合企业具体情况，不同期间不能采用同一衡量标准。

1. 总现金流出结构分析

现金流出结构分析是指企业的各项现金支出，包括经营活动、投资活动和筹资活动占企业当期全部现金支出的百分比，它可以反映企业的现金用于哪些方面。一般来说，用于经营活动的现金支出应比较大，且相对稳定，比较好。另外，如果投资活动现金支出比较大，则一方面说明企业加大投资，未来收益有可能增长，具有一定成长性；另一方面任何投资都具有一定风险性，从而导致较大的投资风险。具体可用以下三个公式进行分析：

$$经营活动现金流出占现金总流出之比 = \frac{经营活动现金流出量}{各项活动现金流出量之和} \times 100\%$$

$$投资活动现金流出占现金总流出之比 = \frac{投资活动现金流出量}{各项活动现金流出量之和} \times 100\%$$

$$筹资活动现金流出占现金总流出之比 = \frac{筹资活动现金流出量}{各项活动现金流出量之和} \times 100\%$$

也就是说，以现金流出总量为基数，计算经营活动、投资活动和筹资活动占现金总流出的比率，可以了解企业当期现金流出的总体构成情况，说明企业现金流出的主要途径是经营活动、投资活动还是筹资活动，并为进一步的分析提供线索。

下面我们对珠海华发股份的现金流出结构进行分析（表4-5）。

表 4-5　现金流出结构分析

项　　目	金额/元	百分比/%
经营活动现金流出量	1 900 878 002.75	28.15
投资活动现金流出量	3 051 860 921.63	45.19
筹资活动现金流出量	1 800 956 119.41	26.67
各项活动现金流出量之和	6 753 695 044	100

根据表4-5我们可以看出，2007年华发股份各项活动的现金流出量中，经营活动现金流出量占总流出量的比重为28.15%，投资活动现金流出量占总流出量的比重为45.19%，筹资活动现金流出量占总流出量的比重为26.67%，其中投资活动现金流出量所占比重最大，主要与公司大量资金投资于办公楼有关。

2. 经营活动、投资活动和筹资活动现金流出的内部结构分析

分析经营活动、投资活动和筹资活动产生的现金流出量的内部结构，可以了解企业的现金流分别用于"三项活动"的哪些具体方面。

通过计算经营活动中各项明细所占流出量的比例，可以了解企业的经营活动现金流出的主要用途，找出减小经营活动的现金流出的途径，以便提高企业的盈利水平，并有效利用现金。

$$经营活动产生的现金流出结构比率=\frac{经营活动产生的现金流出明细项目}{经营活动现金流出量小计}\times100\%$$

通过计算投资活动中各项明细所占流出量的比例，可以了解企业的投资活动现金流出的主要用途，以评价资金的使用风险，找到以最小的投入换取最大回报的途径。

$$投资活动产生的现金流出结构比率=\frac{投资活动产生的现金流出明细项目}{投资活动现金流出量小计}\times100\%$$

通过计算筹资活动中各项明细所占流出量的比例，可以了解企业的筹资活动现金流出的主要用途，以便进一步分析如何有效安排企业的资金使用节奏，防止财务危机的出现。

$$筹资活动产生的现金流出结构比率=\frac{筹资活动产生的现金流出明细科目}{筹资活动现金流出量小计}\times100\%$$

下面我们对珠海华发股份有限公司的各项活动内部的现金流出结构进行分析（表 4-6）。

表 4-6　各项活动的现金流出结构分析

项　　目	金额/元	百分比/%
一、经营活动现金流量		
购买商品、接受劳务支付的现金	1 294 123 357.66	68.08
支付给职工以及为职工支付的现金	79 599 865.04	4.19
支付的各项税费	262 826 934.48	13.83
支付的其他与经营有关的现金	264 327 845.57	13.91
经济活动现金流出小计	1 900 878 002.75	100
二、投资活动现金流量		
购建固定资产、无形资产和其他长期资产所支付的现金	2 772 681 507.63	90.85
投资所支付的现金	279 179 414.00	9.15
取得子公司及其他营业单位所支付的现金净额	—	
支付的其他与投资活动有关的现金		
投资活动现金流出小计	3 051 860 921.63	100
三、筹资活动现金流量		
偿还债务所支付的现金	1 605 000 000.00	89.12
分配股利、利润或偿付利息所支付的现金	195 956 119.41	10.88
其中:子公司支付给少数股东的股利、利润		
支付的其他与筹资活动有关的现金	—	
筹资活动现金流出小计	1 800 956 119.41	100

根据表 4-6 我们可以得出，珠海华发股份经营活动现金流出中 68.08%为购

买商品、接受劳务支付的现金,与经营活动产生的现金流入内部项目结构百分比相匹配,现金流出主要来源于主营业务成本;投资活动现金流出中90.85%的现金流出来源于购建固定资产、无形资产和其他长期资产,主要源于公司正处于扩大再生产阶段,大量资金投资于办公楼等固定资产建设;并且由于该公司属于房地产行业,一部分资金用于购买土地,因还未动工建设形成无形资产;筹资活动现金流出中89.12%用于偿还债务所支付的现金,因此该公司应合理安排现金的使用,防止财务危机的发生。

(三)现金流入流出结构

现金流入流出结构反映企业的各项现金活动中现金流入占现金流出的比率。其中,尤以经营活动流入流出比值的分析效果最好。经营活动流入流出比值越大越好,这表明企业等量的现金流出可以换回更多的现金流入;投资活动流入流出随着公司所处经营期不同而不同。当企业处于发展期时,此比值较小;而当企业处于衰退期或缺乏投资机会时,此比值较大。筹资活动流入流出比值反映了企业借款还款的情况。

通过流入和流出结构的历史比较和同业比较,可以得到更有意义的信息。对于一个健康的、正在成长的企业来说,经营活动现金流量应是正数,投资活动的现金流量是负数,筹资活动的现金流量是正负相间的。通过流入和流出结构的历史比较和同业比较,可以看到企业现金结构的发展趋势、经营状况,以及在行业中所处的位置。

各项活动现金流入流出结构比率用公式表示为

$$经营活动现金流入流出比率 = \frac{经营活动现金流入量}{经营活动现金流出量} \times 100\%$$

$$投资活动现金流入流出比率 = \frac{投资活动现金流入量}{投资活动现金流出量} \times 100\%$$

$$筹资活动现金流入流出比率 = \frac{筹资活动现金流入量}{筹资活动现金流出量} \times 100\%$$

同时,在分析现金流量的流入流出结构时,需要注意两个方面:一是对潜在的可及时变现的现金流入适当关注。主要是指那些变现能力较强的有价证券,如股票、债券等。这些资产的变现能力很强,其中债券变现损失的风险又比较小。而一些安全性较高的应收账款也具有较好的流动性。二是不能忽视潜在的现金流出。或有事项中有许多情况可能会导致巨额现金流出,会严重破坏正常的现金流量。如为别的企业借款进行担保、一些未决诉讼等。这些表明,企业财务报告中附注说明也是对企业现金流量真实状况的很好注解。

下面我们对珠海华发股份的现金流入流出结构进行分析(表4-7)。

表 4-7　现金流入流出结构分析

项　目	经营活动	投资活动	筹资活动
流入量/元	4 192 535 092.39	90 678	2 640 000 000
流出量/元	1 900 878 002.75	3 051 860 921.63	1 800 956 119.41
流入量/流出量	2.21	0	1.47

根据表 4-7 我们可以看出，该公司经营活动现金流量为正，投资活动现金流量为负，筹资活动现金流量为正，这是典型的企业高速发展扩张时期的表现。这时该公司的市场占有率提高，销售呈现快速上升趋势，造成经营活动中大量货币资金的回笼。当然为了扩大市场份额，公司仍需要大量追加投资，公司大量资金投资于办公楼就是典型例子。在这里仅靠经营活动现金流量净额远不能满足所追加投资，必须筹集必要的外部资金作为补充，公司该年借款 264 000 万，用于满足日常经营活动和投资的需要。

第三节　现金流量比率分析

对现金流量规模和结构分析，可以从动态角度观察企业现金增减变化情况，并据以预期企业未来的发展状况。由于现金流量信息的使用者不同，对信息的要求也各不相同，为了更好地揭示现金流量状况，通常进行现金流量比率分析。现金流量比率分析是将现金流量某项财务指标与其他报表相关项目指标相对比，从而分析判断企业的经营业绩、财务状况与社会贡献等，并从中可以分析判断报表的真实程度。

通过现金流量比率分析至少应达到三个目的：①投资者、债权人分析后能够预测企业未来利润分配或股利支付的情况以及因清算而能分得或偿还本金的数额；②投资者、债权人能够较准确地估计企业的偿债能力，以及企业可能产生的各种风险的概率；③管理当局能够准确认识企业资产的流动性及资本支出能力，从而为生产经营、投资或筹资活动积累相应的决策依据。因此，要达到上述目的，我们试图从以下五个方面进行比率分析，满足不同信息使用者对现金流量信息的不同需求。

一、与经营有关的比率分析

1. 现金净流量

现金净流量即现金及现金等价物净增加额。该指标具体体现了企业的创现能力。如果现金净流量为正数，说明企业现金净额增加；如果为负数，则反映现金净额减少，其数值直接取决于现金流量表。由于现金流量表由经营活动、投资活动和筹资活动三部分组成的现金净流量组成，因此有必要对各类现金净流量的数额作出具体分析。一般来说，投资活动和筹资活动作为企业理财活动其根本目的是为经营活动服务的，企业赖以生存和发展的应是持续的经营活动。从这一角度看，经营活动现金净流量应是全部现金净流量的主体。现金净流量和经营活动现金净流量作为企业创现能力的分析指标，能够真实直观地反映企业创造的全部现金净流量和通过自身经营活动创造现金净流量的能力。但是，现金净流量指标为绝对数分析指标，而企业有大小、资金有多少，仅仅依靠它对企业创现能力进行分析是不够的，还必须更多进行以下相对数指标的分析。

下面我们对珠海华发股份的现金净流量进行分析（表4-8）。

表 4-8　现金净流量分析　　　　　　　　　　　单位:元

项　　目	2005 年	2006 年	2007 年
经营活动产生的现金流量净额	278 013 215.03	763 054 419.98	2 291 657 089.64
投资活动产生的现金流量净额	2 380 023.96	−618 030 489.14	−3 051 860 921.63
筹资活动产生的现金流量净额	−11 848 509.33	510 697 899.59	839 043 880.59
现金净流量	268 544 729.66	655 721 830.43	78 930 726.6

根据表 4-8 我们可以看出，2007 年华发股份现金净流量比 2006 年小，但是公司经营活动产生的现金流量净额 2007 年大幅上升，说明公司增长潜力较好，投资活动产生的现金流量净额负值很大，主要源于 2007 年公司投资于办公楼和机器设备。

2. 现金销售比率

现金销售比率是指现金流量表中销售商品、提供劳务收到的现金与利润表中的主营业务收入的比率，反映企业在收付实现制下当期营业收入的资金收现情况。计算公式如下：

$$现金销售比率 = \frac{销售商品、提供劳务收到的现金}{营业收入}$$

该指标反映企业的销售质量，与企业的赊销政策有关。如果企业有虚假入账，也会使该指标过低。如果该指标大于 1，说明企业不仅收回了当期的全部销售收入，而且还收回了前期的部分应收账款，同时说明企业销售收入实现后所增加的资产转换现金速度快、质量高；如果该指标等于 1，说明企业本期销售商品、提供劳务收到的现金与主营业务收入一致，没有形成挂账，周转良好；如果该指标小于 1，说明企业挂账收入高，实际收到的现金少，挂账较多，企业主营业务没有创造相应的现金流入，此时应该更加关注企业债权资产的质量。

下面我们对珠海华发股份的现金销售比率进行分析（表 4-9）。

表 4-9　现金销售比率分析

项　目	2005 年	2006 年	2007 年
销售商品、提供劳务收到的现金/元	1 103 680 901.82	1 713 472 953.35	4 114 281 484.66
主营业务收入/元	714 287 495.26	847 000 048.51	2 165 682 909.78
现金销售比率/%	1.55	2.02	1.90

通过表 4-9 我们可以看出，公司的现金销售比率 2007 年为 1.90，大于 1，说明公司不仅收回了当期的全部销售收入，而且还收回了前期的部分应收账款，说明公司销售收入实现后所增加的资产转换现金速度快，质量高。

3. 现金流量充足率

现金流量充足率是指经营活动现金流量净额与负债偿还额、资本支出额及股利支付额之比，可综合反映企业的持续经营和获利能力。计算公式如下：

$$现金流量充足率 = \frac{经营活动现金流量净额}{负债偿还额 + 资本支出额 + 股利支付额}$$

该指标大于或接近 1 时，企业的收益质量较高，持续经营能力强；反之如果比率低于 1，说明收益质量较差。但是该指标并非越高越好。如该指标显著大于 1 时，说明企业有大量的闲置现金找不到合适的投资方向，将会影响到未来的获利能力。

下面我们对珠海华发股份的现金流量充足率进行分析（表4-10）。

表 4-10　现金流量充足率分析

项　目	2005 年	2006 年	2007 年
经营活动现金流量净额/元	278 013 215.03	763 054 419.98	2 291 657 089.64
负债偿还额/元	1 877 940 400	1 683 200 000	1 605 000 000
资本支出额/元	106 015 322.14	633 047 980.2	2 772 681 507.63
股利支付额/元	20 000 000	26 000 000	26 000 000
现金流量充足率/%	0.14	0.33	0.52

通过表 4-10 我们可以看出，2007 年公司的现金流量充足率为 0.52，说明公司经营活动产生的现金流量不能满足于偿付债务、进行固定资产再投资和支付股利，则需依赖于其他来源来支付。公司收益质量偏低，公司应给予关注。

二、与偿债有关的比率分析

偿债能力是指企业偿付各项随时可能到期债务的能力以及保证未来债务及时偿付的可靠程度。由于"现金至上"（cash is king）的观念已经融入现代理财的思想，现金被喻为企业的"血液"。事实上，企业只要有能力保持足够的现金流

量，效益再不好的企业也可以暂时维持；而再优秀的企业如果缺乏基本的现金支
持，也难以逃脱倒闭乃至破产的命运。从企业债务的清偿而言，现金占有明显的
优势。而传统的流动比率是流动资产与流动负债之比，而流动资产体现的是能在
一年内或一个营业周期内变现的资产，包括许多流动性不强的项目，如呆滞的存
货、有可能收不回的应收账款，以及本质上属于费用的待摊费用、待处理流动资
产损失和预付账款等。它们虽然具有资产的性质，但事实上却不能再转变为现
金，不再具有偿付债务的能力。而且，不同企业的流动资产结构差异较大，资产
质量各不相同。因此，仅用流动比率等指标来分析企业的偿债能力，往往有失偏
颇。由于现金净流量是企业偿还债务的最基本资金来源，现金是衡量企业资产质
量的基准资产，利用现金流量指标对偿债能力进行分析，可以弥补流动比率、速
动比率等传统偿债能力分析指标的缺陷，使得偿债能力的分析更具意义。常用的
现金流量偿债能力指标如下。

1. 经营活动现金流量与流动负债比率

$$经营活动现金流量与流动负债比率 = \frac{经营活动现金流量净额}{流动负债} \times 100\%$$

该指标旨在反映本期经营活动所产生的现金净流量足以支付流动负债的可靠
性，可以反映企业经营活动获得现金偿还短期债务的能力，表明了企业短期债务
的安全程度。比率越大，企业资产的流动性越好，说明企业偿债能力越强。与流
动比率和速动比率相比，该指标避免了对非现金资产变现能力的考虑，使其所揭
示的资产流动性更具客观性。但是，由于流动负债中的应付账款、应付工资、应
交税金等项目在经营活动现金净流量的计算中已经被剔除，故在计算经营活动现
金流量与流动负债比率时，分母一般用到期的长期债务与应付票据之和。需要说
明的是，由于经营活动现金流量净额是企业过去一年中的经营成果，而流动负债
是未来一年内必须偿付的短期债务，因此，该指标是通过对过去一年的现金流量
对未来一年现金流量进行估计，以评估其偿债能力的，这一点在分析时需要
注意。

下面我们对珠海华发股份的经营活动现金流量与流动负债比率进行分析（表
4-11）。

表 4-11　经营活动现金流量与流动负债比率分析

项　　目	2005 年	2006 年	2007 年
经营活动现金流量净额/元	278 013 215.03	763 054 419.98	2 291 657 089.64
流动负债/元	860 700 000	100 000 000	310 000 000
经营活动现金流量与 流动负债比率/%	0.32	7.63	7.39

通过表 4-11 我们可以看出，2007 年公司的经营活动现金流量与流动负债比率为 7.39，说明公司的经营活动产生的现金流量可以满足流动负债的需要，企业资产的流动性较好，短期偿债能力较强。

2. 现金比率

现金比率是以现金及现金等价物的期末余额与流动负债之比，反映企业的偿债能力大小。计算公式如下：

$$现金比率 = \frac{现金及现金等价物期末余额}{流动负债} \times 100\%$$

现金比率是所有偿债指标中，如资产负债率、流动比率、速动比率中最直接的指标，它能准确真实地反映出现金及现金等价物对流动负债的担保程度。当指标大于或等于 1 时，说明企业即期债务可以得到立即偿还，比率越高担保程度越高；反之，说明偿债能力较弱。

下面我们对珠海华发股份的现金比率进行分析（表 4-12）。

表 4-12　现金比率分析

项目	2005 年	2006 年	2007 年
现金及现金等价物的期末余额/元	837 507 744.55	1 493 229 574.98	1 572 160 301.58
流动负债/元	1 513 695 847.26	1 998 474 217.94	4 297 348 430.21
现金比率/%	0.55	0.75	0.37

通过表 4-12 我们可以看出，2007 年公司的现金比率为 0.37，反映了公司目前的现金及现金等价物还不足以偿还流动负债的，说明公司的目前偿债能力较弱。

3. 现金负债总额比率

现金负债总额比率是指经营活动现金流量净额与全部负债之比，说明企业偿债能力的大小。计算公式如下：

$$现金负债总额比率 = \frac{经营活动现金流量净额}{全部负债} \times 100\%$$

该指标反映企业在某一会计期间每 1 元负债有多少经营活动现金流量净额来偿还。比率越高，说明偿还债务的能力越强；反之偿债能力较差。

下面我们对珠海华发股份的现金负债总额比率进行分析（表 4-13）。

表 4-13　现金负债总额比率分析

项目	2005 年	2006 年	2007 年
经营活动现金流量净额/元	278 013 215.03	763 054 419.98	2 291 657 089.64
全部负债/元	2 435 713 527.25	4 310 513 158.93	6 973 797 045.01
现金负债总额比率/%	0.11	0.18	0.33

通过表 4-13 我们可以看出，2007 年公司的现金负债总额比率为 0.33，3 年的数据逐年上升，说明公司的偿债能力在不断增强。

4. 现金利息保障倍数

现金利息保障倍数是指经营活动现金流量净额与现金利息支出之比，反映企业用经营活动现金流量净额偿付债务利息的能力。计算公式如下：

$$现金利息保障倍数 = \frac{经营活动现金流量净额}{现金利息支出}$$

由于利息支出是企业日常最主要的债务压力，而且实践证明，一个长期能够正常偿付利息的企业，其出现债务逾期支付的可能性较小，因此根据利息保障倍数设计得出本指标。该指标表明从经营活动中流入的现金净流量为因支付利息所引起的现金流出的倍数，反映企业的总体偿债能力。一般而言，该指标越高，说明企业经营活动创造的现金净流量足以支付企业的债务利息，企业的偿债能力较强，财务风险较小。

下面我们对珠海华发实业股份有限公司的现金利息保障倍数进行分析（表 4-14）。

表 4-14　现金利息保障倍数

项 目	2005 年	2006 年	2007 年
经营活动现金流量净额/元	278 013 215.03	763 054 419.98	2 291 657 089.64
现金利息支出/元	169 956 119	93 202 100	70 408 109
现金利息保障倍数	1.64	8.19	32.55

通过表 4-14 我们可以看出，2007 年公司的现金利息保障倍数为 32.55，远远大于 1。说明该公司经营活动创造的现金净流量足以支付公司的债务利息，公司的偿债能力强，财务风险较小。

5. 现金净流量与流动负债净增加额比率

现金净流量与流动负债净增加额比率是指现金净流量与流动负债净增加额之比，反映企业现金净流量增加是否与流动负债增加同步。计算公式为

$$现金净流量与流动负债净增加额倍数 = \frac{现金净流量}{流动负债净增加额}$$

当该比率的计算结果等于或大于 1 时，表明企业现金增加幅度与流动负债增加幅度同步甚至更快；该比率小于 1 时，要准确判断企业偿债能力，还需结合流动比率与速度比率进行。同前一指标相同的是，如果企业现金净流量与流动负债净增加额不是同方向变动，该比率的计算结果为负值，则该比率不适合用来评价企业现金流量对偿债能力大小的保障倍数。

下面我们对珠海华发股份的现金净流量与流动负债净增加额比率进行分析

(表 4-15)。

表 4-15 现金净流量与流动负债净增加额比率分析

项目	2005 年	2006 年	2007 年
现金净流量/元	268 544 729.66	655 721 830.43	78 930 726.6
流动负债净增加额/元	676 176 715	484 778 370	2 298 874 213
现金净流量与流动负债净增加额倍数/倍	0.40	1.35	0.03

通过表 4-15 我们可以看出，2007 年公司的现金净流量与流动负债净增加额倍数为 0.03，远远小于 1，说明该公司现金增加幅度小于流动负债增加幅度，短期偿债能力较弱。主要源于公司 2007 年现金净流量偏低，主要是公司 2007 年投资于办公楼，使得投资活动产生的现金流量呈现很大的负值。另外，公司 2007 年流动负债增加很大，主要源于预收账款 2007 年期末余额较 2006 年期末余额增长了 142.29％，主要是该公司 2007 年预售华发新城四期、华发九洲花园及华发世纪城的售房款增加幅度较大，且房屋尚未满足交付条件不能确认销售收入所致。

在企业偿债能力分析中，在原有偿债能力分析指标的基础上，结合现金流量指标分析后，由于现金流量指标对原有指标的改进，企业的偿债能力分析将更具直观性。但是，一个企业的偿债能力除资产的规模、质量、流动性等硬件指标外，还受企业一些无形因素的影响，如企业的信用、与银行及其他金融机构的关系以及企业潜在的融资能力等。一个企业偶然的短期财务运作失误并不会必然导致企业破产；如果一个企业因偶然缺乏现金而破产，至少从一个侧面说明企业信用和潜在融资能力的丧失。因而，正确的认识是，现金流量是衡量企业偿债能力和运作状况的重要指标，但绝不是全部。

三、与盈利有关的比率分析

1. 经营现金流量净利率

经营现金流量净利率是指净利润与经营活动现金流量净额之比，反映企业年度内每 1 元经营活动现金流量带来多少净利润，用来衡量经营活动的现金流量的获利能力。计算公式如下：

$$经营现金流量净利率 = \frac{净利润}{经营活动现金流量净额} \times 100\%$$

这一指标是以权责发生制原则计算净利润与收付实现制原则计算的经营活动现金流量净额之比，可评价企业经营质量的优劣，如果企业有虚假利润等就容易判别出来。

下面我们对珠海华发股份的经营现金流量净利率进行分析（表 4-16）。

表 4-16　经营现金流量净利率分析

项　目	2005 年	2006 年	2007 年
净利润/元	128 811 674.62	147 803 078.03	359 087 317.73
经营活动现金流量净额/元	278 013 215.03	763 054 419.98	2 291 657 089.64
经营现金流量净利率/%	46.33	19.37	15.67

通过表 4-16 我们可以看出，2007 年公司的经营现金流量净利率为 15.67%，说明该公司每 1 元的经营活动现金流量净额带来 15.67% 的净利润；且这三年的数据呈下降趋势，说明公司经营活动现金流量净额创造净利润的能力减弱，企业经营质量偏差。公司 2007 年该指标偏低主要源于公司销售商品、提供劳务收到的现金比 2006 年增长了 140.11%，导致公司经营活动现金流量净额增长了 200.33%，公司应给予关注，提高创造利润的能力。

2. 现金流量净利率

现金流量净利率是指净利润与现金及现金等价物净增加额之比，说明企业经营质量的优劣。计算公式如下：

$$现金流量净利率 = \frac{净利润}{现金及现金等价物净增加额} \times 100\%$$

它反映企业每实现 1 元的现金净流量总额所获得的净利润额，获得越多，说明企业经营的效果越好。

下面我们对珠海华发股份的现金流量净利率进行分析（表4-17）。

表 4-17　现金流量净利率分析

项　目	2005 年	2006 年	2007 年
净利润/元	128 811 674.62	147 803 078.03	359 087 317.73
现金及现金等价物净增加额/元	268 544 729.66	655 721 830.43	78 930 726.6
现金流量净利率/%	47.97	22.54	454.94

通过表 4-17 我们可以看出，2007 年公司的现金流量净利率为 454.94%，说明公司每实现 1 元的现金净流量总额所获得的净利润额为 454.94%，说明该公司经营效果很好。

四、与资本有关的比率分析

与资本有关的比率主要有以下几个方面。

1. 自由资本金现金流量比率

自由资本金现金流量比率是指经营活动现金流量净额与自由资本金总额之比，反映企业用自由资本金创造经营现金的能力。计算公式如下：

$$自由资本金现金流量比率=\frac{经营活动现金流量净额}{自由资本金总额}\times100\%$$

自由资本金总额为资产负债表中的"所有者权益"期末余额，它反映了企业的投资者投入的资本及积累进行经营创造现金的能力，比率越高，资本回报能力越强。

下面我们对珠海华发股份的自由资本金现金流量比率进行分析（表4-18）。

表 4-18　自由资本金现金流量比率分析

项　　目	2005 年	2006 年	2007 年
经营活动现金流量净额/元	278 013 215.03	763 054 419.98	2 291 657 089.64
自由资本金总额/元	1 098 421 623.1	1 197 228 688.6	2 267 388 946.13
自由资本金现金流量比率/%	25.31	63.74	101.07

从表4-18我们可以看出，2007年公司的自由资本金现金流量比率为101.07%，说明该公司投资者投入的资本及积累进行经营创造现金的能力强，资本回报能力强。

2. 每股经营现金流量

每股经营现金流量是指经营活动现金流量净额扣除优先股股利与普通股流通在外平均股数之比，说明每股在报告期内产生经营现金的能力。计算公式如下：

$$每股经营现金流量=\frac{经营活动现金净流量-优先股股利}{普通股流通在外平均股数}$$

每股现金净流量反映某一会计年度内发行在外的普通股加权平均每股所获得的经营活动现金净流量，它从一个新的视角，即现金流量角度来反映每一普通股股份的产出效率和分配水平。由于企业股利的支付主要还是取决于经营活动创造的现金净流量，一般而言，源自于企业内部经营活动的现金净流量越充分，每股经营现金流量越大，企业财务弹性和股利支付能力越强。

每股经营现金流量隐含了企业在维持期初现金存量情况下，有能力发放给股东的最高现金股利金额，与每股收益不一定代表公司支付股利能力相比，每股经营现金流量显然更有实际意义、更直接。

下面我们对珠海华发股份的每股经营现金流量进行分析（表4-19）。

表 4-19　每股经营现金流量分析

项目	2005 年	2006 年	2007 年
经营活动现金流量净额/元	278 013 215.03	763 054 419.98	2 291 657 089.64
普通股流通在外平均股数/元	260 000 000	260 000 000	260 000 000
每股经营现金流量/%	1.07	2.93	8.81

通过表 4-19 我们可以看出，2007 年公司的每股经营现金流量为 8.81，且三年的数据呈上升趋势，说明公司财务弹性和股利支付能力强。

3. 现金股利保障倍数

现金股利保障倍数是指经营活动现金流量净额与现金股利之比，是评价企业支付股利的能力。计算公式如下：

$$现金流量保障倍数 = \frac{经营活动现金流量净额}{现金股利}$$

这一比率提供了企业用正常的经营活动现金流量净额来满足支付现金股利能力的证明，是评价企业股利支付能力的主要指标，并在一定程度上体现了企业的股利政策。从理论上讲，该指标应该大于 1，只有这样才说明企业当期创造的经营活动现金流量净额足以支付当期的现金股利；否则企业就需要通过筹资来派发现金股利，这只能说明企业支付股利能力的不足。非股份制企业可用"经营活动现金流量净额分配利润指标"反映其分配投资利润的能力。

下面我们对珠海华发股份的现金股利保障倍数进行分析（表 4-20）。

表 4-20　现金股利保障倍数分析

项目	2005 年	2006 年	2007 年
经营活动现金流量净额/元	278 013 215.03	763 054 419.98	2 291 657 089.64
现金股利/元	20 000 000	26 000 000	26 000 000
现金股利保障倍数	13.90	29.35	88.14

通过表 4-20 我们可以看出，2007 年公司的现金股利保障倍数为 88.14，远远大于 1，说明公司的经营活动产生的现金流量净额足以支付当期的现金股利，股东权益得到很大的保障。

课 后 练 习

一、思考题

1. 什么是现金流量？在我国通常按照什么标准对现金流量进行分类？如何分类？

2. 什么是现金流量表？现金流量表包括哪几部分？

3. 分析不同的现金流量组合的内涵，说明什么组合较为理想？

4. 现金流量表的结构分析包括哪几个方面？并分析现金流量结构变动的合理性？

5. 现金流量的比率分析有哪些？各自分析的重点在哪里？

二、选择题

1. 现金流量表的编制基础是（　　　）

    A. 营运资金   B. 流动资金

    C. 现金和现金等价物   D. 货币资金

2. 综合反映企业是否有足够的现金偿还债务、进行投资以及支付股利和利息等能力的现金流量比率是（　　　）

    A. 现金比率   B. 现金流量充足率

    C. 经营现金流量净利率   D. 现金负债总额比率

3. 下列各项中，不属于筹资活动产生的现金流量是（　　　）

    A. 吸收权益性投资所收到的现金   B. 收回债券投资所收到的现金

    C. 分配现金股利   D. 借入资金所收到的现金

4. 现金流量表主要是反映和列报（　　　）

    A. 经营活动产生的现金流量   B. 投资活动产生的现金流量

    C. 筹资活动产生的现金流量   D. 其他业务产生的现金流量

5. 现金等价物不包括（　　　）

    A. 库存现金   B. 银行存款

    C. 三个月到期的债券投资   D. 短期内准备变现的股票投资

6. 反应净收益质量的主要指标是（　　　）

    A. 经营活动产生的现金流量   B. 投资活动产生的现金流量

    C. 筹资活动产生的现金流量   D. 现金和先进等价物净增加额

7. 下列各项，不在"销售商品、提供劳务受到的现金"项目中反映的是（　　　）

    A. 应收账款的收回   B. 预售销售款

    C. 向购买方收取的增值税销项税额   D. 本期的购货退回

8. 属于与现金流量相关，且评价偿债能力的比率有（　　　）

    A. 每股收益   B. 流动比率   C. 现金比率   D. 速动比率   E. 现金负债总额比率

三、判断题

1. 现金流量表是按照收付实现制编制的。（　　　）

2. 三个月以内到期的债券投资是现金等价物，因此，用银行存款购买三个月内到期的债券不视为现金流量的变动。（　　　）

3. 企业的净现金流量为正，则企业不会是处于亏损状态。（　　　）

4. 计提坏账准备不影响企业的现金流量。（　　　）

四、计算题

M 公司 2007 年度的现金流量如表 1 所示。该公司 2007 年度利润总额为 310 300 万元，所得税率 25%，财务费用 41 500 万元。

表1　2007年度现金流量表　　　　　　　　　　单位:万元

项　目	金　额
经营活动产生的现金流量净额	860 000
投资活动产生的现金流量净额	107 100
筹资活动产生的现金流量净额	16 000
现金及现金等价物净增加额	983 100

计算:

(1) 该年度的利息保障倍数和现金流量利息保障倍数;

(2) 进行经营、投资和筹资活动现金流入的内部结构分析。

五、案例分析题

营口港 (600317) 位于辽东半岛中部,大辽河入海口左岸,西临渤海、辽东湾,与锦州港隔海相望,以辽宁中部城市群为依托,距沈阳市166千米,距大连市204千米,距鞍山市84千米,距盘锦市70千米。背负东北三省及内蒙古东部广阔的经济腹地,是东北三省最近的出海口和第二大开放港口。近年来,随着腹地经济的不断发展,港口货物吞吐量持续快速增长,1995年完成货物吞吐量1135万吨,2000年完成2217万吨,2002年完成3127万吨,2005年完成7500万吨,2007年港口货物吞吐量突破1亿吨。

营口港现辖有营口港区、鲅鱼圈港区,并规划预留了仙人岛港区。两港区陆路距53千米,水路相距35海里。营口港区为内河口岸,一般共低于3000载重吨的船舶挂靠,鲅鱼圈港区自然条件较好,水深浪小、四季通航,为我国北方深水良港之一。

全港区有自然岸线长29.1千米,生产用码头岸线3502米,其中港务局管辖的码头岸线长2554米,拥有陆域面积694万平方米,水域面积30 900万平方米。全港区共拥有生产泊位33个。

主要出口产品有滑石、镁矿、玉米、煤、焦油,进口产品有钢材、化肥、废纸、汽车、杂货等,其中营口港鲅鱼圈作业区主要进口货种是煤炭。

已与日本、朝鲜、新加坡、马来西亚、菲律宾、澳大利亚、美国、加拿大、意大利、独联体以及中国香港、中国澳门等20多个国家和地区有贸易运输往来,同时与日本和中国香港已开通定期班轮,并于1990年与日本的留萌港结为友好港。

营口港A股股票于2002年1月16日成功发行,共募集资金5.9亿元。股份公司上市后经营业绩稳定,股票走势良好,现已完成了资产收购和分公司的设立。目前正着手进行可转换公司债券发行的各项准备工作。

营口港所在的营口市海岸线总长度96千米,长大铁路、沈大高速公路、哈大公路 (202国道) 纵贯南北,庄林公路 (305国道)、大营铁路、营大公路、盖岫公路连接东西,交通十分方便。而且东北地区毗邻俄罗斯、朝鲜半岛、日本等多个国家,营口港在开展货物和集装箱运输方面具有一定的优势。

2008年营口港需要固定资产投资约为5210万元,主要为购置固定机械、流动机械及其他。这笔资金公司将怎样筹集?公司的现金状况能否负担起这笔重大购买事项?下面提供的是营口港五股份公司的财务报表（表2、表3和表4），我们重点需要关注的是现金流量表，并根据这三个报表计算分析营口港的现金流量状况（根据本章的知识，计算分析现金流量项目、规模变动、结构变动和比率）。

表2　资产负债表

2007 年 12 月 31 日

编制单位:营口港股份有限公司　　　　　　　　　　币种:人民币　单位:元

项　　目	期末余额	年初余额
一、流动资产:		
货币资金	67 231 911.99	74 817 171.27
交易性金融资产		
应收票据		4 642 000.00
应收账款	206 279 445.75	226 274 259.99
预付款项	3 814 317.65	22 991 552.02
应收利息		
应收股利		
其他应收款	2 880 233.71	6 320 926.10
存货	47 894 969.96	48 933 118.34
流动资产合计	328 100 879.06	383 979 027.72
二、非流动资产:		
可供出售金融资产		
持有至到期投资		
长期应收款	206 016 648.61	189 301 415.28
长期股权投资		
投资性房地产		
固定资产	2 690 561 108.06	2 406 978 134.65
在建工程	11 826 929.00	2 655 659.42
递延所得税资产	1 260 507.14	1 676 474.50
其他非流动资产		
非流动资产合计	2 909 665 192.81	2 600 611 683.85
资产总计	3 237 766 071.87	2 984 590 711.57

续表

项　目	期末余额	年初余额
三、流动负债：		
短期借款	480 000 000.00	480 000 000.00
交易性金融负债		
应付票据		
应付账款	44 569 819.84	32 693 828.41
预收款项	43 292 648.37	37 914 054.29
应付职工薪酬	1 162 902.81	2 004 481.08
应交税费	37 756 620.47	22 303 399.03
应付利息	1 935 678.25	1 576 091.25
应付股利		
其他应付款	130 459 703.0	66 661 644.35
一年内到期的非流动负债	255 000 000.0	217 500 000.00
其他流动负债		
流动负债合计	994 177 372.7	860 653 498.41
四、非流动负债：		
长期借款	274 000 000.00	334 000 000.00
应付债券		657 529 139.75
长期应付款		
非流动负债合计	274 000 000.0	991 529 139.75
负债合计	1 268 177 372.75	1 852 182 638.16
五、所有者权益：		
实收资本(或股本)	348 785 813.00	257 081 648.00
资本公积	1 170 677 374.0	609 824 155.40
减:库存股		
盈余公积	112 020 489.00	93 558 164.79
未分配利润	338 105 023.10	171 944 105.22
所有者权益合计	1 969 588 699.12	1 132 408 073.41
负债和所有者权益总计	3 237 766 071.87	2 984 590 711.57

表3　利　润　表

2007 年 1 月至 12 月

编制单位:营口港股份有限公司　　　　　　　　　　　币种:人民币　单位:元

项目	本期金额	上期金额
一、营业收入	1 081 615 364.64	897 149 283.15
减:营业成本	725 185 904.68	566 074 744.05
营业税金及附加	34 737 070.62	30 367 958.89
销售费用		
管理费用	49 472 558.05	46 195 523.56
财务费用	62 496 531.41	73 842 157.70
资产减值损失	−1 776 637	25 212 581.00
加:公允价值变动收益		
投资收益	35 827 967.15	26 737 166.66
其中:对联营企业和合营企业的投资收益	35 827 967.15	26 737 166.66
二、营业利润	245 569 033.40	207 153 939.80
加:营业外收入	668 850.27	
减:营业外支出	44 274.95	5 838 587.79
其中:非流动资产处置净损失	44 274.95	5 838 587.79
三、利润总额	246 193 608.72	201 315 352.01
减:所得税费用	61 570 366.63	39 620 580.72
四、净利润	184 623 242.09	161 694 771.29
五、每股收益:		
(一)基本每股收益	0.57	0.64
(二)稀释每股收益	0.57	0.49

表4　现金流量表

2007 年 1 月至 12 月

编制单位:营口港股份有限公司　　　　　　　　　　　币种:人民币　单位:元

项目	本期金额	上期金额
一、经营活动产生的现金流量:		
销售商品、提供劳务收到的现金	801 757 054.50	699 635 332.74
收到的税费返还		
收到其他与经营活动有关的现金	178 520 548.52	146 793 465.58
经营活动现金流入小计	980 277 603.02	846 428 798.32

续表

项目	本期金额	上期金额
购买商品、接受劳务支付的现金	384 037 078.84	303 935 329.91
支付给职工以及为职工支付的现金	83 968 208.76	66 554 144.78
支付的各项税费	233 013 598.79	258 777 849.95
支付其他与经营活动有关的现金	119 276 944.81	117 877 971.08
经营活动现金流出小计	820 295 831.20	747 145 295.72
经营活动产生的现金流量净额	159 981 771.82	99 283 502.60
二、投资活动产生的现金流量:		
收回投资收到的现金		
取得投资收益收到的现金	19 112 733.82	13 859 687.93
处置固定资产、无形资产和其他长期资产收回的现金净额		695 485.50
收到其他与投资活动有关的现金		
投资活动现金流入小计	19 112 733.82	14 555 173.43
购建固定资产、无形资产和其他长期资产支付的现金	81 814 466.34	34 776 299.60
投资支付的现金		
支付其他与投资活动有关的现金		
投资活动现金流出小计	81 814 466.34	34 776 299.60
投资活动产生的现金流量净额	−62 701 732.52	−20 221 126.17
三、筹资活动产生的现金流量:		
吸收投资收到的现金		
取得借款收到的现金	905 000 000.00	878 500 000.00
收到其他与筹资活动有关的现金		
筹资活动现金流入小计	905 000 000.00	878 500 000.00
偿还债务支付的现金	934 133 324.30	752 000 000.00
分配股利、利润或偿付利息支付的现金	60 731 974.28	299 069 070.79
支付其他与筹资活动有关的现金		
筹资活动现金流出小计	994 865 298.58	1 051 069 070.79
筹资活动产生的现金流量净额	−89 865 298.58	−172 569 070.79
四、汇率变动对现金及现金等价物的影响		
五、现金及现金等价物净增加额	7 414 740.72	−93 506 694.36
加:期初现金及现金等价物余额	59 817 171.27	153 323 865.63
六、期末现金及现金等价物余额	67 231 911.99	59 817 171.27

第五章

合并财务报表分析

聚焦弘业股份（600128）

江苏弘业股份有限公司（简称弘业股份）成立于 1979 年 8 月，是江苏工艺品行业最大企业和最早经营工艺品进出口业务的外贸企业，是江苏弘业国际集团最大的子公司。

公司主营进出口贸易，经营商品包括轻工工艺、纺织服装和机电等 40 多个门类，主要品种有服装、鞋帽、玩具、纺织品、抽纱、箱包、日用品、家具、礼品、草柳、文体用品、电动工具和五金工具等。在多年的发展中，公司建立了自己的实业基地和广泛的货源与销售网络，与世界 60 多个国家和地区的客商发展了业务往来，年进出口额超过 2 亿美元。

20 多年来，公司不断深化改革，加强管理，开拓经营，规模和实力日益壮大。从 1990 年起，公司连年进入全国最大 500 家进出口企业行列，创汇和效益在全国同行业中名列前茅。1997 年 9 月 1 日，"弘业股份"股票在上海证券交易所挂牌上市，成为全国工艺品行业第一家上市公司。2000 年 12 月，公司通过 ISO9001 质量管理体系认证，以"顾客至上，质量第一；谋企业发展，树弘业形象。"为质量方针，提高管理水平，树立良好形象。2000 年 4 月，公司创建爱涛网（www. artall. com），开展电子商务。目前，网上贸易发展迅速。2003 年 9 月 26 日，弘业股份通过法国 Coface 认证。在公司发展史上，弘业股份曾被评为江苏省出口创汇先进企业、综合实力前十强企业，以及国家对外经贸系统企业管理先进单位等荣誉称号。

公司未来两年资金需求主要表现为发展外贸主营业务所需的流动资金、爱涛艺术精品连锁项目及船舶贸易业务所需资金、"爱涛天成"项目的建设及运营资金。

- 该公司整体筹资能力和经营实力如何？
- 集团内部有无通过内部交易提高营业额的嫌疑？
- 公司的利润是否属于真实的利润，而非关联交易的结果？
- 集团公司与母公司获取现金的能力如何？在集团内，母公司的地位如何？

本章以江苏弘业股份有限公司为背景，探讨包含以上诸问题在内的合并财务报表的分析。

第一节　合并财务报表概述

一、合并财务报表的含义与内容

合并财务报表是指反映母公司和全部子公司形成的企业集团（以下简称企业

集团）整体财务状况、经营成果和现金流量的财务报表。与个别财务报表（指企业单独编制的财务报表，为了与合并财务报表相区别，将其称之为个别财务报表）相比，合并财务报表反映的是企业集团整体的财务状况、经营成果和现金流量、反映的对象是通常由若干个法人（包括母公司和其全部子公司）组成的会计主体，是经济意义上的主体，而不是法律意义上的主体。

随着我国企业体制改革的深入，一些股份制企业开始公开发行股票，并在上海、深圳证券交易所上市公司，或到中国香港、纽约等海外证券市场上市交易。为了满足海内外证券上市的需要，这些股份制企业均已对外编报企业合并财务报表。中国证监会为规范上市企业会计信息的披露，规定上市公司必须披露其合并财务报表。为满足我国企业集团发展的需要，规范我国上市公司合并会计报表的编报，财政部 1995 年初发布实施了《合并会计报表暂行规定》。为规范合并财务报表的编制和相关信息的披露，财政部在借鉴国际财务报告准则和充分考虑我国特殊国情的基础上，2006 年颁布了《企业会计准则第 33 号——合并财务报表》。该准则以国际上现在通行的实体理论为基础，以控制理念确定合并范围，规范了合并财务报表的编制和列报，适应于企业集团编制合并财务报表。

合并财务报表主要包括合并资产负债表、合并利润表、合并现金流量表、合并所有者权益（或股东权益）变动表和附注，与企业个别财务报表一样，这些合并财务报表及附注分别从不同的方面反映企业集团这一会计主体的经营状况，构成一个完整的合并财务报表体系。

（1）合并资产负债表。合并资产负债表应当以母公司和子公司的资产负债表为基础，在抵销母公司和子公司、子公司相互之间发生的内部交易对合并资产负债表的影响后，由母公司合并编制。

（2）合并利润表。合并利润表应当以母公司和子公司的利润表为基础，在抵销母公司与子公司、子公司相互之间发生的内部交易对合并利润表的影响后，由母公司合并编制。

（3）合并现金流量表。合并现金流量表应当以母公司和子公司的现金流量表为基础，在抵销母公司与子公司、子公司相互之间发生的内部交易对合并现金流量表的影响后，由母公司合并编制。

（4）合并所有者权益变动表。合并所有者权益变动表应当以母公司和子公司的所有者权益变动表为基础，在抵销母公司和子公司、子公司之间相互之间发生的内部交易对合并所有者权益表动表的影响后，由母公司合并编制。

（5）合并财务报表附注。

二、合并财务报表的特点与作用

1. 合并财务报表的特点

合并财务报表是以整个企业集团为一会计主体，以组成企业集团的母公司和子公司的个别财务报表（指企业单独编制的财务报表，为了与合并财务报表相区别，将其称为个别财务报表）为基础，抵销内部交易或事项对个别财务报表的影响后编制而成的。与个别财务报表比较，它具有如下特点：

（1）合并财务报表反映的是母公司和子公所组成的企业集团整体的财务状况、经营成果和现金流量；反映的对象是由若干个法人组成的会计主体，是经济意义上的会计主体；而不是法律意义上的主体；个别财务报表反映则是单个企业法人的财务状况和经营成果，反映的对象是企业法人。对于由母公司和若干个子公司组成的企业集团来说，母公司和子公司编制的个别财务报表分别反映母公司本身或子公司本身各自的财务状况、经营成果和现金流量，而合并财务报表则反映母公司和子公司组成的企业集团这一会计主体综合的财务状况、经营成果和现金流量。

（2）合并财务报表由企业集团中对其他企业有控制权的控股公司或母公司编制。也就是说，并不是企业集团中所有企业都必须合并财务报表，更不是社会上所有企业都需要编制合并财务报表。与此不同，个别财务报表是由独立的法人企业编制，所有企业都需要编制财务会计报表。

（3）合并财务报表以个别财务报表为基础编制。企业编制个别财务报表，从设置账簿、审核凭证、编制记账凭证、登记会计账簿到编制财务报表，都有一套完整的会计核算方法体系。而合并财务报表则不同，它是以纳入合并范围的企业个别财务报表为基础，根据其他有关资料，抵销有关会计事项对个别财务报表的影响编制的，它并不需要在现行会计核算方法体系之外，单独设置一套账簿体系。

（4）合并财务报表编制有其独特的方法。个别财务报表的编制有其自身固有的一套编制方法和程序。合并财务报表则是在对纳入合并范围的个别财务报表的数据进行加总的基础上，通过编制抵销分录将企业集团内部的经济业务对个别财务报表的影响予以抵销，然后合并财务报表各项目的数额编制。

合并财务报表也不同于汇总财务报表。汇总财务报表主要是指由行政管理部门根据所属企业报送的财务报表，对其各项目进行加总编制的会计报表。合并财务报表与其相比，首先是编制目的不同。汇总财务报表的目的主要是满足有关行政部门或国家掌握了解整个行业或整个部门所属企业的财务经营情况的需要；而合并财务报表则主要是满足公司的所有者、债权人以及其他有关方面了解企业集团整体财务状况、经营成果和现金流量的需要。其次，两者确定编报范围的依据不同。汇总财务报表的编报范围，主要是以企业的财务隶属关系作为确定的依据，即以企业是否归其管理，是否是其下属企业作为确定编报范围的依据，凡属于其下属企业，在财务上归其管理，则包括在汇总财务报表的编报范围之内；合并财务报表则是以母公司对另一企业的控制关系作为确定编报范围（即合并范围）的依据，凡是通过投资关系或协议能够对其实施有效控制的企业则属于合并财务报表的编制范围。最后，两者所采用的编制方法不同。汇总财务报表主要采用简单加总方法编制；合并财务报表则必须采用抵销内部投资、内部交易、内部债权等内部会计事项对个别财务报表的影响后编制。

2. 合并财务报表的作用和局限性

我们认为，合并财务报表的信息主要对母公司的股东、母公司的管理层有着积极的意义，主要表现为：

（1）展示以母公司所形成的企业集团的资源规模及其结构。合并财务报表可以展示以上市公司为母公司所形成的纳入合并报表编制范围的企业集团所"存在"的资源规模及其结构。在上市公司较少进行经营活动、以对外股权投资为主的条件下，仅仅分析上市公司自身的报表将难以分析企业的资产结构。此时，对合并报表的分析将十分重要。这就是说，透过合并资产负债表，母公司股东和管理层可以了解以母公司控制方的企业集团的资源结构及其分布情况。

（2）合并财务报表有利于避免一些企业集团利用内部控股关系，人为粉饰财务报表情况的发生。控股公司的发展也带来了一系列新的问题，一些控股公司利用对子公司的控制和从属关系，运用内部转移价格等手段，如低价向子公司提供原材料，高价回收子公司产品，出于避税考虑而转移利润；再如通过高价对企业集团内的其他企业销售，低价购买其他企业的原材料，转移亏损。通过编制合并财务报表，可以将企业集团内部交易所产生的收入及利润予以抵销，使会计报表反映企业企业集团客观真实的财务状况、经营成果和现金流量，有利于防止和避免控股公司人为操纵利润，粉饰财务报表现象的发生。

（3）揭示内部关联方交易的程度。合并财务报表可以揭示内部关联方交易的程度。我们这里的内部关联方是指以上市公司为母公司所形成的纳入合并报表编制范围的有关各方。内部关联方交易在进行合并报表编制时均需被剔除，在合并财务报表中不予反映。

由此可推断，集团内部依赖关联方交易的程度越高，经过合并抵销后，相关项目的合并金额就应该越小。受关联方交易影响的主要项目有应收账款、存货、长期投资、应付款项、营业收入、营业成本、投资收益等。

（4）比较相关资源的相对利用效率，揭示企业集团内部管理的薄弱环节。合并财务报表可以帮助我们通过比较相关资源的相对利用效率来揭示企业集团内部管理薄弱环节。例如，可以通过比较合并财务报表与上市公司报表的固定资产、存货、货币资金、营业收入、营业成本等项目，了解在上市公司和上市公司以外的其他纳入合并报表编制范围的公司之间，哪一部分资产的利用效率更高一些。例如，通过比较两个报表的毛利率（可以近似地用主营业务利润与主营业务收入的比来代替）差异，我们可以确定母子公司基本的获利能力；通过比较各项经营性费用绝对额以及费用率，我们可以分析母子公司费用发生的特点与相对比率。

同时合并财务报表也存在一些局限性，主要表现在：

（1）合并子公司向母公司转移现金的能力可能会受到某些因素的限制，如果子公司直接进行外部融资的话，这种情况就有可能发生。当存在这些限制因素时，部分合并现金流量表可能无法用来分发股利或者对其他子公司进行再投资。相对于没有受到限制的现金流而言，限制性现金流价值较低。

（2）常规的比率分析方法在很大程度上失去意义。就个别企业而言，对其财务状况的分析，可以采用常规的比率分析方法来进行。但是，在合并财务报表条件下，合并财务报表不反映任何现存企业的财务状况和经营成果，因此，再对合并财务报表进行常规的比率分析将在很大程度上失去意义。例如，计算某公司的毛利率，因为这个公司拥有数目众多的子公司和业务部门，计算出来的毛利率是各个不同行业毛利率的一个加权平均值，基本没有任何比较的意义。因此，在使用合并财务报表时，采用常规比率分析方法时应对其保持谨慎。

（3）合并财务报表不具有针对集团内特定企业决策的依据性。对于信息使用者而言，他们需要作的决策（如交易、借贷、投资等决策）是针对集团内的母公司和子公司的，而不是针对并不实际开展经营活动的虚拟的"集团"这一会计主体的。因此，合并财务报表对信息使用者的决策并不具有重要参考价值。

三、合并财务报表特殊项目的解释

1. 合并财务报表的编制原则

合并财务报表作为财务报表，必须符合财务报表编制的一般原则和基本要求。这些基本要求包括真实可靠、全面完整和编报及时。合并财务报表又与个别财务报表不同，它反映母公司和子公司组成的企业集团整体财务情况，反映的是若干个法人共同形成的会计主体的财务情况。因此，合并财务报表的编制除遵循财务报表编制的一般原则和要求外，还应当遵循以下原则和要求：

（1）以个别财务报表为基础编制。合并财务报表并不是直接根据母公司和子公司账簿编制，而是利用母公司和子公司编制的反映各自财务状况、经营成果和现金流量的财务报表提供的数据，通过合并财务报表的特有方法进行编制。以纳入合并范围的个别财务报表为基础，可以说是客观性原则在合并财务报表编制时的具体体现。

（2）一体性原则。合并财务报表反映的是企业集团的财务状况、经营成果和现金流量，反映由多个法人企业组成的一个会计主体的财务状况，在编制合并财务报表时应当将母公司和所有子公司作为整体来看待，视为同意会计主体，母公司和子公司发生的经营活动都应当从企业集团这一整体的角度进行考虑。因此，在编制合并财务报表时，对于母公司和子公司、子公司相互之间发生的经济业务，应当视同同一会计主体内部业务处理，视同统一会计主体之下不同核算单位的内部业务。

（3）重要性原则。与个别财务报表相比，合并财务报表涉及多个法人主体，涉及经营活动的范围很广，母公司与子公司经营活动往往跨越不同行业界限，有时母公司与子公司经营活动甚至相差很大。这样，合并财务务报表要综合反映这些会计主体的财务状况，必然要涉及重要性的判断问题。特别是在拥有众多子公司的情况下，更是如此。如一些项目在企业集团中的某一企业具有重要性，在这种情况下根据重要性原则的要求对财务报表项目进行取舍，具有重要的现实意义。此外，母公司与子公司、子公司相互之间发生的经济业务，对整个企业集团财务状况、经营活动和现金流量影响不大时，为简化合并手续也应根据重要性原则进行取舍，可以不编制抵销分录而直接编制合并财务报表。

2. 统一母子公司的会计政策和会计期间

会计政策，是指企业在会计确认、计量和报告中所采用的原则、基础和会计处理方法。其中，原则是指企业按照企业会计准则制定的企业内部从事会计工作所采用的会计原则；基础是指企业按照企业会计准则制定的企业内部从事会计工作所采用的基础；会计处理方法是指企业按照企业会计准则在诸多可选择的会计处理方法中所选择的、适合于企业具体情形的会计处理方法。只有在财务报表各项目反映内容一致的情况下，才能对其进行加总，编制合并财务报表。为此，在编制合并财务报表前，母公司应当统一子公司所采用的会计政策，使子公司采用的会计政策与母公司保持一致。子公司所采用的会计政策与母公司不一致的，应当按照母公司的会计政策对子公司财务报表进行必要的调整，或者要求子公司按照母公司的会计政策另行编报财务报表。

财务报表总是反映一定日期的财务状况和一定会计期间的经营成果的，母公司和子公司的个别财务报表只有在反映财务状况的日期和反映经营成果的会计期间一致的情况下，才能进行合作。为了编制合并财务报表，母公司应当统一子公司的会计期间，使子公司的会计期间与母公司保持一致。子公司的会计期间与母公司不一致的，应当按照母公司的会计期间对子公司财务报表进行调整，或者要求子公司按照母公司的会计期间另行编报财务报表。

四、合并财务报表的分析方法

　　总的来说，合并财务报表的格式和结构与个别财务报表并无太大差别，其反映的经济内容也大体一致，但由于合并财务报表是针对特定主体的，因而在涉及资本、利润等方面时，与个别会计报表还是有一些差别的。为了更深入地进行合并财务报表分析，我们根据下面的合并财务报表分析程序进行分析：

　　首先，掌握企业集团的形态。企业集团的形态因构成企业的行业以及集团化的程度等而异，企业集团的形态对合并财务报表的数据有很大关系。比如，集团内部企业间的融资会影响到合并资产负债表的数据。因此，进行合并财务报表分析时，了解和分析企业集团的实际状况和特点非常重要。例如：①母公司、子公司的业务内容；②母公司持有子公司的股份比率；③母子公司间的交易内容和资金借贷关系；④母公司向子公司派遣管理人员的情况。

　　其次，确认合并原则和会计准则。对多个企业集团进行合并财务报表分析时应注意各个集团的合并原则可能不一样。特别是所遵循的不同国家的合并会计准则，合并财务报表所反映的内容也不一样。在我国，发行外资股的公司，"可以提供按国际会计准则或者境外主要募集行为发生地会计准则调整的财务报告"。对发行外资股的企业集团，应注意所利用的分析资料在会计准则的应用上是否同质。

　　最后，比较合并财务报表和个别财务报表。因为合并财务报表是以个别财务报表为基础编制而成的，分析时结合母公司和子公司的个别财务报表分析，掌握其对合并财务报表数据的影响对正确判断企业集团的经营成果、财务状况和现金流量很有用处。一般来说，由于编制合并财务报表时要对合并企业之间的债权债务以及内部交易进行抵销，与个别财务报表比较来看的话，经营成果的变动幅度会比较明显，经营状况的变化比较容易读解，这可以为母公司的财务报表分析提供有用的信息。而且，通过对合并财务报表和个别财务报表的比较，还可能发现利用子公司的利润操纵。

第二节　合并资产负债表的分析

一、合并范围的确定

　　下面我们以江苏弘业股份有限公司为例，首先我们应确定该公司的合并范围，然后分别合并其资产负债表。表5-1总结了江苏弘业股份有限公司子公司的情况。

表 5-1　江苏弘业股份有限公司子公司的情况

公司名称	业务性质	所占权益/%	注册资本/万元	公司投资额/万元	资产规模/元	净利润/元
江苏爱涛文化艺术有限公司	环境艺术工程设计、装潢	78.702	1000	787.02	18 635 269.91	838 769.56
江苏爱涛艺术精品有限公司	工艺美术制造	92.36	216 532	19 998.376	361 319 712.21	299 687.80
江苏蔺艺草制品有限公司	工业品制造	90.00	1500	1350	14 849 535.20	−1 097 466.37
江苏省工艺品进出口集团扬州贸易有限公司	商品流通	60.00	50	30	30 873 918.23	70 064.75
江苏爱涛服饰有限公司	商品流通	60.00	600	360	16 254 377.92	755 020.01
江苏弘业礼品有限公司	商品流通	60.00	1200	720	42 783 889.49	6 787 863.66
江苏弘业华龙贸易有限公司	商品流通	60.00	300	180	9 916 791.98	−649 475.07
江苏弘业工艺品有限公司	商品流通	60.00	500	300	24 370 953.57	1 790 431.91
江苏爱涛贸易有限公司	商品流通	70.60	500	353	14 633 064.90	144 771.67
南京爱涛玩具有限公司	商品流通	60.00	600	360	44 032 101.41	4 142 290.58
南京爱涛机电有限公司	商品流通	60.00	300	180	13 403 850.41	190 691.18
江苏弘业轻工业品有限公司	商品流通	60.00	300	180	17 151 469.32	1 077 684.57
江苏弘业服饰有限公司	商品流通	64.00	500	180	13 633 385.57	331 339.99

续表

公司名称	业务性质	所占权益/%	注册资本/万元	公司投资额/万元	资产规模/元	净利润/元
南京爱涛礼品有限公司	礼品、玩具加工生产	50.00	300	210	22 720 692.79	1 778 666.58
南京爱涛轻工业品有限公司	商品流通	60.00	350	210	23 040 915.56	1 396 183.11
江苏弘业水盛进出口有限公司	商品流通	45.00	500	225	80 589 375.48	680 182.50
南通弘业进出口有限公司	商品流通	60.00	300	180	23 661 409.97	800 294.04
南京弘业鞋业有限公司	商品流通	60.00	220	132	20 740 160.49	1 498 549.60
南京弘业福齐贸易有限公司	商品流通	65.00	150	97.5	5 118 192.25	212 720.60
南京洪顺鞋业有限公司	工业鞋、玩具生产销售	70.00	90	63	3 957 680.83	21 343.97
江苏爱涛物业管理有限公司	物业管理	70.00	500	350	17 230 223.86	1 212 704.24
江苏淮安弘业贸易有限公司	商品流通	60.00	100	60	7 861 707.35	−180 291.30
无锡弘业服饰整理有限公司	服装生产加工	52.38	105	55	399 516.76	−111 400.82
上海怡达国际贸易有限公司	商品流通	90.00	200	180	4 584 283.48	−11 814.66
南京弘顺帽业有限公司	商品流通	80.00	100	63	7 679 896.10	200 301.20
江苏弘业南通贸易有限责任公司	商品流通	76.00	100	76	4 506 810.17	180 555.19
南京新中海物业管理有限责任公司	物业管理	51.00	100	51	2 104 600.48	44 947.07
南京爱涛技术培训学校	物业管理	100.00	10	10	224 759.53	16 780.58
合计			32 128.00		846 881 935.22	22 421 396.14

　　江苏弘业股份有限公司对江苏弘业水盛进出口有限公司的投资比例虽未达到50％以上，但由于公司具有实质控制权，因此纳入合并报表范围。

　　江苏爱涛文化艺术有限公司的股权期初由母公司所有，2007 年 6 月全部转让给公司持股 92.36％的江苏爱涛艺术精品有限公司持有，因此应纳入合并范围。

　　公司持有南京爱涛礼品有限公司 50％的股权，公司持股 60％的南京安涛玩具有限公司持有其 20％的股权，合计持有其 70％的股权，应该纳入合并范围。

　　无锡弘业服饰整理有限公司由公司持股 45％的江苏弘业水盛进出口有限公司持有 52.38％股权，但是由于公司对江苏弘业水盛进出口有限公司有实际控制权，则公司对其控股的无锡弘业服饰整理有限公司也具有控制权，应纳入合并范围。

　　南京新中海物业管理有限责任公司由公司持股 70％的江苏爱涛物业管理有限公司持有 51％的股权，则公司实际对其有控制权，应纳入合并范围。

　　南京爱涛技术培训学校由公司持股 70％的江苏爱涛物业管理有限公司持有100％的股权，则公司实际对其有控制权，应纳入合并范围。

　　另外，上期纳入合并报表范围的子公司江苏爱涛信息产业有限公司已于2007 年 4 月 25 日注销，故本期只合并了其 2007 年 1～4 月的利润表。本期相比较上期新增合并南京新中海物业管理有限责任公司。

二、合并资产负债表分析

　　合并资产负债表应当是反映企业集团某一特定日期财务状况的财务报表，由合并资产、负债和所有者权益各项目组成。在进行分析前，我们首先应对合并资产负债表的编制程序进行了解，然后对合并资产负债表进行详尽分析。

（一）合并资产负债表的格式和内容

　　合并资产负债表格式综合考虑了企业集团中一般工商企业和金融企业（包括商业银行、保险公司和证券公司等）的财务状况列报的要求，与个别资产负债表的格式基本相同，主要增加了三个项目：一是在"无形资产"项目下增加了"商誉"项目，用于反映非同一控制下企业合并中取得的商誉，即在控股合并下母公司对子公司的长期股权投资（合并成本）大于其在购买日子公司可辨认净资产公允价值份额的差额。二是在所有者权益项目下增加了"归属于母公司所有者权益合计"项目，用于反映企业集团的所有者权益中归属于母公司所有者权益的部分，包括实收资本（或股本）、资本公积、库存股、盈余公积、未分配利润和外币报表折算差额等项目的金额。三是在所有者权益项目下，增加了"少数股东权益"项目，用于反映非全资子公司的所有者权益中不属于母公司的份额。四是在

"未分配利润"项目之后，"少数股东权益"项目之前，增加了"外币报表折算差额"项目，用于反映境外经营的资产负债表折算为人民币表示的资产负债表时所发生的折算差额中归属于母公司所有者权益的部分。合并资产负债表的一般格式如表 5-2 所示。

表 5-2 合并资产负债表

编制单位：江苏弘业股份有限公司　　2007 年 12 月 31 日　　　　　　单位：元

项目	期末余值	年初余额
一、流动资产：		
货币资金	730 256 040	338 090 111.40
交易性金融资产	—	—
应收票据	3 500 000.00	—
应收账款	90 705 866.15	87 707 834.19
预付款项	162 934 599.13	92 991 890.85
应收股利	—	—
其他应收款	84 397 506.25	128 239 604.10
存货	75 892 571.37	76 263 830.32
流动资产合计	1 147 686 582.72	723 293 270.86
二、非流动资产：		
可供出售金融资产	165 141 412.22	55 833 100.39
持有至到期投资	—	—
长期应收款	—	—
长期股权投资	133 931 028.48	102 503 820.12
投资性房地产	183 325 125.52	189 616 337.69
固定资产	251 312 142.92	169 378 049.76
在建工程	5 628 460.89	74 397 523.36
工程物资	46 042.00	1 119 092.00
无形资产	7 005 656.52	7 237 709.40
开发支出	—	—
商誉	—	—
长期待摊费用	1 938 655.39	2 907 776.27
递延所得税资产	2 259 610.05	3 573 165.69
其他非流动资产	—	—
非流动资产合计	750 588 133.99	606 576 302.16
资产总计	1 898 274 716.71	1 329 869 573.02
三、流动负债：		
短期借款	92 211 669.34	45 153 837.41
交易性金融负债	—	—
应付票据	21 426 729.50	44 765 941.10

续表

项目	期末余值	年初余额
应付账款	121 480 153.65	131 090 457.38
预收款项	180 728 661.77	108 541 558.06
应付职工薪酬	14 172 728.03	16 326 066.17
应交税费	1 782 066.01	5 021 504.78
应付利息	—	
应付股利	1 639 138.77	1 612 815.63
其他应付款	593 477 555.67	2 408 851 683.48
流动负债合计	1 026 918 702.74	593 397 349.01
四、非流动负债：		
长期借款	—	
长期应付款	12 256 753.71	12 003 323.47
预计负债	32 264 802.41	9 451 615.87
递延所得税负债	32 264 802.41	9 451 615.87
其他非流动负债		
非流动负债合计	60 521 556.12	37 454 939.34
负债合计	1 087 440 258.86	630 852 288.38
五、所有者权益（或股东权益）：		
实收资本（或股东）	199 447 500.00	199 447 500.00
资本公积	339 476 833.08	253 812 251.43
减：库存股	—	—
盈余公积	82 246 349.47	78 594 969.54
未分配利润	122 615 873.57	101 936 091.12
归属于母公司所有者权益	743 786 556.12	633 790 812.09
少数股东权益	67 047 901.73	65 226 472.58
所有者权益合计	810 834 457.85	699 017 284.67
负债和所有者权益总计	1 898 274 716.71	1 330 869 573.02

（二）合并资产负债表项目分析

1. 总体变动情况分析

江苏弘业股份有限公司（以下简称公司）原名江苏省工艺品进出口集团股份有限公司，于 1994 年 6 月经江苏省体改委苏体改生［1994］280 号文《关于同意设立江苏省工艺品进出口集团股份有限公司的批复》批准，由江苏省工艺品进出口（集团）公司改制设立，并于 1994 年 6 月领取企业法人营业执照。

1997 年 9 月公司经批准向社会公开发行人民币普通股 3500 万股（每股面值 1 元），发行后总股本为 11 648.75 万股。

2000 年 7 月公司经批准向全体股东配售 1306.75 万股普通股;2000 年 8 月公司以 1999 年末总股本 11 648.75 万股为基数,以公积金转增股本,每 10 股转增 6 股,共计转增 6989.25 万股,配售和转增后的总股本为 19 944.75 万股。

公司经营范围:自营和代理各类商品及技术的进出口业务包括木材商品的进口,经营进料加工和"三来一补"业务,开展对销贸易和转口贸易、实业投资和国内贸易。公司的业务范围包括以下三个方面:一是传统进出口贸易;二是船舶业务;三是文化及相关产业。

2007 年公司总资产为 189 827.47 万元,负债为 108 744.03 万元,所有者权益为 81 083.45 万元,资产负债率为 0.57。合并财务报表 2007 年的财务状况和 2006 年相比的变动情况如表 5-3 所示。

表 5-3   合并资产负债表主要项目变动分析   单位:元

序号	项目	2007 年 12 月 31 日	2006 年 12 月 31 日	增减/%
1	总资产	1 898 274 716.71	1 329 869 573.02	42.74
2	货币资金	730 256 040	338 090 111.40	115.99
3	预付账款	162 934 599.13	92 991 890.85	75.21
4	其他应收款	84 397 506.25	128 239 604.10	−34.19
5	可供出售金融资产	165 141 412.22	55 833 100.39	195.78
6	长期股权投资	133 931 028.48	102 503 820.12	30.66
7	固定资产	251 312 142.92	169 378 049.76	48.37
8	在建工程	5 628 460.89	74 397 523.36	−92.43
9	长期待摊费用	1 938 655.39	2 907 776.27	−33.33
10	递延所得税资产	2 259 610.05	3 573 165.69	−36.76
11	短期借款	92 211 669.34	45 153 837.41	104.22
12	应付票据	21 426 729.50	44 765 941.10	−52.14
13	预收账款	180 728 661.77	108 541 558.06	66.51
14	应交税金	14 172 728.03	16 326 066.17	−64.51
15	其他应交款	1 782 066.01	5 021 504.78	146.37
16	递延所得税负债	32 264 802.41	9 451 615.87	241.37
17	资本公积	339 476 833.08	253 812 251.43	33.75

增减变动原因如下:

(1) 总资产增长 42.74%,主要是本期船舶代理出口预收款增加和可供出售金融资产公允价值的增长。

(2) 货币资金增长 115.99%,主要是代理船舶出口业务,本期收到的船舶合同预付款的增加。

（3）预付款项增长 75.21%，主要是新增驳船出口业务预付建造款，购买船用主机等设备垫资以及收购货源预付工厂贷款增加。

（4）其他应收款减少 34.19%，主要是出口商品退税速度加快，本期收到的应收出口退税款的增加。

（5）可供出售金融资产增长 195.78%，主要是公司持有股票的市值增加。

（6）长期股权投资增加 30.66%，主要是对联营企业增加投资及联营企业权益增加。

（7）固定资产增长 48.37%，主要是本期"爱涛天成"项目二期完工结转。

（8）在建工程减少 92.43%，主要是本期"爱涛天成"项目二期完工转入固定资产。

（9）长期待摊费用减少了 33.33%。

（10）递延所得说资产减少 39.76%，主要是期末按 25%的所得税税率调减递延所得税资产。

（11）短期借款增长 104.22%，主要是本期新增驳船出口业务预付进度款，以及订购出口商品预付工厂货款的增加，通过银行借款补充流动资金。

（12）应付票据减少 52.14%，主要是本期承兑了到期的银行承兑汇票。

（13）预收账款增长 66.51%，主要是国外客户预付货款的增加。

（14）应交税金减少 64.51%，主要是期末增值税进项税额的增加及应交企业所得税的减少。

（15）其他应付款的增长 146.37%，主要是代理船舶出口业务，本期收到的船舶合同预付款的增加。公司与国内造船公司作为共同卖方，与买方（国外船东公司）签订了船舶建造合同。公司负责联合签订外销合同、向银行申请开具卖方退款保函、监控船只建造质量和进度；国内造船公司则在公司的监控下建造船只并按期交船。根据公司与造船公司的合同约定，公司为上述项目开设专用账户，船东公司的各期预付款以及交船款先汇入公司专用账户，并专项用于船厂造船业务，由公司、船厂和银行三方共同监管。公司在其他应付款核算预收船东公司及支付造船公司的款项。

由于上述业务本期增长较多，期末预收船东公司的款项较大，故公司期末其他应付款余额较年初增长较大，本期收到的其他与经营活动有关的现金较上期亦增长较大。

（16）递延所得税负债增长 241.37%，主要是期末可供出售金融资产公允价值增长。

（17）资本公积增长 33.75%，主要是期末可供出售金融资产公允价值的增长。

2. 一般项目分析

合并资产负债表的一般项目分析，主要是比较合并前后母子公司主要项目的增减变动情况。我们也可以用倍数分析方法进行分析，如表 5-4 所示。

表 5-4　合并资产负债表与母公司资产负债表比较

2007 年 12 月 31 日　　　　　　　　　　　　　　单位：元

项目	2007 年 12 月 31 日		合并倍数
	合并	母公司	
一、流动资产：			
货币资金	730 256 040	577 977 654.64	1.26
交易性金融资产	—	—	
应收票据	3 500 000.00	—	
应收账款	90 705 866.15	577 047.15	157.19
预付款项	162 934 599.13	50 215 338.20	3.24
应收股利	—	9 504 100.00	
其他应收款	84 397 506.25	47 096 025.52	1.79
存货	75 892 571.37	7 194 319.81	10.55
流动资产合计	1 147 686 582.72	692 544 485.32	1.66
二、非流动资产：			
可供出售金融资产	165 141 412.22	156 344 692.22	1.06
长期股权投资	133 931 028.48	366 064 500.69	0.37
投资性房地产	183 325 125.52	22 920 849.43	8.00
固定资产	251 312 142.92	129 567 748.82	1.97
在建工程	5 628 460.89	370 947.89	15.17
工程物资	46 042.00	—	
无形资产	7 005 656.52	7 003 056.52	1.00
开发支出	—	—	
商誉			
长期待摊费用	1 938 655.39	1 550 285.49	1.25
递延所得税资产	2 259 610.05	1 386 646.12	1.63
非流动资产合计	750 588 133.99	685 208 727.08	1.10
资产总计	1 898 274 716.71	1 377 753 212.40	1.38
三、流动负债：			
短期借款	92 211 669.34	35 000 000.00	2.63
交易性金融负债	—	—	

续表

项目	2007 年 12 月 31 日		合并倍数
	合并	母公司	
应付票据	21 426 729.50	19 490 000.00	1.10
应付账款	121 480 153.65	4 375 239.60	27.77
预收款项	180 728 661.77	67 594 920.97	2.67
应付职工薪酬	14 172 728.03	10 677 256.95	1.33
应交税费	1 782 066.01	−6 227 467.22	−0.29
应付股利	1 639 138.77	118 386.10	13.85
其他应付款	593 477 555.67	468 626 559.51	1.27
流动负债合计	1 026 918 702.74	599 664 895.91	1.71
四、非流动负债：			
长期借款	—		
长期应付款	12 256 753.71	—	
预计负债	32 264 802.41	16 000 000.00	2.02
递延所得税负债	32 264 802.41	31 910 016.27	1.01
非流动负债合计	60 521 556.12	47 910 016.27	1.26
负债合计	1 087 440 258.86	647 574 912.18	1.68
五、股东权益：			
股本	199 447 500.00	199 447 500.00	1.00
资本公积	339 476 833.08	328 079 579.44	1.03
减：库存股	—	—	
盈余公积	82 246 349.47	82 246 349.47	1.00
未分配利润	122 615 873.57	120 404 871.31	1.02
归属于母公司所有者权益合计	743 786 556.12		
少数股东权益	67 047 901.73		
所有者权益合计	810 834 457.85	730 178 300.22	1.11
负债和所有者权益总计	1 898 274 716.71	1 377 753 212.40	1.38

（1）总资产分析。合并财务报表的总资产金额与母公司个别财务报表的总资产金额相比，增加额很小的话，可能存在如下情况：①集团内部存在大量累计损失的企业；②集团内部存在大额未实现损益的内部交易；③母、子公司间存在大量的债权债务。

江苏弘业股份有限公司总资产的合并倍数为 1.38，其中流动资产合并倍数为 1.66，非流动资产合并倍数为 1.10，说明合并资产和母公司的资产相比，流动资产增加相对比较多，非流动资产增加较少。

（2）应收、应付账款分析。一般情况下，在横向合并的企业集团中，母公司和子公司之间的交易不会太多。因此，由于母、子公司之间的债权债务抵销金额不会很大，合并财务报表所反映的应收、应付账款金额应该比母公司个别财务报表所反映的金额小。

江苏弘业股份有限公司应收账款的合并倍数为157.19、应付账款的合并倍数为27.77，合并应收账款和应付账款比母公司应收账款增加很多，说明母公司和子公司之间内部债权债务抵销较少，我们从该公司年报附注中也可以看出，公司应收账款的增加绝大部分为应收外汇账款，母子公司之间的交易较少，合并资产负债表中的应收账款和应付账款为子公司的应收应付。

（3）存货分析。合并财务报表所反映的存货金额比母公司个别财务报表所反映的金额增加很多的话，可能存在如下情况：①子公司的销售有困难；②母公司将存货转移给了子公司；③存货内部销售未抵销。

江苏弘业股份有限公司存货合并倍数为10.55，说明母子公司之间的交易较少，合并资产负债表中的存货绝大部分为子公司的存货。

（4）债权债务的分析。因集团内部的资金借贷产生的债权债务在编制合并财务报表时会被抵销，因此合并财务报表所反映的金额与母公司个别财务报表所反映的金额相比会减少，但如果减少额异常的话，应该考虑母公司是否给予了子公司很多的资金援助。

江苏弘业股份有限公司预付款项合并倍数为3.24，其他应收款合并倍数为1.79，预收款项为2.67，其他应付款为1.27，合并债权债务比母公司债权债务都增加，说明公司内部一部分债权债务已经抵销，但是还有一部分不是内部债权债务形成的，不能够抵销。

（5）固定资产分析。合并财务报表所反映的固定资产金额应该比母公司的增加。但是，增加的程度因被并资公司的企业形态而异。制造业的子公司多的话，固定资产的增加额就比较大。

江苏弘业股份有限公司固定资产的合并倍数为1.97，在建工程合并倍数为15.17，说明母子公司之间固定资产内部抵销较少。在建工程合并倍数较高源于2007年第二次临时股东大会审议通过，原投入江苏爱涛信息有限公司的1080万元募集资金全部投入江宁淳化玩具厂项目，在建工程项目增加很多。

（6）长期股权投资的分析。合并财务报表反映的长期股权投资金额应该比母公司的长期股权投资金额减少，因为集团内部存在长期股权投资与内部子公司所有者权益项目的抵销。

江苏弘业股份有限公司长期股权投资合并倍数为0.37，小于1，说明集团内部存在长期股权投资与子公司所有者权益项目的抵销，使得合并倍数小于1。

(7) 未分配利润的分析。合并财务报表与母公司个别财务报表相比未分配利润增加的话，说明被合并子公司的盈利能力比较强。如果减少的话，说明被合并子公司中有亏损企业。

江苏弘业股份有限公司未分配利润合并倍数为1.02，说明被合并子公司的盈利能力较强，但是内部也有亏损企业使得整体盈利能力提高的幅度不大。

3. 特殊项目分析

特殊项目分析，主要是合并资产负债表和母公司资产负债表相比，增加的一些特殊项目。主要有商誉、归属于母公司所有者权益合计、少数股东权益、外币报表折算差额。

(1) "商誉"项目。在"无形资产"项目之下增加了"商誉"项目，用于反映非同一控制下企业合并中取得的商誉，即在控股合并下母公司对子公司的长期股权投资（合并成本）大于其在购买日子公司可辨认净资产公允价值份额的差额。

江苏弘业股份有限公司合并资产负债表本项目为零，说明该母公司对子公司的长期股权投资小于或等于其在购买日资公司可辨认净资产公允价值份额的差额。

(2) "归属于母公司所有者权益合计"项目。在所有者权益项目下增加了"归属于母公司所有者权益合计"项目，用于反映企业集团的所有者权益中归属于母公司所有者权益的部分，包括实收资本（或股本）、资本公积、库存股、盈余公积、未分配利润和外币报表折算差额等项目的金额。

江苏弘业股份有限公司该项目金额为74 378.66万元，用于反映企业集团的所有者权益中归属于母公司所有者权益的部分。

(3) "少数股东权益"项目。在所有者权益项目下，增加了"少数股东权益"项目，用于反映非全资子公司的所有者权益中不属于母公司的份额。

江苏弘业股份有限公司该项目金额为6704.70万元，反映了企业集团内部非全资子公司的所有者权益中不属于母公司的份额。

(4) "外币报表折算差额"项目。我国会计准则规定，对以外币表示的资产负债表进行折算时，所有"资产"、"负债"类项目，都必须按照合并财务报表决算日的市场汇率折算为母公司记账本位币；"所有者权益"类项目，除"未分配利润"项目外，均按照发生时的市场汇率折算为母公司记账本位币，折算为资产类项目与负债类项目和所有者权益类项目合计数的差额，作为"外币报表折算差额"在"未分配利润"项目后单独列示。

因此，"外币报表折算差额"项目是专门用于反映境外经营的资产负债表折算为人民币表示的资产负债表时所发生的折算差额中归属于母公司所有者权益的部分。

具体来说,企业集团的子公司如果设在中国境外,其所编制的会计报表是以当地的货币作为记账本位币编制的,而国内母公司则是以人民币作为记账本位币,不同货币的会计报表不能直接合并。因此,在编制合并资产负债表时,须将其子公司所编制的资产负债表各项外币余额按相应汇率折合为人民币后再进行汇编,但母公司与其子公司之间需要相互抵销的项目,由于不同时期汇率浮动,在编制合并报表时将外币金额按年末汇率折合为人民币数,往往与相关项目原来折合记账的人民币数额出现差额,以致无法抵销差额,其差额一般在合并资产负债表中的"外币报表折算差额"中反映。

江苏弘业股份有限公司该项目金额为 0,因此我们不需要对这一项目进行分析。

(三)合并资产负债表比率分析

比率分析主要从偿债能力和营运能力两个方面进行分析,在对比合并资产负债表与母公司资产负债表计算的不同比率,从而对母公司作出决策是否有影响。

1.偿债能力分析

对于单个企业财务报表偿债能力的分析,财务上早已形成一套成熟的模式,但对于合并财务报表如何分析,分析的意义何在,目前文献探索较少,或否定之,反对这种比率分析的人士认为这样的分析毫无意义。主要原因在于:无论是母公司还是子公司,有限责任制度规定了债权人都是相对一个独立的法人主体而言的,即每一个公司的债权人均只能具体针对每一个公司的法人财产行使自己的债权的求偿权,编制合并财务报表的主体只是一个会计主体,而非法人实体,即从来不存在一个法律意义上的集团的债权人。因此,在合并财务报表意义上进行偿债能力比率分析无论对于母公司的债权人还是子公司的债权人都是没有意义的,反而会起误导作用。这种说法不能说没有一定道理。

诚然,母子公司的债权人进行偿债能力分析主要还得依靠各自公司的个别会计报告,然而,若仔细分析合并报表之结构,在合并数据基础上进行的财务比率分析对于母公司债权人和子公司债权人还是能够提供信息增量的,可以从合并数据比率与单个报告数据比率的差异对比进行分析。当然不同的集团控制结构与控制政策也有很大影响。

下面对江苏弘业股份有限公司的偿债指标进行分析,表 5-5 列示了反映偿债能力的四个主要财务指标。

通过表 5-5 的分析,我们可以看出江苏弘业股份有限公司的偿债能力财务指标中除已获利息倍数这个指标外,其他的比率指标都反映了根据合并资产负债表计算的数据比根据母公司资产负债表计算的数据小。

表 5-5　反映偿债能力指标

比率	根据合并资产负债表计算	根据母公司资产负债表计算
流动比率/倍	1.12	1.15
速动比率/倍	1.04	1.14
现金比率/倍	0.71	0.96
资产负债率/倍	0.57	0.47

对于流动比率分析，我们知道合并流动比率可以看做所有子公司流动比率之加权平均，因此算出的综合比率可能比单个公司流动比率大，也可能更小。如果考虑所有公司之间内部交易或事项之抵销对流动资产和流动负债的影响，则可能分为流动资产与流动负债之等额抵销（包括相互间各种债权债务）和流动资产因内部交易未实现损益之抵销（只会减少流动资产而不会减少流动负债）。一般来说，负债的减少额度比资产减少的额度小，在集团合并流动比率大于 1 的一般情况下，这种抵销一般会降低合并后的流动比率。

对于资产负债率而言，首先从合并数据本身来看，与前面的流动比率相似，也可以从合并数据对债务结构的扭曲和内部交易与事项对合并比率计算之影响两方面理解。一方面，合并后计算的比率的效果是对集团内每个单体企业资产负债率的加权平均，这样的计算是建立在没有合并的基础之上的，计算出的加权平均合并资产负债率既可能比单个企业的资产负债率高，也可能比单个企业的资产负债率低。

如果考虑内部交易与事项的抵销，则对合并资产负债表计算的影响更为复杂，从合并总资产看内部交易之债权债务的抵销会同额减少资产与负债，但集团合并报告中还存在抵销减少总资产而不减少负债的事项与交易，如抵销内部交易未实现损益中资产（包括存货、固定资产、无形资产等）价值被高估的部分。因此合并对资产负债率指标的总体影响是分母比分子减少得更多，集团内部交易比例越大，内部交易未实现损益越多，影响就越大。在资产负债率小于 1 的情况下，会增加集团的资产负债率。四个比率都显示出根据合并资产负债表计算的数据大于根据母公司资产负债表计算的数据，说明企业集团整体的偿债能力小于母公司的偿债能力，集团整体的财务风险大于母公司。

2. 营运能力分析

企业营运能力主要是指企业充分利用现有资源创造社会财富的能力，它可用来评价企业的利用程度和营运活力。企业营运能力分析，主要是通过销售收入与企业各项资产的比例关系，分析各项资产的周转速度，了解各项资产对收入的贡献程度。对合并资产负债表的营运能力分析我们主要从总资产的营运能力、短期资产的营运能力和长期资产的营运能力三个方面进行分析。表 5-6 列出江苏弘业股份有限公司 2007 年反映营运能力的财务指标。

表 5-6　反映营运能力财务指标

指标	根据合并财务报表计算	根据母公司财务报表计算
总资产周转率/次	1.39	0.15
总资产周转天数/元	260	2330
应收账款周转率/次	25.07	314.54
应收账款周转天数/元	14	1
存货周转率/次	27.16	20.28
存货周转天数/元	13	18
流动资产周转率/次	2.39	0.32
流动资产周转天数/元	151	1109
固定资产周转率/次	10.63	1.31
固定资产周转天数/元	34	274

从表 5-6 中可以看到合并后的总资产周转率大于母公司的数据，说明整个企业集团的资产运营能力比母公司资产的营运能力好，资产利用效率高，并且真实反映了集团总体资源运用实现对外销售的运转效率，对于评估集团总体的资源运用效率是较为客观的。在企业销售利润率为正的情况下，企业总资产的周转越快，企业的盈利能力越强，为股东创造的价值越高。在合并财务报表中，由于母公司的长期股权投资被子公司的总资产按股权比例替代，内部交易未实现损益在资产中的部分被抵销，因此合并总资产比合计总资产要低；此外，内部交易的销售收入比销售成本不管对外销售实现与否均要抵销，因此也会减少销售收入。此时的销售收入反映整个集团对外实现的销售收入；因此合并总资产周转率真实反映了集团总体资源运用实现对外销售的运转效率，对于评估集团总体的资源运用效率是较为客观的。该比率运用时，可以和集团历史数据进行对比。也可以和类似资产组合的产业集团进行对比；当然，如果需要深入挖掘总资产周转率发生变动的原因，可以结合分部报告的信息分产品分部、地区分部或者事业部分析各个分部资产周转率的结构变动对总资产周转率的贡献，从而为调整产品或地区结构提供决策依据。我们这里主要针对和根据母公司资产负债表计算的总资产周转率进行比较，从而为管理者决策提供依据。

我们知道短期资产的营运能力影响总资产的营运能力，通过这些周转率的分析，可以进一步挖掘引起集团总资产周转率变动的原因。可以明确整个集团的流动资产、固定资产、存货和应收账款周转情况，可以和历史水平相比，与类似产业和资产组合的企业集团对比。由于在集团的基础上难以找到合适的可比对象，因此，集团财务分析时最好结合分部报告的情况就分部产品分析各种周转率并进行行业与历史对比可能更有意义。合并财务报表的各种周转率分析给外界的投资者提供了一个评估集团高层管理者对集团资源整体配置效率的一个客观依据。一般说来，组成企业集团的各个企业之间会产生各种协同作用，包括经营协同，管理协同、财务协同、战略协同，这些协同的存在，一般会提高集团绝大部分资产、产品的营运效率，如果衡量集团营运能力的各种周转比率不断降低或远远低于同类型集团或者市场上同类产品或服务厂商的营运水平，集团必须深入分析是哪些主要产品或服务的营运水平下降导致了集团整体营运水平的下降从而采取相应措施，这些措施诸如改变资源在不同产品之间的分布，或者采取措施改变单一产品或服务的营运水平。我们可以看出，江苏弘业股份总资产组成部分的周转率根据合并财务报表计算的数据都大于根据母公司财务报表计算的数据，说明企业集团整体的资产营运能力较母公司资产营运能力强。我们也可以得出正是由于集团内部的协同效应，包括经营协同、管理协同、财务协同、战略协同，这些协同的存在，提高了集团绝大部分资产、产品的营运效率。

第三节　合并利润表的分析

合并利润表应当以母公司和子公司的利润表为基础，在抵销母公司与子公司、子公司相互之间发生的内部交易对合并利润表的影响后，由母公司合并编制。可见合并利润表作为以单个企业为会计主体进行会计核算的结果，分别从母公司本身和子公司本身反映其在一定会计期间的经营成果。在以其个别利润表为基础计算的收入和费用等项目的加总金额中，也必然包含有重复计算的因素。因此，合并后的利润表，已将这些重复的因素予以剔除。

一、合并利润表的格式和内容

合并利润表的格式综合考虑了企业集团中一般工商企业和金融企业（包括商业银行、保险公司和证券公司）的经营成果列报的要求。

与个别利润表的格式基本相同，合并利润表的格式主要增加了两个项目，即在"净利润"项目下增加"归属于母公司所有者的净利润"和"少数股东损益"两个项目，分别反映净利润中由母公司所有者享有的份额和非全资子公司当期实现的净利润中属于少数股东权益的份额（即不属于母公司享有的份额）。在属于同一控制下企业合并增加的子公司当期的合并利润表中还应在"净利润"项目之下增加"其中：被合并方在合并前实现的净利润"项目，用于反映同一控制下企业合并中取得的被合并方在合并日以前实现的净利润。合并利润表的一般格式如表 5-7 所示。

表 5-7　合并利润表

编制单位：江苏弘业股份有限公司　　　　　　2007 年度　　　　　　　　单位：元

项目	本期金额	上期金额
一、营业总收入	2 235 994 888.14	2 193 487 052.72
二、营业总成本	2 066 618 837.00	2 011 232 993.86
其中：营业成本	2 066 618 837.00	2 011 232 993.86
营业税金及附加	7 198 804.29	5 407 911.96
销售费用	71 070 934.89	83 940 291.64
管理费用	67 310 620.94	56 683 809.13
财务费用	3 790 168.36	1 572 343.54
资产减值损失	2 595 439.10	−108 281.34
加：公允价值变动收益（损失以"−"号填列）	0	0
投资收益（损失以"−"号填列）	43 060 468.50	12 355 111.93
其中：对联营企业和合营企业的投资收益	15 557 976.42	7 721 408.22
汇兑收益（损失以"−"号填列）		
三、营业利润（亏损以"−"号填列）	60 470 552.06	47 113 095.86
加：营业外收入	1 626 158.12	599 539.08
减：营业外支出	1 464 076.80	740 744.81
其中：非流动资产处置损失	378 796.30	106 201.94
四、利润总额（亏损总额以"−"号填列）	60 632 633.38	46 971 890.13
减：所得税费用	17 283 594.64	17 516 344.58
五、净利润（净亏损以"−"号填列）	43 349 038.74	29 455 545.55
归属于母公司所有者的净利润	34 303 537.38	20 477 187.25
少数股东损益	9 045 501.36	8 978 358.30
六、每股收益：		
（一）基本每股收益	0.1720	0.1027
（二）稀释每股收益	0.1720	0.1027

二、合并利润表分析

1. 利润表的构成分析

从表 5-7 中我们看到 2007 年江苏弘业股份有限公司的合并后的营业总收入为 223 599.49 万元，营业总成本为 206 661.88 万元，营业利润为 6047.06 万元，利润总额为 6063.26 万元，净利润为 4334.90 万元，毛利率为 7.57%，销售利润率为 1.94%。我们可以看出该公司的盈利能力指标都较低，与公司所从事的行业有关，公司主要从事服装、玩具、鞋、帽子、渔具、袜子、船舶的生产销售，利润率较低。

下面我们将江苏弘业股份有限公司的合并财务报表的 2006 年和 2007 年的经营成果相比较（表 5-8），从而评价整个集团盈利的变化。

表 5-8　合并资产负债表主要项目变动分析　　　　　　单位：元

序号	项目	2007 年	2006 年	增减比例/%
1	营业总收入	2 235 994 888.14	2 193 487 052.72	1.94
2	营业成本	2 066 618 837.00	2 011 232 993.86	2.75
3	营业税金及附加	7 198 804.29	5 407 911.96	33.12
4	财务费用	3 790 168.36	1 572 343.54	141.05
5	资产减值损失	2 595 439.10	−108 281.34	2 496.94
6	投资收益	43 060 468.50	12 355 111.93	248.52
7	营业外收入	1 626 158.12	599 539.08	171.23
8	营业外支出	1 464 076.80	740 744.81	97.65
9	利润总额	60 632 633.38	46 971 890.13	29.08
10	净利润	43 349 038.74	29 455 545.55	47.17

从表 5-8 中可以看出财务费用、资产减值损失、投资收益、营业外收入变动比例较大。经查证：财务费用增长 141.05%，主要是由于流动资金借款利息支出增加以及汇率大幅度变动引起汇兑损失的增长；资产减值损失增长 2496.94%，主要是由于应收款项账龄的增长，按公司会计政策、会计估计计提的坏账准备增加；投资收益增长 248.53%，主要是由于 2007 年可供出售金融资产处置收益增加以及权益法核算联营企业投资收益的增长；营业外收入增长 171.23%，主要是受到"爱涛"品牌等产品扶持发展资金的增加。

2. 一般项目分析

合并利润表的一般项目分析，主要是比较合并前后母子公司主要项目的增减变动情况，我们用倍数分析方法进行分析，如表 5-9 所示。

表 5-9　合并利润表与母公司利润表的比较　　　　　　单位：元

项目	2007 年度		合并倍数
	合并数	母公司	
一、营业总收入	2 235 994 888.14	174 558 585.40	12.81
其中：营业收入	2 235 994 888.14	174 558 585.40	12.81
二、营业总成本	2 066 618 837.00	147 208 903.97	14.04
其中：营业成本	2 066 618 837.00	147 208 903.97	14.04

续表

项目	2007 年度		合并倍数
	合并数	母公司	
营业税金及附加	7 198 804.29		
销售费用	71 070 934.89	2 985 157.43	23.81
管理费用	67 310 620.94	26 017 494.96	2.59
财务费用	3 790 168.36	−3 015 098.97	−1.26
资产减值损失	2 595 439.10	606 107.09	4.28
加：公允价值变动收益	0	0	
投资收益	43 060 468.50	45 738 766.09	0.94
其中：对联营企业和合营企业的投资收益	15 557 976.42	14 428 879.50	
汇兑收益			
三、营业利润	60 470 552.06	42 152 778.19	1.43
加：营业外收入	1 626 158.12	18 000.00	90.34
减：营业外支出	1 464 076.80	448 288.07	3.27
其中：非流动资产处置损失	378 796.30	369 068.82	1.03
四、利润总额	60 632 633.38	41 722 490.12	1.45
减：所得税费用	17 283 594.64	5 208 690.79	3.32
五、净利润	43 349 038.74	36 513 799.33	1.19
归属于母公司所有者的净利润	34 303 537.38		
少数股东损益	9 045 501.36		
六、每股收益：			
（一）基本每股收益	0.1720	0.1831	0.94
（二）稀释每股收益	0.1720	0.1831	0.94

（1）营业收入成本项目的增减。合并财务报表与母公司个别财务报表相比营业收入的增加很小的话，应该考虑母、子公司之间的内部交易很大。江苏弘业股份有限公司营业收入的合并倍数为 12.81、营业成本的合并倍数为 14.04，说明该公司的内部营业收入和营业成本抵销项目较少，大部分为对外销售收入。

（2）期间费用项目的增减。合并财务报表与母公司个别财务报表相比期间费用的增减很小的话，应该考虑母、子公司之间是否存在固定资产的租赁业务。母、子公司之间的广告代理、业务委托等交易也会导致上述结果。江苏弘业股份有限公司的销售费用的合并倍数为 23.81，管理费用的合并倍数为 2.59，财务费用的合并倍数为−1.26，销售费用合并倍数很高，这与前面的营业收入和营业成本合并倍数很高是一致的，可以得出该集团内部交易较少，大部分为对外销售收入。财务费用母公司为负数，说明产生的利息收入大于利息支出，而合并财务报表的财务费用在合并母子公司财务费用后为正。

（3）投资收益项目的增减。由于母公司与子公司、子公司相互之间持有对方长期股权投资的投资收益会发生抵销，因此投资收益项目合并财务报表的数据一般会小于母公司财务报表的数据。江苏弘业股份有限公司投资收益的合并倍数为0.94，小于1，说明集团内部发生相互之间持有对方长期股权投资投资收益的抵销。

（4）净利润项目的增减。合并利润表的净利润大于母公司利润表的净利润，说明企业集团的盈利能力大于母公司的盈利能力。反之，说明企业集团的盈利能力小于母公司的盈利能力。江苏弘业股份有限公司净利润的合并倍数为1.19，说明企业集团的业绩相比母公司的经营业绩更优良。

（5）每股收益项目的增减。每股收益反映了股东每股产生的利润，每股收益越高，为股东创造利润的能力越强。江苏弘业股份有限公司每股收益的合并倍数为0.94，说明虽然企业集团的整体业绩优于母公司的业绩，但是企业集团创造的每股收益小于母公司为股东创造的每股收益。

3. 特殊项目分析

特殊项目分析，主要是合并利润表和母公司利润表相比，增加的一些特殊项目。主要有"归属于母公司所有者的净利润"和"少数股东损益"两个项目。

（1）归属于母公司所有者的净利润，主要反映净利润中由母公司所有者所享有的份额。江苏弘业股份有限公司合并利润表中归属于母公司所有者的利润为3430.35万元，而母公司所反映的净利润为3651.38万元，反映了母公司在整个企业集团中所享有的净利润小于母公司自己创造的净利润，母公司在整个企业集团内属于创造盈利能力强的企业。

（2）少数股东损益，反映了非全资子公司当期实现的净利润中属于少数股东权益的份额，即不属于母公司享有的份额。江苏弘业股份有限公司合并利润表中净利润中属于少数股东损益为904.55万元，更好地反映了少数股东在利润中所占的份额。

三、合并利润表比率分析

合并利润表中主要的比率分析是盈利能力分析，分为与投资有关的盈利能力分析和与销售有关的盈利能力分析。

1. 与投资有关的盈利能力分析

投资报酬率指标主要包括总资产报酬（息税前利润）率和净资产收益率。总资产报酬率反映本期企业集团总资产的收益水平，与根据母公司报表计算的该指标相比，由于合并抵销了内部利润以及其中包含的虚估资产，更好地反映了管理者运用所有财务资本获取收益的水平。净资产收益率反映本期母公司股东净资产的收益水平，与根据母公司报表计算的该指标相比，由于合并抵销了内部利润以及其中包含的虚估资产，因此更好地反映了母公司股东的收益水平。表 5-10 反映了江苏弘业股份有限公司 2007 年的合并利润表中与投资有关的盈利能力指标，并且和母公司与投资有关的盈利能力进行对比，来评价企业管理者利用企业的资本盈利的能力。

表 5-10　与投资有关盈利能力的指标　　　　　　单位：%

项目	2007 年	
	根据合并财务报表计算	根据母公司财务报表计算
总资产报酬率	2.69	3.23
净资产收益率	5.74	5.41

根据表 5-10，我们可以看出江苏弘业股份有限公司与投资有关的盈利能力指标中，总资产报酬率根据合并财务报表计算的数据小于根据母公司计算的数据，说明整个企业集团的盈利能力小于母公司的盈利能力，全面反映了母公司的获利能力和投入产出状况较好，表明母公司投入产出的水平高，资产运营效果好。净资产收益率和资本金收益率根据合并财务报表计算的数据大于根据母公司财务报表计算的数据，说明整个企业集团为股东创造利润的能力强，利用所有者投入资本的获利能力强。

2. 与销售有关的盈利能力分析

与销售有关的盈利能力指标主要有销售毛利率、销售利润率和销售净利率等。销售利润率是一个非常综合的指标，反映了集团所有资源运用的综合获利效果，包括产品价格、销售成本和期间费用控制的综合影响。由于合并过程中抵销了内部交易的销售收入、销售成本和内部未实现利润，因此这一指标反映了集团资源利用对外营业的总体获利效果。这一指标既可以进行历史对比，也可以在有相似资产、产品和服务的集团之间进行对比。然而要深入挖掘引起合并销售利润率发生变动的原因，必须结合分部报告的情况分析产品分部、地区分部这一比率的变动对合并比率变动的影响。然而分部销售净利润率的计算，必然涉及集团总部一些无法采取合理标准分配至各个分部的资产和费用以及分部内部之间销售结算价格合理确定的影响，因此，从集团销售净利润率的变动反过去探寻引起这种变动的原因应该注意：①分部内部销售结算价格和分部共用资产和费用必须合理分配；②集团内部交易无论上销还是下销应采用合并会计的实体理论全部抵销。

表 5-11 反映了江苏弘业股份有限公司 2007 年的合并利润表中与销售有关的盈利能力指标，并且和母公司与投资有关的盈利能力进行对比，来评价企业与销售有关的盈利能力。

表 5-11　与销售有关盈利能力的指标　　　　　单位:%

项目	2007 年	
	根据合并财务报表计算	根据母公司财务报表计算
销售利润率	2.70	24.15
销售净利率	1.94	20.92
销售毛利率	7.58	15.67

根据表 5-11 我们可以看出，江苏弘业股份有限公司根据合并财务报表计算的与销售有关的盈利能力的指标都小于根据母公司财务报表计算的该指标，说明整个企业集团每 1 元的销售收入创造的能力弱于母公司的每 1 元的销售收入带来的盈利；我们也可以看出江苏弘业股份有限公司的子公司中一部分公司盈利能力较差。根据前面提供的子公司的经营业绩我们也可以看出一部分公司产生负利润。

第四节　合并现金流量表分析

合并现金流量表是综合反映母公司及其所有子公司组成的企业集团在一定会计期间现金和现金等价物流入和流出的报表。现金流量表作为一张主要报表已经为世界上一些主要国家的会计事务所采用，合并现金流量表的编制也成为各国会计实务的重要内容。

一、合并现金流量表的格式和内容

合并现金流量表的格式综合考虑了企业集团中一般工商企业和金融企业（包括商业银行、保险公司和证券公司）的现金流入和现金流出列报的要求，与个别现金流量表的格式基本相同，主要增加了反映金融企业行业特点和经营活动现金流量项目。

现金流量表作为以单个企业为会计主体进行会计核算的结果，分别从母公司本身和子公司本身反映其一定会计期间现金流入和现金流出。在以其个别现金流量表为基础计算的现金流入和现金流出项目的加总金额中，也必然包含有重复计算的因素。因此，编制合并现金流量表时，也需要将这些重复的因素予以剔除。

需要说明的是，某些现金流量在进行抵销处理后，需站在企业集团的角度，重新对其进行分类。比如，母公司持有子公司向其购买商品所开具的商业承兑汇票向商业银行申请贴现，母公司所取得现金在其个别现金流量表反映为经营活动的现金流入，在将该内部商品购销活动所产生的债权与债务抵销后，母公司向商业银行申请贴现取得的现金在合并现金流量表中应重新归类为筹资活动的现金流量列示。

合并现金流量表编制与个别现金流量表相比，一个特殊的问题就是在子公司为非全资子公司的情况下，涉及子公司与其少数股东之间的现金流入和现金流出的处理问题。

对于子公司与少数股东之间发生的现金流入和现金流出，从整个企业集团来看，也影响到其整体的现金流入和流出数量的增减变动，必须在合并现金流量表中予以反映。子公司与少数股东之间产生的影响现金流入和现金流出的经济业务包括少数股东对子公司增加权益性投资、少数股东依法从子公司中抽回权益性投资、子公司向其少数股东支付现金股利或利润等。为了便于企业集团合并财务报表使用者了解掌握企业集团现金流量的情况，有必要将与子公司与少数股东之间的现金流入和现金流出的情况单独予以反映。

对于子公司的少数股东增加在子公司中的权益性投资，在合并现金流量表中应当在"筹资活动产生的现金流量"之下的"吸收投资收到的现金"项目下的"其中：子公司吸收少数股东投资收到的现金"项目中反映。

对于子公司向少数股东支付现金股利或利润，在合并现金流量表中应当在"筹资活动产生的现金流量"之下的"分配股利、利润或偿付利息支付的现金"项目下的"其中：子公司支付给少数股东的股利、利润"项目中反映。

对于子公司的少数股东依法抽回在子公司中的权益性投资，在合并现金流量表应当在"筹资活动产生的现金流量"之下的"支付其他与筹资活动有关的现金"项目中反映。

合并现金流量表的一般格式如表 5-12 所示。

表 5-12　合并现金流量表

编制单位：江苏弘业股份有限公司　　　　　　2007 年度　　　　　　　　　　单位：元

项目	本期金额	上期金额
一、经营活动产生的现金流量：		
销售商品、提供劳务收到的现金	2 332 672 431.02	2 251 582 455.12
收到的税费返还	246 066 984.86	180 878 814.95
收到其他与经营活动有关的现金	352 553 899.49	118 793 230.93
经营活动现金流入小计	2 931 293 315.57	2 551 254 501.00
购买商品、接受劳务支付的现金	2 405 704 204.01	2 224 569 752.64
支付给职工以及为职工支付的现金	81 480 020.94	74 667 359.34
支付的各项税费	26 388 764.51	28 335 419.46
支付其他与经营活动有关的现金	74 047 982.57	81 573 396.99
经营活动现金流出小计	2 587 620 972.03	2 409 145 928.43
经营活动产生的现金流量净额	343 672 343.34	142 108 572.57

续表

项目	本期金额	上期金额
二、投资活动产生的现金流量：		
收回投资收到的现金	93 525 606.97	82 267 093.84
取得投资收益受到的现金	2 101 163.83	1 698 303.74
处置固定资产、无形资产和其他长期资产收回的现金净额	224 201.20	294 711.49
处置子公司及其他营业单位收到的现金净额	5 143 762.80	0
收到其他与投资活动有关的现金	0	0
投资活动现金流入小计	100 994 734.80	84 260 109.07
购建固定资产、无形资产和其他长期资产支付的现金	22 586 314.18	84 232 956.74
投资支付的现金	85 611 607.32	29 947 956.00
取得子公司及其他营业单位支付的现金净额	0	0
支付其他与投资活动有关的现金	0	0
投资活动现金流出小计	108 197 921.50	114 180 912.74
投资活动产生的现金流量净额	−7 203 186.70	−29 920 803.67
三、筹资活动产生的现金流量：		
吸收投资收到的现金	7 448 240.00	1 859 800.00
其中：子公司吸收少数股东投资收到的现金		
取得借款收到的现金	135 067 029.59	76 810 868.16
收到其他与筹资活动有关的现金	0	0
筹资活动现金流入小计	142 515 269.59	78 670 668.16
偿还债务支付的现金	88 009 197.66	94 008 481.37
分配股利、利润或偿还利息支付的现金	23 419 045.12	30 224 037.56
其中：子公司支付给少数股利、利润		
支付其他与筹资活动有关的现金	0	4 250 162.32
筹资活动现金流出小计	111 428 242.78	128 482 681.25
筹资活动产生的现金流量净额	31 087 026.81	−49 812 013.09
四、汇率变动对现金及现金等价物的影响		
五、现金及现金等价物增加额	367 556 183.45	62 375 755.81
加：期初现金及现金等价物余额	316 856 466.72	254 480 710.91
六、期末现金及现金等价物余额	684 412 650.17	316 856 466.72

二、合并现金流量表分析

1. 总体分析

江苏弘业股份有限公司 2007 年合并利润表中反映了现金及现金等价物净增加额为 36 755.62 万元；经营活动产生的现金流量净额为 34 367.23 万元；投资

活动产生的现金流量净额为－720.32 万元；筹资活动产生的现金流量净额为
3108.70 万元。经营活动产生的现金流量为正，投资活动产生的现金流量为负，
筹资活动产生的现金流量为负，说明企业处于高速发展扩张时期，这时产品的市
场占有率高，销售呈现快速上升趋势，造就经营活动中大量货币资金的回笼。当
然为了扩大市场份额，企业仍需要大量追加投资，仅靠经营活动现金流量净额远
不能满足所追加的投资，必须筹集必要的外部资金作为补充。表 5-13 反映了江
苏弘业股份的合并分类现金流量基本情况。

表 5-13 合并分类现金流量

序号	项目	2007 年	2006 年	增减比例/%
1	现金及现金等价物净增加额/元	367 556 183.45	62 375 755.81	489.26
2	经营活动产生的现金流量净额/元	343 672 343.34	142 108 572.57	141.84
3	投资活动产生的现金流量净额/元	－7 023 186.70	－29 920 803.67	75.93
4	筹资活动产生的现金流量净额/元	31 087 026.81	－49 812 013.09	162.41

增减变动原因如下：

（1）现金及现金等价物净流量增加，主要是船舶代埋出口业务增长而收到船
东预付资金增加以及银行借款的增加；

（2）经营活动的现金净流量增加，主要是收到船舶代理出口业务的资金增加
和出口退税资金的增加；

（3）投资活动的现金净流量增加，主要是本期出售金融资产及处置子公司收
回现金的增加；

（4）筹资活动的现金净流量的增加，主要是本期取得的借款收到的现金
增加。

2. 一般项目分析

合并现金流量表的一般项目分析，主要是比较合并前后母子公司主要项目的
增减变动情况，我们也可以用倍数分析方法进行分析，见表 5-14。

表 5-14 合并现金流量表与母公司现金流量表比较　　　　单位：元

项目	2007 年		合并倍数
	合并数	母公司	
一、经营活动产生的现金流量：			
销售商品、提供劳务收到的现金	2 332 672 431.02	219 690 836.63	10.62
收到的税费返还	246 066 984.86	17 351 780.86	14.18
收到其他与经营活动有关的现金	352 553 899.49	400 095 996.85	0.88
经营活动现金流入小计	2 931 293 315.57	637 138 614.34	4.60

续表

项目	2007 年		合并 倍数
	合并数	母公司	
购买商品、接受劳务支付的现金	2 405 704 204.01	259 002 774.83	9.29
支付给职工以及为职工支付的现金	81 480 020.94	18 754 454.71	4.34
支付的各项税费	26 388 764.51	9 425 802.93	2.80
支付其他与经营活动有关的现金	74 047 982.57	55 951 328.85	1.32
经营活动现金流出小计	2 587 620 972.03	343 134 361.32	7.54
经营活动产生的现金流量净额	343 672 343.34	294 004 253.02	1.17
二、投资活动产生的现金流量:			
收回投资收到的现金	93 525 606.97	29 093 231.86	3.21
取得投资收益收到的现金	2 101 163.83	13 851 533.83	0.15
处置固定资产、无形资产和其他长期资产收回的现金净额	224 201.20	126 100.00	1.78
处置子公司及其他营业单位收到的现金净额	5 143 762.80	17 637 668.69	0.29
收到其他与投资活动有关的现金	0	0	
投资活动现金流入小计	100 994 734.80	60 708 534.38	1.66
购建固定资产、无形资产和其他长期资产支付的现金	22 586 314.18	12 792 313.13	1.77
投资支付的现金	85 611 607.32	53 442 865.00	1.60
支付其他与投资活动有关的现金	0	0	
投资活动现金流出小计	108 197 921.50	66 235 178.13	1.63
投资活动产生的现金流量净额	−7 203 186.70	−5 526 643.75	1.30
三、筹资活动产生的现金流量:			
吸收投资收到的现金	7 448 240.00	0	
取得借款收到的现金	135 067 029.59	83 000 000.00	1.63
收到其他与筹资活动有关的现金	0	0	
筹资活动现金流入小计	142 515 269.59	83 000 000.00	1.72
偿还债务支付的现金	88 009 197.66	48 000 000.00	1.83
分配股利、利润或偿还利息支付的现金	23 419 045.12	10 196 091.16	2.30
其中: 子公司支付给少数股利、利润			
支付其他与筹资活动有关的现金	0	0	
筹资活动现金流出小计	111 428 242.78	58 196 091.16	1.91
筹资活动产生的现金流量净额	31 087 026.81	24 803 908.84	1.25
四、汇率变动对现金及现金等价物的影响			
五、现金及现金等价物增加额	367 556 183.45	313 281 518.11	1.17
加: 期初现金及现金等价物余额	316 856 466.72	220 789 476.38	1.44
六、期末现金及现金等价物余额	684 412 650.17	534 070 994.49	1.28

（1）销售商品、提供劳务受到的现金的增减。销售商品、提供劳务收到的现金反映了企业主营业务的收现能力。该项目合并倍数高，说明该企业母子公司之间的交易少，大部分为对外销售收现；反之，说明企业内部母子公司之间交易频繁，大部分内部交易抵销。江苏弘业股份有限公司该项目的合并倍数为10.62，和前面合并利润表中营业收入高的合并倍数相呼应，反映了企业内部母子公司之间的交易较少，大部分为对外销售。

（2）购买商品、接受劳务支付的现金的增减。购买商品、接受劳务支付的现金反映了企业主营业务的支付现金的能力。该项目合并倍数越高，说明该企业母子公司之间的交易少，所需商品大部分从外面购买；反之，说明企业内部母子公司之间交易频繁，大部分内部交易已抵销。江苏弘业股份有限公司该项目的合并倍数为9.29，和前面合并利润表中营业成本的高合并倍数相呼应，反映了企业内部母子公司之间的交易较少，大部分为外部购买商品。

（3）取得投资收益收到的现金的增减。取得投资收益收到的现金项目反映了企业投资所收到的现金，投资包括对外投资和对内投资。该项目合并倍数越小，说明企业集团的投资多为母子公司之间相互投资，抵销后合并现金流量表中该项目金额变小，所以该项目合并倍数偏低；反之，则说明企业集团的投资多为对企业集团外的企业进行投资，合并倍数就高。江苏弘业股份有限公司该项目的合并倍数为0.15，该比率小于1，说明该公司的投资多为对子公司的投资，在纳入合并现金流量时，通过抵销，此项目的金额变小。

（4）处置子公司及其他营业单位收到的现金净额的增减。处置子公司及其他营业单位收到的现金净额项目反映了本期企业处置子公司及其他营业单位收到的现金能力，原则上，本期处置子公司及其他营业单位越多，那么有的子公司处置后会产生损失，相互抵销后，合并倍数较小；反之，则抵销较少，合并倍数越大。江苏弘业股份有限公司2007年该项目的合并倍数为0.29，说明该集团的上市公司在处置子公司及其他营业单位收到的现金净额较多。由于该上市公司的子公司较多，有的子公司在处置自己的子公司及其他营业单位会产生损失，造成整个企业集团的该项目变小，合并倍数小。

（5）购建固定资产、无形资产和其他长期资产支付的现金的增减。购建固定资产、无形资产和其他长期资产支付的现金反映了本期整个企业集团从外部购建固定资产、无形资产和其他长期资产支付的现金。该项目的合并倍数越高，说明该企业集团的固定资产、无形资产和其他长期资产多为集团外购建；反之，说明该企业集团的固定资产、无形资产和其他长期资产多为集团内部相互购买。由于抵销效应，该项目反映的金额会变小，合并倍数低。江苏弘业股份有限公司2007年该项目的合并倍数1.77，说明整个企业集团的固定资产比母公司的固定资产多，在固定资产、无形资产和其他长期资产的购建项目上，母子公司之间抵销较少。

（6）吸收投资收到的现金的增减。吸收投资收到的现金反映了整个企业集团吸收投资所收到现金的能力，该项目的合并倍数越高，说明该企业集团吸收到的投资大部分来源于企业外部；反之，说明该企业集团吸收到的投资大部分来源于企业内部，然后相互抵销，合并倍数变小。江苏弘业股份有限公司该项目金额为0，整个企业集团该项目为 7 448 240.00 元，说明是该上市公司的子公司所吸收投资收到的现金，并且这部分现金没有被内部相互投资所抵销掉。

（7）分配股利、利润或偿还利息支付的现金。分配股利、利润或偿还利息支付的现金反映了企业集团整体的现金偿债能力。该项目的合并倍数越高，说明整个企业集团内部相互投资的金额较小，多为对企业集团外的分配股利、利润或偿还利息支付；反之，则说明整个企业集团内部相互投资的金额较大，抵销后，使得该项目的合并倍数变小。江苏弘业股份有限公司该项目的合并倍数为 2.30，说明企业集团该项目的抵销效应较小，另外该企业集团的借款的增加等都会增加该项目的金额。

3. 特殊项目分析

合并现金流量表相比较一般的现金流量表增加了以下特殊项目：

（1）对于子公司的少数股东增加在子公司中的权益性投资，在合并现金流量表中应当在"筹资活动产生的现金流量"之下的"吸收投资收到的现金"项目下"其中：子公司吸收少数股东投资收到的现金"项目中反映。

（2）对于子公司向少数股东支付现金股利或利润，在合并现金流量表中应当在"筹资活动产生的现金流量"之下的"分配股利、利润或偿付利息支付的现金"项目下"其中：子公司支付给少数股东的股利、利润"项目中反映。

（3）对于子公司的少数股东依法抽回在子公司中的权益性投资，在合并现金流量表应当在"筹资活动产生的现金流量"之下的"支付其他与筹资活动有关的现金"项目中反映。

由于江苏弘业股份有限公司合并现金流量中这三个特殊项目的金额没有披露，我们无法进行特殊项目的分析。

三、合并现金流量表的比率分析

合并现金流量表的比率分析从四个方面进行，即与经营有关的比率分析、与偿债有关的比率分析、与盈利有关的比率分析以及与资本有关的比率分析。以四个主要财务指标为代表，它们是销售现金回收率、现金流动负债比率、盈利现金比率和每股经营现金流量。其计算公式为

$$销售现金回收率 = 销售商品收到的现金/营业收入 \times 100\%$$
$$现金流动负债比率 = 经营现金净流量/流动负债 \times 100\%$$

盈余现金保障倍数＝经营现金净流量/（净利润＋少数股东损益）

每股经营现金流量＝（经营现金净流量－优先股股利）/流通在外的普通股股数

我们对江苏弘业股份有限公司 2007 年的合并现金流量表比率进行分析，并且和母公司相关的现金流量比率进行对比，来评价整个企业集团创造现金的能力，见表 5-15。

表 5-15　与现金流量相关的财务比率分析

项目	2007 年	
	根据合并财务报表计算	根据母公司财务报表计算
销售现金回收率/%	104.32	125.86
现金流动负债比率/%	29.94	42.45
盈余现金保障倍数/倍	7.83	8.05
每股经营现金流量/元	1.72	1.47

根据表 5-15 我们看到，该公司根据合并财务报表计算的数据多数小于根据母公司财务报表计算的数据，说明母公司利用销售或资产收现的能力大于按整个集团公司的水平。

具体分析如下：销售现金回收率说明营业收入的现金回收率，母公司为 125.43%，比合并数高出 21.54%，说明母公司产品销售后现金回收能力较大地强于合并后的回收率，说明合并的子公司现金回收效率要低于母公司。现金流动负债比率表示动态的短期偿债能力，母公司为 42.45%，比合并数高出 12.51%，说明母公司的动态短期偿债能力强于整个企业集团的偿债能力，短期偿债具有刚性，该公司应予关注。盈余现金保障倍数表示现金对净利润的支持力度，母公司为 8.05 倍，比合并数略高，说明母公司经营现金流量净额的相关性更强，净利润的现金表现力强，综合看母公司和这个企业集团均有足够的现金保证经营周转顺畅进行。每股经营现金流量表现每股创造经营现金的能力，从表 5-15 可以看到合并数为 1.72 元，而母公司数为 1.47 元，合并数高于母公司数 0.25 元，这与前三个指标正好相反，反映母公司创造现金效率低于整个企业集团。其实合并的每股经营现金流量计算是存在一定偏差的，经营现金净流量是按整个企业集团的口径计算的，而流通在外的普通股股数是按母公司的口径计算的，因为合并的公司种类繁多，而且多数是非上市公司，我们无法计算其流通在外的普通股股数，只能按母公司的口径计算。

课 后 练 习

一、思考题

1. 企业的合并类型有哪些？

2. 合并财务报表的特点有哪些？

3. 我国合并财务报表的合并范围具体包括哪些？不应当纳入合并财务报表合并范围的子公司有哪些？

4. 合并财务报表的编制方法有哪些？

5. 合并财务报表分析中应注意的问题有哪些？

6. 合并财务报表的主要作用是什么？

二、选择题

1. 按照会计准则规定，下列说法正确的是（　　　）

　A. 投资企业对子公司的长期股权投资，应采用成本法核算，编制合并财务报表时按照权益法调整

　B. 投资企业对子公司的长期股权投资，应采用权益法核算

　C. 投资企业对子公司的长期股权投资，既可以采用权益法 也可以采用成本法核算

　D. 投资企业对子公司的长期股权投资，应按公允价值核算。

2. 在有投资关系的情况下，下列项目中，应纳入其合并财务报表合并范围的有（　　　）

　A. 联营企业　　　　　　B. 规模较小的子公司　　　　　C. 已宣告破产的原子公司

　D. 根据公司章程或协议，有权决定被投资单位的财务和经营决策

　E. 通过与被投资单位其他投资者之间的协议，拥有被投资单位半数以上控制权

　F. 间接通过子公司合计拥有半数以上权益性资本的被投资单位

3. 在合并现金流量表中不反映的现金流量是（　　　）

　A. 子公司向其少数股东支付的现金股利　　　B. 子公司吸收母公司投资收到的现金

　C. 子公司吸收少数股东投资收到的现金　　　D. 子公司依法减资向少数股东支付的现金

4. 下列各项不属于控制的是（　　　）

　A. A 公司拥有 B 公司 60% 的表决权资本，B 公司拥有 C 公司 30% 的表决权资本，A 公司和 C 公司

　B. A 公司拥有 B 公司 70% 的表决权资本，A 公司和 B 公司

　C. A 公司拥有 B 公司 45% 的表决权资本，A 公司的子公司 C 持有 B 公司 8% 的表决权资本，A 公司和 B 公司

　D. A 公司拥有 B 公司 40% 的表决权资本，但 A 公司与 B 公司签订合同约定 A 公司对 B 公司拥有控制权，A 公司与 B 公司

5. B 公司于 2001 年 1 月 1 日按账面价值 80 000 元购买了 C 公司的普通股 800 股。2001 年 C 公司的账面净利润为 20 000 元，宣告并派发现金股利 8000 元。

　(1) 如果 C 公司发行在外的股份数为 3200 股，则 2001 年 12 月 31 日 B 公司对 C 公司的股权投资账户余额为（　　　）

A. 80 000 元　　　　B. 83 000 元　　　　C. 85 000 元　　　　D. 81 200 元

(2) 如果 C 公司发行在外的股份数为 3200 股,则 2001 年 12 月 31 日 B 公司对 C 公司的股权投资账户余额为 (　　)

A. 80 000 元　　　　B. 81 200 元　　　　C. 82 000 元　　　　D. 85 000 元

三、判断题

1. 对于合并财务报表,常规的比率分析方法在很大程度上会失去其意义。(　　)

2. 合并财务报表可以揭示内部关联方交易的程度,并揭示企业集团内部管理的薄弱环节。(　　)

3. 通过分析合并财务报表,投资者可较容易地对是否投资于集团内某一特定企业作出决策。(　　)

4. 如果合并财务报表的总资产金额与母公司个别财务报表相比增加额很小,那么集团内部一定存在大额未实现损益的内部交易。(　　)

5. 所有关联企业都应纳入合并财务报表的合并范围。(　　)

四、计算题

1. B 公司于几年前按账面价值获得了 C 公司 80% 的股权。2002 年 12 月 31 日,B 公司编制合并会计报表时注意到它与 C 公司之间有以下公司间存货交易:

(1) 当年 B 公司售给 C 公司产品 32 000 元,B 公司产品价格中包含 30% 的毛利;

(2) C 公司期初存货中,属于上年从 B 公司购进的存货有 6500 元,期末存货中属于当年从 B 公司购进的有 5200 元,C 公司存货采用先进先出法;

(3) C 公司当年账面净利润为 12 000 元。

要求:

(1) 按权益法计算 B 公司对 C 公司的投资收益。

(2) 计算 C 公司的少数股权收益。

2. B 公司于 2003 年 1 月 1 日按账面价值获取了 C 公司 80% 的股权,当时 C 公司股东权益有股本 500 000 元和留存利润 200 000 元构成。2003 年,C 公司账面净利润 70 000 元,派发现金股利 40 000 元,而 B 公司经营利润(不包括对 C 公司投资收益)为 240 000 元。B 公司按权益法处理其对 C 公司的股权投资。

(1) 假设 2003 年 B 公司向 C 公司出售土地一块,获利 10 000 元,计算 2003 年的合并净利润和 B 公司对 C 公司投资收益以及 2003 年 12 月 31 日 B 公司对 C 公司股权投资账户余额。

(2) 假设 2003 年 C 公司向 B 公司出售土地一块,获利 10 000 元,计算 2003 年的合并净利润和 B 公司对 C 公司投资收益以及 2003 年 12 月 31 日 B 公司对 C 公司股权投资账户余额。

五、案例分析题

山西亚宝药业集团股份有限公司是一个集药品生产、研发、物流于一体的企业集团,下设 4 个分公司、11 个子公司,是山西省医药行业首家股票上市公司。公司以中药现代化生产为主体、生物药和化学药为两翼、医用卫生材料和包装材料为辅助,主要生产中西药制剂、原料药等 11 个剂型的 300 多个产品,形成了治疗心脑血管病用药、妇女用药、儿童用药等几大系列产品群。

公司资产总额 10.1 亿元,年销售收入 7.4 亿元,是全国中成药企业 50 强之一、山西省百强企业之一，2006 年世界华人医药企业总资产排名第 54 位，在全国 149 家重点化学制药企业中排名第 47 位。公司厂房先进，设备精良，检测仪器齐全，研发实力雄厚。亚宝芮城基地一分公司、二分公司、风陵渡工业园、亚宝太原制药有限公司、亚宝大同制药有限公司、亚宝四川光泰制药有限公司六大生产基地的全部生产线均通过国家 GMP 认证，并实现了"三废"达标排放。

公司注重技术创新和科研开发，每年拿出销售收入的 5% 以上资金用于技术创新。截至目前公司已向国家食品药品监督管理局申报各类新药 254 项，获得证书和生产批件 108 项。向国家知识产权局申报药品发明专利 40 项，实用专利 41 项，取得发明专利证书 12 项，实用专利证书 34 项，向国家工商局申报注册商标 239 个，取得商标证书 37 个。

公司专利产品"丁桂儿脐贴"荣获"山西省标志性名牌产品、全国十大儿童用药最具影响力第一品牌"。以丁桂儿脐贴名牌成长纪实的案例获"中国十大企业策划案例"奖，该产品广告获中国广告最高奖——中国艾菲奖。曲克芦丁、复方降压片、复方罗布麻片、甲硝唑片、牛黄解毒片、三黄片、珍菊降压片在全国同类产品产销量均位居前列。

根据药品种类不同及重点销售渠道不同，集团公司建立了两大专业性销售公司，组建了普药、代理、OTC、新药临床推广、对外贸易五支营销队伍，销售网点遍布全国 32 个省市的终端市场，部分产品实现了出口创汇。

公司相继荣获：中国最具成长性企业、全国质量效益型先进企业、全国十大企业文化品牌、山西省 AAA 级信用企业、山西省重合同守信用企业等荣誉称号。亚宝商标被认定为"中国驰名商标"。"十一五"期间，公司秉承"用心做药，造福社会"的理念，以做精产品、做优服务、做大品牌、做强企业为宗旨，不断加大技术创新力度和市场开发力度。

2007 年，公司克服医药行业整顿、原辅材料和能源价格的上涨等不利因素，报告期内公司实现营业收入 986 054 975.80 元，比 2006 年度同期增长 31.82%；利润总额 67 465 665.69 元，比 2006 年度同期增长 186.32%；归属于上市公司股东的净利润 45 059 577.89 元，比 2006 年度同期增长 91.74%。

下面是山西亚宝药业集团股份有限公司 2007 年的财务报表（表 1～表 6）。根据本章的知识，比较该公司的合并财务报表和母公司的财务报表来分析该公司的财务状况、经营成果和现金流量。

表 1　合并资产负债表

编制单位：山西亚宝药业集团股份有限公司　　2007 年 12 月 31 日　　　　　　　单位：元

项目	期末余额	年初余额
一、流动资产：		
货币资金	69 306 719.58	41 262 032.45
交易性金融资产		
应收票据	79 831 559.98	33 792 333.91
应收账款	83 577 744.52	95 897 686.45
预付款项	19 459 444.63	14 887 552.64
其他应收款	32 469 555.68	50 660 648.66

续表

项目	期末余额	年初余额
存货	132 177 148.88	126 569 108.72
其他流动资产		248 558.89
流动资产合计	416 822 173.27	363 317 921.72
二、非流动资产：		
长期股权投资	18 600 000.00	18 600 000.00
投资性房地产		
固定资产	501 889 903.56	511 947 511.63
在建工程	9 163 665.66	6 494 497.27
工程物资	14 572.70	85 306.77
无形资产	111 239 173.57	109 520 017.70
开发支出	6 885 323.36	
长期待摊费用	401 876.19	309 715.96
递延所得税资产	9 294 705.48	8 675 488.38
其他非流动资产		
非流动资产合计	657 489 220.52	655 632 537.71
资产总计	1 074 311 393.79	1 018 950 459.43
三、流动负债：		
短期借款	312 000 000.00	305 000 000.00
应付票据	9 920 101.14	6 439 790.00
应付账款	88 111 658.42	80 872 662.80
预收款项	7 724 576.56	7 946 550.44
应付职工薪酬	29 337 874.04	18 203 382.67
应交税费	21 102 661.33	15 648 123.53
其他应付款	30 641 457.53	30 370 340.79
一年内到期的非流动负债	55 000 000.00	15 000 000.00
其他流动负债	1 683 180.29	1 283 781.90
流动负债合计	555 521 509.31	480 764 632.13
四、非流动负债：		
长期借款	101 900 000.00	161 995 264.84
应付债券		
长期应付款	30 215 936.00	30 215 936.00
其他非流动负债	6 593 773.00	2 763 773.00
非流动负债合计	138 709 709.00	194 974 973.84
负债合计	694 231 218.31	675 739 605.97
五、所有者权益：		
实收资本（或股本）	133 125 000.00	133 125 000.00
资本公积	133 507 949.57	133 507 949.57
减：库存股		
盈余公积	25 019 142.22	20 731 921.29
未分配利润	68 604 687.09	43 807 324.60
归属于母公司所有者权益合计	360 256 778.88	331 172 195.46
少数股东权益	19 823 396.60	12 038 658.00
所有者权益合计	380 080 175.48	343 210 853.46
负债和所有者权益总计	1 074 311 393.79	1 018 950 459.43

表 2　母公司资产负债表

编制单位：山西亚宝药业集团股份有限公司　2007 年 12 月 31 日　　　　　　　　　单位：元

项目	期末余额	期初余额
一、流动资产：		
货币资金	33 318 244.60	29 395 858.67
交易性金融资产		
应收票据	73 650 990.62	24 484 030.37
应收账款	23 022 578.07	60 849 285.69
预付款项	6 980 219.94	5 132 254.06
应收利息		
应收股利		
其他应收款	187 436 149.14	219 711 729.49
存货	51 624 663.22	53 606 941.11
其他流动资产	248 558.89	
流动资产合计	376 032 845.59	393 428 658.28
二、非流动资产：		
长期股权投资	114 720 000.00	85 020 000.00
投资性房地产		
固定资产	347 076 591.96	353 392 902.67
在建工程	3 975 659.40	3 559 606.56
工程物资	14 572.70	68 143.00
无形资产	42 999 993.57	43 475 987.75
开发支出	5 438 433.36	
递延所得税资产	7 504 716.59	7 153 045.01
其他非流动资产		
非流动资产合计	521 729 967.58	492 669 684.99
资产总计	897 762 813.17	886 098 343.27
三、流动负债：		
短期借款	312 000 000.00	305 000 000.00
交易性金融负债		
应付票据		5 000 000.00
应付账款	22 937 385.90	33 474 586.42
预收款项	3 181 780.03	4 588 451.76
应付职工薪酬	16 242 155.86	9 912 519.00
应交税费	17 628 671.20	11 456 443.38
应付利息		
应付股利		
其他应付款	5 050 538.74	10 740 674.51

续表

项目	期末余额	期初余额
一年内到期的非流动负债	55 000 000.00	15 000 000.00
其他流动负债	1 683 180.29	1 283 781.90
流动负债合计	433 723 712.02	396 456 456.97
四、非流动负债：		
长期借款	101 900 000.00	156 900 000.00
其他非流动负债	4 093 773.00	1 593 773.00
非流动负债合计	105 993 773.00	158 493 773.00
负债合计	539 717 485.02	554 950 229.97
五、所有者权益：		
实收资本（或股本）	133 125 000.00	133 125 000.00
资本公积	133 507 949.57	133 507 949.57
减：库存股		
盈余公积	25 019 142.22	20 731 921.29
未分配利润	66 393 236.36	43 783 242.44
所有者权益合计	358 045 328.15	331 148 113.30
负债和所有者权益合计	897 762 813.17	886 098 343.27

表3　合并利润表

编制单位：山西亚宝药业集团股份有限公司　2007年1～12月　　　　　单位：元

项目	本期金额	上期金额
一、营业总收入	986 054 975.80	748 050 558.80
其中：营业收入	986 054 975.80	748 050 558.80
二、营业总成本	919 308 174.70	722 708 633.01
其中：营业成本	645 390 180.72	483 548 961.25
营业税金及附加	7 251 193.55	5 368 361.11
销售费用	169 574 177.51	133 041 834.18
管理费用	76 302 779.28	75 600 069.89
财务费用	20 846 131.76	24 021 082.60
资产减值损失	−56 288.12	1 128 323.98
加：公允价值变动收益		
投资收益	100 000.00	244 407.58
其中：对联营企业和合营企业的投资收益		
汇兑收益		
三、营业利润	66 846 801.10	25 097 518.21

续表

项目	本期金额	上期金额
加：营业外收入	3 395 317.38	1 876 308.28
减：营业外支出	2 776 452.79	3 411 045.50
其中：非流动资产处置损失	45 973.37	679 087.32
四、利润总额	67 465 665.69	23 562 780.99
减：所得税费用	19 513 820.67	7 653 418.91
五、净利润	47 951 845.02	15 909 362.08
归属于母公司所有者的净利润	45 059 577.89	23 499 799.25
少数股东损益	2 892 267.13	−7 590 437.17
六、每股收益：		
（一）基本每股收益	0.34	0.17
（二）稀释每股收益	0.34	0.17

表4　母公司利润表

编制单位：山西亚宝药业集团股份有限公司　　2007年1～12月　　　　　　单位：元

项目	本期金额	上期金额
一、营业收入	422 254 272.52	353 650 954.36
减：营业成本	203 245 974.19	168 610 887.04
营业税金及附加	4 413 322.48	3 731 232.15
销售费用	85 198 979.90	67 240 057.81
管理费用	52 869 902.17	52 767 141.83
财务费用	18 257 128.73	22 030 783.73
资产减值损失	3 412 965.96	3 096 913.81
加：公允价值变动收益		
投资收益	2 324 000.00	−244 407.58
其中：对联营企业和合营企业的投资收益		
二、营业利润	57 179 999.09	35 929 530.41
加：营业外收入	1 981 091.44	384 906.58
减：营业外支出	2 435 676.21	2 847 052.27
其中：非流动资产处置净损失	32 341.96	670 670.32
三、利润总额	56 725 414.32	33 467 384.72
减：所得税费用	13 853 205.00	7 465 844.55
四、净利润	42 872 209.32	26 001 540.17

表5　合并现金流量表

编制单位：山西亚宝药业集团股份有限公司　　2007年1～12月　　　　　　　　　　单位：元

项目	本期金额	上期金额
一、经营活动产生的现金流量：		
销售商品、提供劳务收到的现金	848 278 329.85	878 795 275.14
收到的税费返还	263 321.28	
收到其他与经营活动有关的现金	18 432 776.95	10 702 155.94
经营活动现金流入小计	866 974 428.08	889 497 431.08
购买商品、接受劳务支付的现金	458 529 916.98	606 087 281.59
支付给职工以及为职工支付的现金	90 997 616.68	70 291 113.49
支付的各项税费	95 689 958.06	64 523 189.25
支付其他与经营活动有关的现金	116 071 282.77	137 004 907.30
经营活动现金流出小计	761 288 774.49	877 906 491.63
经营活动产生的现金流量净额	105 685 653.59	11 590 939.45
二、投资活动产生的现金流量：		
取得投资收益收到的现金	100 000.00	727 919.17
处置固定资产、无形资产和其他长期资产收回的现金净额	253 000.00	737 105.81
处置子公司及其他营业单位收到的现金净额		
收到其他与投资活动有关的现金		
投资活动现金流入小计	353 000.00	8 026 673.71
购建固定资产、无形资产和其他长期资产支付的现金	31 305 534.45	43 695 052.89
投资支付的现金	4 600 000.00	500 000.00
质押贷款净增加额		
取得子公司及其他营业单位支付的现金净额		
支付其他与投资活动有关的现金		
投资活动现金流出小计	35 905 534.45	44 195 052.89
投资活动产生的现金流量净额	−35 552 534.45	−36 168 379.18
三、筹资活动产生的现金流量：		
吸收投资收到的现金	4 900 000.00	400 000.00
其中：子公司吸收少数股东投资收到的现金	4 900 000.00	400 000.00
取得借款收到的现金	355 000 000.00	342 900 000.00
发行债券收到的现金		
收到其他与筹资活动有关的现金		
筹资活动现金流入小计	359 900 000.00	343 300 000.00
偿还债务支付的现金	367 936 328.94	406 548 472.24
分配股利、利润或偿付利息支付的现金	34 052 103.07	54 870 766.53
其中：子公司支付给少数股东的股利、利润	176 000.00	198 000.00
支付其他与筹资活动有关的现金		
筹资活动现金流出小计	401 988 432.01	461 419 238.77
筹资活动产生的现金流量净额	−42 088 432.01	−118 119 238.77
四、汇率变动对现金及现金等价物的影响		
五、现金及现金等价物净增加额	28 044 687.13	−142 696 678.50
加：期初现金及现金等价物余额	41 262 032.45	183 958 710.95
六、期末现金及现金等价物余额	69 306 719.58	41 262 032.45

表6 母公司现金流量表

编制单位：山西亚宝药业集团股份有限公司　2007 年 1～12 月　　　　　　　　单位：元

项目	本期金额	上期金额
一、经营活动产生的现金流量：		
销售商品、提供劳务收到的现金	848 278 329.85	878 795 275.14
收到的税费返还		263 321.28
收到其他与经营活动有关的现金	18 432 776.95	10 702 155.94
经营活动现金流入小计	866 974 428.08	889 497 431.08
购买商品、接受劳务支付的现金	458 529 916.98	606 087 281.59
支付给职工以及为职工支付的现金	90 997 616.68	70 291 113.49
支付的各项税费	95 689 958.06	64 523 189.25
支付其他与经营活动有关的现金	116 071 282.77	137 004 907.30
经营活动现金流出小计	761 288 774.49	877 906 491.63
经营活动产生的现金流量净额	105 685 653.59	11 590 939.45
二、投资活动产生的现金流量：		
收回投资收到的现金		6 561 648.73
取得投资收益收到的现金	100 000.00	727 919.17
处置固定资产、无形资产和其他长期资产收回的现金	253 000.00	737 105.81
处置子公司及其他营业单位收到的现金净额		
收到其他与投资活动有关的现金		
投资活动现金流入小计	353 000.00	8 026 673.71
购建固定资产、无形资产和其他长期资产支付的现金	31 305 534.45	43 695 052.89
投资支付的现金	4 600 000.00	500 000.00
质押贷款净增加额		
取得子公司及其他营业单位支付的现金净额		
支付其他与投资活动有关的现金		
投资活动现金流出小计	35 905 534.45	44 195 052.89
投资活动产生的现金流量净额	−35 552 534.45	−36 168 379.18
三、筹资活动产生的现金流量：		
吸收投资收到的现金	4 900 000.00	400 000.00
其中：子公司吸收少数股东投资收到的现金	4 900 000.00	400 000.00
取得借款收到的现金	355 000 000.00	342 900 000.00
发行债券收到的现金		
收到其他与筹资活动有关的现金		
筹资活动现金流入小计	359 900 000.00	343 300 000.00
偿还债务支付的现金	367 936 328.94	406 548 472.24
分配股利、利润或偿付利息支付的现金	34 052 103.07	54 870 766.53
其中：子公司支付给少数股东的股利、利润	176 000.00	198 000.00
支付其他与筹资活动有关的现金		
筹资活动现金流出小计	401 988 432.01	461 419 238.77
筹资活动产生的现金流量净额	−42 088 432.01	−118 119 238.77
四、汇率变动对现金及现金等价物的影响		
五、现金及现金等价物净增加额	28 044 687.13	−142 696 678.50
加：期初现金及现金等价物余额	41 262 032.45	183 958 710.95
六、期末现金及现金等价物余额	69 306 719.58	41 262 032.45

第六章

企业其他财务信息分析

聚焦大唐电信 (600198)

大唐电信科技股份有限公司（以下简称大唐电信）第二届第二十三次董事会审议通过了《关于转让"实现 WCDMA NODEB 子系统的专有技术"、"实现 WCDMA MSC 和 RNC 子系统的专有技术"及购买电信科学技术研究院"实现 CDMA2000 系统的专有技术"的关联交易议案》。根据该次董事会决议同意公司与电信科学技术研究院签订技术转让合同，将公司的"实现 WCDMA NODEB 子系统的专有技术"作价 3154.00 万元转让给电信科学技术研究院；同意公司之控股子公司西安大唐电信有限公司与电信科学技术研究院签订技术转让合同，将"实现 WCDMA MSC 和 RNC 子系统的专有技术"作价 3596.53 万元转让给电信科学技术研究院。以上两项交易的转让价格合计为 6750.53 万元，报请公司股东大会审议通过后实施；由于电信科学技术研究院是大唐电信的控股股东，本次交易属于关联交易。公司于 2002 年 12 月 30 日召开大唐电信 2002 年第二次临时股东大会，大会审议并一致通过了该议案，该项关联交易的关联股东电信科学技术研究院及电信科学技术第十研究所回避表决。

电信科学技术研究院原为邮电部邮电科学研究院，创建于 1957 年，于 2001 年 1 月 20 日改制注册为企业法人，属于国有企业，注册资本为 52 227 万元，法定代表人为周寰先生。电信科学技术研究院主要从事通信与信息领域的技术、标准、网络系统装备的研究、开发、生产与经销以及技术转让、技术咨询、技术培训、技术服务等。2001 年末该研究院的总资产为 785 480 万元，净资产为 171 038 万元，净利润为 1062 万元。

电信科学技术研究院为大唐电信第一大股东，持有大唐电信 38.67％的股份。同时，大唐电信第二大股东电信科学技术第十研究所隶属于第一大股东电信科学技术研究院，持有大唐电信 7.88％的股份。电信科学技术研究院与大唐电信董事长同为周寰先生。

大唐电信以 3154.00 万元的价格转让"实现 WCDMA NODEB 子系统的专有技术"给电信科学技术研究院，大唐电信之控股子公司西安大唐电信有限公司以 3596.53 万元的价格转让"实现 WCDMA MSC 和 RNC 子系统的专有技术"给电信科学技术研究院。转让价款合计 6750.53 万元。

大唐电信以有证券从业资格的资产评估事务所评估确认的资产价值为转让定价依据，确定转让价格。中商资产评估有限公司已经对两项技术进行评估，并出具了中商评报字（2002）第125号，评估确认"实现 WCDMA NODEB 子系统的专有技术"价值为3154.00万元；中商评报字（2002）第127号资产评估报告，评估确认"实现 WCDMA MSC 和 RNC 子系统的专有技术"价值为3596.53万元。公司公告宣称本次两项专有技术转让的收入与开发形成上述专有技术的成本相比较，对公司利润未产生影响。请问：

- 如何理解"大唐电信"关联交易公告陈述？
- 如何评价2002年的利润水平？

第一节　财务报表附注的内容

财务报表附注是财务报表的重要组成部分，是财务报表的补充，是在基本报表主体之外列示的，对报表主体的形成以及重要报表项目的明细说明，或者披露不详尽的内容作进一步的解释说明。

一、财务报表附注的基本内容

财务报表附注分别按一般企业、商业银行、保险公司、证券公司等企业类型予以规定。企业应当根据其经营活动的性质，确定本企业适用的财务报表附注的内容。下面叙述一般企业财务报表附注的内容及格式。

1. 企业的基本情况

企业的基本情况包括：①企业注册地、组织形式和总部地址；②企业的业务性质和主要经营活动；③母公司以及集团最终母公司的名称；④财务报告的批准报出者和财务报告批准报出日。

2. 财务报表的编制基础

3. 遵循企业会计准则的声明

企业应当声明编制的财务报表符合企业会计准则的要求，真实、完整地反映企业的财务状况、经营成果和现金流量等有关信息。

4. 重要会计政策和会计估计

企业应当披露采用的重要会计政策和会计估计，不重要的会计政策和会计估计可以不披露。在披露重要会计政策和会计估计时，应当披露重要会计政策的确定依据和财务报表项目的计量基础，以及会计估计中所采用的关键假设和不确定因素。

5. 会计政策和会计估计变更以及差错更正的说明

会计政策变更应披露的内容包括：①会计政策变更的性质、内容和原因；②当期和各个列报前期财务报表中受影响的项目名称和调整金额；③无法进行追溯调整的，说明该事实和原因以及开始应用变更后的会计政策的时点、具体应用情况。

会计估计变更应披露的内容包括：①会计估计变更的内容和原因；②会计估计变更对当期和未来期间的影响数；③会计估计变更的影响数不能确定的，披露这一事实和原因。

前期会计差错更正应披露内容包括：①前期差错的性质；②各个列报前期财务报表中受影响的项目名称和更正金额；③无法进行追溯重述的，说明该事实和原因以及对前期差错开始进行更正的时点、具体更正情况。

6. 报表重要项目的说明（略，将在下个单元中详述）

7. 或有事项

或有事项是指企业过去交易或事项形成的一种状况，其结果须通过不完全由企业控制的未来不确定事项的发生或不发生予以证实。可能导致或有事项的事件，例如，已贴现商业承兑汇票形成的或有负债、为其他单位提供债务担保形成的或有负债、未决诉讼、未决仲裁等。这些项目虽结果不确定，但可能会对企业的财务状况和经营成果产生较大影响，所以应在报表附注中对或有负债作出应有的说明。如果或有资产很可能会给企业带来经济利益时，则应说明或有资产形成的原因及其产生的财务影响。

8. 资产负债表日后事项

资产负债表日后事项包括资产负债表日后调整事项和资产负债表日后非调整事项。要求披露：①每项重要的资产负债表日后非调整事项的性质、内容及其对财务状况和经营成果的影响。无法作出估计的，应当说明原因。②资产负债表日后，企业利润分配方案中拟分配的以及经审议批准宣告发放的股利或利润。

9. 关联方关系及其交易事项

1）关联方关系的披露

企业无论是否发生关联方交易，均应披露与母公司和子公司有关的下列信息。

（1）本企业的母公司有关信息披露格式和内容，如表6-1所示。

表6-1　母公司的相关信息

母公司名称	注册地	业务性质	注册资本

母公司不是本企业最终控制方的，说明最终控制方名称。母公司和最终控制方均不对外提供财务报表的，说明母公司之上与其最相近的对外提供财务报表的母公司名称。

（2）本企业的子公司有关信息披露格式和内容，如表6-2所示。

表 6-2　子公司的相关信息

子公司名称	注册地	业务性质	注册资本	本企业合计持股比例	本企业合计享有的表决权比例
1……					
……					

2）关联方交易的披露

企业与关联方发生关联方交易的，应披露该关联方关系的性质、交易类型及交易要素。交易要素至少应当包括：①交易的金额；②未结算项目的金额、条款和条件，以及有关提供或取得担保的信息；③未结算应收项目的坏账准备金额；④定价政策。

类型相似的关联方交易，在不影响财务报表阅读者正确理解关联方交易对财务报表影响的情况下，可以合并披露。

企业只有在提供确凿证据的情况下，才能披露关联方交易是公平交易。

二、报表重要项目的说明

企业对报表重要项目的说明，应当按照资产负债表、利润表、现金流量表、所有者权益变动表及其项目列示的顺序，采用文字和数字描述相结合的方式进行披露。报表重要项目的明细金额合计，应当与报表项目金额相衔接。下面介绍主要及常见项目的披露格式和内容。

1. 交易性金融资产的披露格式和内容

应按交易性金融资产类别披露的期初、期末的公允价值，如表 6-3 所示。

表 6-3　交易性金融资产

项目	期末公允价值	期初公允价值
1. 交易性债券投资		
2. 交易性权益工具投资		
3. 指定为以公允价值计量且其变动计入当期损益的金融资产		
4. 衍生金融资产		
5. 其他		
合计		

2. 应收款项的披露格式和内容

应收账款可选择按账龄结构或客户类别分别披露。表 6-4 列示了按账龄结构披露的格式。

表 6-4　应收账款

账龄	期初余额			期末余额		
	金额	比例	坏账准备	金额	比例	坏账准备
1 年以内						
1～2 年						
2～3 年						
3 年以上						
合计						

应收票据、预付账款、长期应收款、其他应收款的披露格式，比照应收账款进行。

3. 存货的披露格式和内容

存货应按其账面价值的变化和存货跌价准备分别披露，如表 6-5 和表 6-6 所示。

表 6-5　存货

存货种类	年初账面价值	本期增加额	本期减少额	年末账面价值
1. 原材料				
2. 在产品				
3. 库存商品				
4. 周转材料				
……				
合计				

表 6-6　存货跌价准备

存货种类	年初账面价值	本期计提额	本期减少额		年末账面价值
			转回	转销	
1. 原材料					
2. 在产品					
3. 库存商品					
4. 周转材料					
……					
合计					

4. 可供出售金融资产的披露格式和内容

可供出售金融资产的披露格式和内容参见交易性金融资产。

5. 持有至到期投资的披露格式和内容

应按其类别披露期末和年初账面价值。

6. 长期股权投资披露格式和内容

（1）按被投资单位分别长期股权投资的期末和年初的账面价值，如表 6-7 所示。

表 6-7　长期股权投资

被投资单位	期末账面价值	年初账面价值
……		
合计		

（2）被投资单位由于所在国家或地区及其他方面的影响，其向投资企业转移资金的能力受到限制的，应当披露受限制的具体情况。

（3）当期及累计未确认的投资损失金额。

7. 投资性房地产

企业采用成本模式进行后续计量的，应按表 6-8 披露下列信息。

表 6-8　投资性房地产

项目	年初账面余额	本期增加数	本期减少数	期末账面余额
1. 原价合计				
其中：房屋、建筑物				
土地使用权				
2. 累计折旧和累计摊销合计				
其中：房屋、建筑物				
土地使用权				
3. 投资性房地产减值准备累计金额合计				
其中：房屋、建筑物				
土地使用权				
4. 投资性房地产账面价值合计				
其中：房屋、建筑物				
土地使用权				

企业采用公允价值模式进行后续计量的，应当披露投资性房地产公允价值的确定依据及公允价值金额的增减变动情况。

如有房地产转换的，应当说明房地产转换的原因及其影响。

8. 固定资产披露格式和内容

固定资产按其类别披露，如表 6-9 所示。

表 6-9　固定资产

项目	年初账面余额	本期增加数	本期减少数	期末账面余额
1. 原价合计				
其中：房屋、建筑物				
机器设备				
运输工具				
……				
2. 累计折旧合计				
其中：房屋、建筑物				
机器设备				
运输工具				
……				
3. 固定资产净值合计				
其中：房屋、建筑物				
机器设备				
运输工具				
……				

企业确有准备处置固定资产的，应当说明准备处置的固定资产名称、账面价值、公允价值、预计处置费用和预计处置时间等。

9. 无形资产的披露格式和内容

应按无形资产项目披露，如表 6-10 所示。

表 6-10　无形资产

项目	年初账面余额	本期增加数	本期减少数	期末账面余额
1. 原价合计				
(1) ……				
2. 累计摊销额合计				
(1) ……				
3. 无形资产减值准备累计金额合计				
(1) ……				
4. 无形资产账面价值合计				
(1) ……				

同时还应披露计入当期损益和确认为无形资产的研究开发支出金额。

10. 资产减值准备的披露格式和内容

应按资产项目披露资产减值的计提和使用，如表 6-11 所示。

表 6-11　资产减值准备

资产种类	年初账面价值	本期计提额	本期减少额		年末账面价值
			转回	转销	
1. 坏账准备					
2. 存货跌价准备					
3. 可供出售金融资产减值准备					
4. 持有到期投资减值准备					
5. 投资性房地产减值准备					
6. 固定资产减值准备					
7. 工程物质减值准备					
8. 在建工程减值准备					
9. 无形资产减值准备					
……					
合计					

11. 职工薪酬的披露格式和内容

应付职工薪酬的披露格式如表 6-12 所示。

表 6-12　应付职工薪酬

项目	年初账面余额	本期增加数	本期支付数	期末账面余额
一、工资、奖金、津贴和补贴				
二、职工福利费				
三、社会保险费				
其中：1. 医疗保险费				
2. 基本养老保险费				
3. ……				
四、住房公积金				
五、工会经费和职工教育经费				
六、非货币性福利				
七、因解除劳动关系给予的补偿				
八、其他				
合计				

企业本期为职工提供的各项非货币性福利，应说明其福利的形式、金额及其

计算依据。

12．应交税费的披露格式和内容

应交税费按税费项目披露年初年末账面价值。

13．短期借款和长期借款

按借款种类披露各项长短期借款的年初年末账面价值，对于期末逾期借款，应分别对贷款单位、借款金额、逾期时间、年利率、逾期未偿还原因和预期还款期等进行披露。

14．营业收入的披露格式和内容

应分别披露主营业务收入和其他业务收入的本期发生额和上期发生额。

15．公允价值变动收益的披露格式和内容

应按产生公允价值变动收益的来源项目披露，如表6-13所示。

表6-13　公允价值变动收益

产生公允价值变动收益的来源	本期发生额	上期发生额
1.……		
合计		

16．投资收益披露格式和内容

应按产生投资收益的来源项目披露。按照权益法核算的长期股权投资，直接以被投资单位的账面净损益计算确认投资损益的事实及原因。

17．资产减值损失的披露格式和内容

按资产类别披露各项资产减值损失的发生额，如表6-14所示。

表6-14　资产减值损失

资产种类	本期发生额	上期发生额
1. 坏账损失		
2. 存货跌价损失		
3. 可供出售金融资产减值损失		
4. 持有到期投资减值损失		
5. 投资性房地产减值损失		
6. 固定资产减值损失		
7. 工程物质减值损失		
8. 在建工程减值损失		
9. 无形资产减值损失		
……		
合计		

18. 营业外收入和支出的披露格式和内容

应按营业外收支项目内容分别披露本期发生额和上期发生额。

19. 所得税费用披露格式和内容

应披露所得税费用（收益）的组成，包括当期所得税、递延所得税，还应说明所得税费用（收益）与会计利润的关系。

20. 非货币性资产交换披露格式和内容

存在非货币性资产交换的企业应披露：①换入资产和换出资产的类别；②换入资产成本的确定方式；③换入资产和换出资产的公允价值及换出资产的账面价值。

21. 债务重组披露格式和内容

存在债务重组业务的企业，应分别债务人和债权人披露债务重组的信息。

债务人应披露：①债务重组方式；②确认的债务重组利得总额；③将债务转为资本所导致的股本（或者实收资本）增加额；④或有应付金额；⑤债务重组中转让的非现金资产的公允价值、由债务转成的股份的公允价值和修改其他债务条件后债务的公允价值的确定方法及依据。

债权人应披露：①债务重组方式；②确认的债务重组损失总额；③债权转为股份所导致的投资增加额及该投资占债务人股份总额的比例；④或有应收金额；⑤债务重组中受让的非现金资产的公允价值、由债权转成的股份的公允价值和修改其他债务条件后债权的公允价值的确定方法及依据。

22. 借款费用披露格式和内容

应披露当期资本化的借款费用金额和当期用于计算确定借款费用资本化金额的资本化率。

23. 企业合并披露格式和内容

企业合并发生当期的期末，应分别合并方和购买方披露企业合并的信息。

合并方应披露与同一控制下企业合并有关的信息：①参与合并企业的基本情况。②属于同一控制下企业合并的判断依据。③合并日的确定依据。④以支付现金、转让非现金资产以及承担债务作为合并对价的，所支付对价在合并日的账面价值；以发行权益性证券作为合并对价的，合并中发行权益性证券的数量及定价原则，以及参与合并各方交换有表决权股份的比例。⑤被合并方的资产、负债在上一会计期间资产负债表日及合并日的账面价值；被合并方自合并当期期初至合并日的收入、净利润、现金流量等情况。⑥合并合同或协议约定将承担被合并方或有负债的情况。⑦被合并方采用的会计政策与合并方不一致所作调整情况的说明。⑧合并后已处置或准备处置被合并方资产、负债的账面价值、处置价格等。

购买方应披露与非同一控制下企业合并有关的信息：①参与合并企业的基本情况。②购买日的确定依据。③合并成本的构成及其账面价值、公允价值及公允价值的确定方法。④被购买方各项可辨认资产、负债在上一会计期间资产负债表日及购买日的账面价值和公允价值。⑤合并合同或协议约定将承担被购买方或有负债的情况。⑥被购买方自购买日起至报告期期末的收入、净利润和现金流量等情况。⑦商誉的金额及其确定方法。⑧因合并成本小于合并中取得的被购买方可辨认净资产公允价值的份额计入当期损益的金额。⑨合并后已处置或准备处置被购买方资产、负债的账面价值、处置价格等。

24.分部报告披露格式和内容

分部报告的主要报告形式可以按业务分部，也可以按地区分部。在主要报告形式的基础上，对于次要报告形式，企业还应披露对外交易收入、分部资产总额等。

第二节　审计报告的分析

由于所有权与经营权的分离，管理层必须定期公布企业的财务报告，对于财务报告的使用者而言，他们无法独立判断管理层在企业财务报告上所陈述的财务状况和经营成果是否客观、公正，必须由审计人员出具独立审计报告，并附随财务报告。

中国注册会计师协会于 2008 年 5 月 5 日发布的 2007 年报审计情况显示，截至 2008 年 4 月 30 日，会计师事务所共为 1570 家上市公司出具了审计报告（九发股份、*ST 威达未能在法定期限披露 2007 年年报）。其中，标准审计报告 1449份，带强调事项段的无保留意见审计报告 90 份，保留意见审计报告 14 份，无法表示意见审计报告 17 份。

一、审计报告的基本内容与类型

这里所说的审计报告（audit report），是指注册会计师就企业财务报表是否恰当地反映了企业的财务状况和经营成果所出具的意见。了解审计报告的作用、基本内容和种类，对理解财务报表具有重要的意义。通常财务报表分析者在实施财务分析前，应先了解审计师的审计意见。

1.审计报告的基本内容

按照我国《中国注册会计师审计准则第 1501 号——审计报告》的规定，注册会计师出具的审计报告应包括下列基本要素：

（1）标题。在我国，审计报告的标题为统一规范的"审计报告"。

（2）收件人。审计报告的收件人是指注册会计师按照业务约定书的要求致送审计报告的对象，一般是指审计业务的委托人。

（3）引言段。该引言段应当说明被审计单位的名称和财务报表已经过审计，并包括下列内容：①指出构成整套财务报表的每张财务报表的名称；②提及财务报表附注；③指明财务报表的日期和涵盖的期间。

（4）管理层对财务报表的责任段。该责任段应当说明，按照适用的会计准则和相关会计制度的规定编制财务报表是管理层的责任。这种责任包括：①设计、实施和维护与财务报表编制相关的内部控制，以使财务报表不存在由于舞弊或错误而导致的重大错报；②选择和运用恰当的会计政策；③作出合理的会计估计。

（5）注册会计师的责任段。注册会计师的责任是在实施审计工作的基础上对财务报表发表审计意见。

注册会计师按照中国注册会计师审计准则的规定执行了审计工作。中国注册会计师审计准则要求注册会计师遵守职业道德规范，计划和实施审计工作以对财务报表是否不存在重大错报获取合理保证。

审计工作涉及实施审计程序，以获取有关财务报表金额和披露的审计证据。选择的审计程序取决于注册会计师的判断，包括对由于舞弊或错误导致的财务报表重大错报风险的评估。在进行风险评估时，注册会计师考虑与财务报表编制相关的内部控制，以设计恰当的审计程序，但目的并非对内部控制的有效性发表意见。审计工作还包括评价管理层选用会计政策的恰当性和作出会计估计的合理性，以及评价财务报表的总体列报。

注册会计师相信已获取的审计证据是充分的、适当的，为其发表审计意见提供了基础。

（6）审计意见段。该意见段应当说明，财务报表是否按照适用的会计准则和相关会计制度的规定编制，是否在所有重大方面公允反映了被审计单位的财务状况、经营成果和现金流量。

（7）注册会计师的签名和盖章。审计报告应当由注册会计师签名并盖章。

（8）会计师事务所的名称、地址及盖章。审计报告应当载明会计师事务所的名称和地址，并加盖会计师事务所公章。

（9）报告日期。审计报告的日期不应早于注册会计师获取充分、适当的审计证据（包括管理层认可对财务报表的责任且已批准财务报表的证据），并在此基础上对财务报表形成审计意见的日期。

2. 审计报告的基本类型

按照我国独立审计准则的规定，注册会计师在完成会计报表的审计任务后，可以视实际情况形成不同的审计意见，出具四种基本类型审计意见的审计报告，即无保留意见审计报告、保留意见审计报告、否定意见审计报告和拒绝表示意见审计报告。

（1）无保留意见的审计报告。无保留意见是指注册会计师对被审计单位的会计报表依照独立审计准则的要求进行审计后，确认被审计单位采用的会计处理方法遵循了会计准则及其有关规定；会计报表反映的内容符合被审计单位的实际情况；会计报表内容完整，表达清楚，无重要遗漏；报表项目的分类和编制方法符合规定要求，因而对被审计单位的会计报表无保留地表示满意。无保留意见意味着注册会计师认为会计报表的反映是恰当的，能满足非特定多数的利益关系人的共同需要，并对表示的该意见负责。

如果认为财务报表符合下列所有条件，注册会计师应当出具无保留意见的审计报告：①财务报表已经按照适用的会计准则和相关会计制度的规定编制，在所有重大方面公允反映了被审计单位的财务状况、经营成果和现金流量；②注册会计师已经按照中国注册会计师审计准则的规定计划和实施审计工作，在审计过程中未受到限制。

当注册会计师出具的无保留意见的审计报告不附加说明段、强调事项段或任何修饰性用语时，该报告称为标准审计报告。该报告应当以"我们认为"作为意见段的开头，并使用"在所有重大方面"、"公允反映"等术语。

当存在可能导致对持续经营能力产生重大疑虑的事项和可能对财务报表产生重大影响的不确定事项，但不影响已发表的审计意见时，注册会计师应当在审计意见段之后增加强调事项段对此予以强调。该段内容主要用于提醒财务报表使用者关注该事项，并不影响已发表的审计意见。

（2）表示保留意见的审计报告。注册会计师通过审计对被审计单位的会计报表有异议，或存在某些疑问，就不应签发无保留意见的审计报告。注册会计师应视被审计单位的实际情况及所掌握的审计证据，签发保留意见、否定意见或拒绝表示意见的审计报告。

保留意见是指注册会计师对会计报表的反映有所保留的审计意见。一般是由于某些事项的存在，使无保留意见的条件不完全具备，影响了被审计单位的会计报表的表达，因而注册会计师对无保留意见加以修正，对影响事项提出保留意见，并表示对该意见负责。

如果认为财务报表整体是公允的，但还存在下列情形之一的，注册会计师应当出具保留意见的审计报告：①会计政策的选用、会计估计的作出或财务报表的披露不符合适用的会计准则和相关会计制度的规定，虽影响重大，但不至于出具否定意见的审计报告；②因审计范围受到限制，不能获取充分、适当的审计证据，虽影响重大，但不至于出具无法表示意见的审计报告。

当出具保留意见的审计报告时，注册会计师应当在审计意见段中使用"除……的影响外"等术语。如果因审计范围受到限制，注册会计师还应当在注册会计师的责任段中提及这一情况。

（3）表示否定意见的审计报告。表示反对意见是指与无保留意见相反，提出否定会计报表能恰当地反映被审计单位财务状况、经营成果及资金变动情况的审计意见。当未调整事项、未确定事项、违反一致性原则事项等对会计报表的影响程度超出一定范围，以致会计报表无法被接受时，被审计单位的会计报表已失去其价值，注册会计师就不能表示保留意见，也不能不表示意见，而只能表示否定意见。

如果认为财务报表没有按照适用的会计准则和相关会计制度的规定编制，未能在所有重大方面公允反映被审计单位的财务状况、经营成果和现金流量，注册会计师应当出具否定意见的审计报告。

在出具否定意见的审计报告时，注册会计师应当在审计意见段中使用"由于上述问题造成的重大影响"、"由于受到前段所述事项的重大影响"等术语。

（4）拒绝表示意见的审计报告。拒绝表示意见是指注册会计师说明其对被审计单位的会计报表不能表示意见，即对会计报表不发表包括肯定、否定和保留的审计意见。注册会计师在审计过程中，由于受到委托人、被审计单位或客观环境的严重限制，不能获取必要的审计证据，以致无法对会计报表整体表示审计意见时，应当出具拒绝表示意见的审计报告。

如果认为财务报表没有按照适用的会计准则和相关会计制度的规定编制，未能在所有重大方面公允反映被审计单位的财务状况、经营成果和现金流量，注册会计师应当出具否定意见的审计报告。

在出具否定意见的审计报告时，注册会计师应当在审计意见段中使用"由于上述问题造成的重大影响"、"由于受到前段所述事项的重大影响"等术语。

二、审计报告的作用及对财务分析的影响

1. 审计报告的作用

一般认为，注册会计师签发的对企业年度财务报告出具的审计报告，具有鉴证作用和证明作用。

（1）鉴证作用。现代企业普遍采用经营权和所有权相分离的形式，大多数所有者不参与企业的经营活动，他们只能通过阅读财务报告了解企业的经营状况，作出继续持有还是转让投资的决策。受各种因素的制约及信息的不对称性，企业的经营者在报表的编制中往往存在粉饰报表的倾向。因此，所有者或股东只能聘请（并非直接聘请）注册会计师，对企业财务报表进行审计，并对财务报表是否恰当地反映企业的财务状况和经营成果出具审计报告。注册会计师签发的审计报告，是以独立的第三者的身份，对被审计单位的财务报告中所反映的财务状况和经营成果是否恰当发表自己的意见。这种客观意见具有鉴证作用，并得到普遍认可。

（2）证明作用。审计报告是对注册会计师审计任务完成情况及其结果所作的总结，它可以表明审计工作的质量并明确注册会计师的审计责任。因此审计报告

可以对审计工作质量和注册会计师的审计责任起证明作用。审计报告在一定程度上可以证明注册会计师在审计工作中是否完成了预定的审计程序，是否以审计底稿为依据表示审计意见，表明的审计意见是否与被审计单位的实际情况相一致，审计工作质量是否符合要求。审计报告还可以证明注册会计师审计责任的履行情况。注册会计师的审计责任是指注册会计师对其出具的审计报告的质量负责。审计报告必须反映注册会计师的审计范围、审计依据、实施的审计程序和应表示的审计意见。同时，审计报告的编制和出具必须符合《中华人民共和国注册会计师法》和独立审计准则的规定。

2. 审计报告对财务分析的影响

现实生活中在对会计报表进行分析时，首先要了解注册会计师出具的审计报告。仔细阅读审计报告对财务报表使用者的决策分析至关重要。一般认为，审计报告是注册会计师站在公正立场上对企业会计报表能否遵循会计准则，能否恰当反映会计信息所表明的意见。附有注册会计师出具审计报告的财务报表的可信度将大大提高，对财务分析的影响表现在以下几方面：

（1）无保留意见的审计报告对财务分析的影响。对于无保留意见的审计报告，表明注册会计师对被审计单位会计报表编制及对会计准则的运用的认同，不存在重大差异，不足以使报表使用者作出错误判断。因此财务分析者可据此会计报表，并结合其分析目的进行财务分析。

从理论上讲，无保留意见的审计报告是可以信赖的。但分析人员在阅读审计报告时应注意，无保留意见的审计报告并不意味着企业的会计处理是按照会计准则的要求准确无误。一方面，当注册会计师认为会计报表的编制及其会计处理与会计准则的要求无重大性偏差，或存在一定偏差但不足以使报表使用者作出错误判断时，仍会出具无保留意见的审计报告；另一方面，受到注册会计师水平和其他条件的限制，未能发现问题，也会出具无保留意见的审计报告。

下面以带有强制说明段无保留意见的审计报告分析为例。

审 计 报 告

德师报（审）字（05）第 PSZ004 号

广东科龙电器股份有限公司全体股东：

我们审计了后附的贵公司 2004 年 12 月 31 日公司及合并的资产负债表及该年度公司及合并的利润及利润分配表和现金流量表。这些会计报表的编制是贵公司管理当局的责任，我们的责任是在实施审计工作的基础上对这些会计报表发表意见。

除下段所述事项外，我们按照中国注册会计师独立审计准则计划和实施审计工作，以合理确信会计报表是否不存在重大错报。审计工作包括：在抽查的基础上检查支持会计报表金额和披露的证据，评价管理当局在编制会计报表时采用的会计政策和作出的重大会计估计，以及评价会计报表的整体反映。我们相信，我们的审计工作为发表意见提供了合理的基础。

贵公司 2004 年度已确认的主营业务收入共计人民币 843 640 万元，包括对中国境内两家客户的产品销售收入人民币 57 600 万元，其中人民币 42 700 万元发生于 2004 年 12 月。以上其中一家新客户 2004 年 12 月确认了人民币 29 700 万元产品销售收入。我们未能从这两家客户取得直接的回函确认，也未能确定与这一新客户的交易的真实性。2004 年度对这两家客户的全部产品销售收入中，截至 2004 年 12 月 31 日和审计报告日尚未收款的金额分别为人民币 57 600 万元和人民币 55 600 万元。因此，我们未能取得足够证据以证实这些收入的真实性，或 2004 年 12 月 31 日公司及合并资产负债表中与这些收入相关的应收账款的真实性，也不能确认截至 2004 年 12 月 31 日止公司及合并的主营业务收入和应收账款是否不存在重大差错。

贵公司 2004 年度已确认了销售退回超过人民币 20 000 万元。贵公司管理层认为截至 2004 年 12 月 31 日止没有必要对销售退回计提准备。我们未能取得足够的资料及解释以确定 2004 年 12 月 31 日是否不需对销售退回计提准备。

我们认为，除以上问题可能产生的影响外，上述载于第 3 页至第 47 页的会计报表符合国家颁布的企业会计准则和《企业会计制度》的规定，在所有重大方面公允反映了贵公司 2004 年 12 月 31 日公司及合并的财务状况及该年度公司及合并的经营成果和现金流量。

德勤华永会计师事务所有限公司　　　　　　中国注册会计师

中国·上海　　　　　　　　　　　　　　中国注册会计师

2005 年 4 月 28 日

审计报告系 2004 年度的，与 2007 年度执行新的审计准则体系有一定区别，但分析者一定会从强调事项中分析判断其存在的风险和不确定性。

（2）保留意见的审计报告对财务分析的影响。对附有保留意见审计报告的财务报表，其可信度有所降低。注册会计师经过审计后，认为被审计单位的财务报表整体反映是恰当的，但某些事项的存在会对会计报表较大影响，使无保留意见不完全具备，因此出具保留意见的审计报告。报表使用者应仔细阅读审计报告，分析出具保留意见的原因，然后分析财务报表的内容。

保留意见中描述的保留事项分为四项，即未调整事项、审计范围受到局部限制事项、不符合一致性原则事项和不确定事项。对于附有保留意见审计报告中的"说明段"，分析者们应特别注意。对于未调整事项，应设法确认其与严格意义上的无保留意见偏离的程度，了解那些注册会计师认为比较重要的审计调整事项，而被审计单位未进行调整，对财务报表的影响有多大；对重大的不确定事项的解释应引起高度重视，分析其产生直接和间接的影响；而会计政策变更的解释通常关系不大，但需了解对会计报表的影响。

下面以带有强制说明段保留意见的审计报告分析为例。

审 计 报 告

天健华证中洲审（2008）GF 字第 020033 号

夏新电子股份有限公司全体股东：

我们审计了后附的夏新电子股份有限公司（以下简称夏新电子公司）2007年度财务报表，包括 2007 年 12 月 31 日的资产负债表、合并资产负债表，2007年度的利润表、合并润表和现金流量表、合并现金流量表及股东权益变动表、合并股东权益变动表以及财务报表附注。

一、管理层对财务报表的责任

按照财政部 2006 年 2 月 15 日颁布的《企业会计准则》的规定编制财务报表是夏新电子公司管理层的责任。这种责任包括：①设计、实施和维护与财务报表编制相关的内部控制，以使财务报表不存在由于舞弊或错误而导致的重大错报；②选择和运用恰当的会计政策；③作出合理的会计估计。

二、注册会计师的责任

我们的责任是在实施审计工作的基础上对财务报表发表审计意见。除本报告之"三、导致保留意见的事项"所述事项外，我们按照中国注册会计师审计准则的规定执行了审计工作。中国注册会计师审计准则要求我们遵守职业道德规范，计划和实施审计工作以对财务报表是否不存在重大错报获取合理保证。

审计工作涉及实施审计程序，以获取有关财务报表金额和披露的审计证据。选择的审计程序取决于注册会计师的判断，包括对由于舞弊或错误导致的财务报表重大错报风险的评估。在进行风险评估时，我们考虑与财务报表编制相关的内部控制，以设计恰当的审计程序，但目的并非对内部控制的有效性发表意见。审计工作还包括评价管理层选用会计政策的恰当性和作出会计估计的合理性，以及评价财务报表的总体列报。

我们相信，我们获取的审计证据是充分的、适当的，为发表审计意见提供了基础。

三、导致保留意见的事项

1. 2007 年 1～3 月夏新电子公司收到退货 35 623 台手机，并相应冲减当期营业收入和营业成本 2463.57 万元和 1678.00 万元。由于夏新电子公司未能就该部分退货的性质、销售确认时间等提供充分、适当的证据，因此我们无法判断该部分退货对各年度财务报表的影响。

2. 2007 年度夏新电子公司列支的广告费共计 16 740.88 万元，由于夏新电子公司未能提供全部广告费清单及广告合同等相关资料，我们无法获取充分、适当的审计证据以判断夏新电子公司 2007 年度广告费的完整性、真实性和归属期间。

3. 2007 年 12 月 31 日夏新电子公司预提的应付价保返利款余额为 15 299.89 万元，由于夏新电子公司未能就该价保返利款提供充分、适当的证据，我们无法对其完整性、真实性和归属期间作出专业判断。

4. 截至 2007 年 12 月 31 日 "夏新" 商标权的摊余价值为 11 500 万元，夏新电子公司未能提供充分、适当的证据，以证明该商标权可以产生的额外收益及现金流量，因此我们无法判断该商标权是否存在减值。

四、审计意见

我们认为，除了前段所述内容可能产生的影响外，夏新电子公司财务报表已经按照财政部 2006 年 2 月 15 日颁布的《企业会计准则》的规定编制，在其他重大方面公允反映了夏新电子公司 2007 年 12 月 31 日的财务状况以及 2007 年度的经营成果和现金流量。

五、强调事项

我们提醒财务报表使用者关注，如财务报表附注十四之（一）所述，夏新电子公司 2007 年度发生亏损－81 112.32 万元，经营活动的现金流量为－14 635.99万元，截至 2007 年 12 月 31 日的资产总额为 302 781.70 万元、负债总额为 324 964.61 万元、所有者权益总额为－22 182.91 万元（其中归属于母公司所有者权益为－30 434.89 万元），其持续经营能力存在重大不确定性；夏新电子公司持续经营能力未来能否得到改善，将取决于财务报表附注十四之（二）所述措施能否得以全面实施以及实施效果是否显著。

本段内容不影响已发表的审计意见。

天健华证中洲（北京）会计师事务所有限公司　中国注册会计师

中国·北京　　　　　　　　　　　　　中国注册会计师

报告日期：2008 年 4 月 28 日

（3）否定意见的审计报告对财务分析的影响。附有否定意见审计报告的财务报表，其可信度大大降低。它表明注册会计师认为被审计单位的财务报表没有依据公认的会计准则要求，真实、公允地反映企业的财务状况、经营成果和现金流量。这类财务报表已失去其价值，无法被接受。

下面以否定意见的审计报告分析为例。

审 计 报 告

众环审字（2008）499 号

武汉国药科技股份有限公司全体股东：

我们审计了后附的武汉国药科技股份有限公司（以下简称国药科技公司或公司）财务报表，包括 2007 年 12 月 31 日的资产负债表和合并的资产负债表、2007 年度的利润表和合并的利润表、股东权益变动表和合并的股东权益变动表、现金流量表和合并的现金流量表，以及财务报表附注。

一、管理层对财务报表的责任

按照企业会计准则的规定编制财务报表是国药科技公司管理层的责任。这种责任包括：①设计、实施和维护与财务报表编制相关的内部控制，以使财务报表不存在由于舞弊或错误而导致的重大错报；②选择和运用恰当的会计政策；③作出合理的会计估计。

二、导致无法表示意见的事项

国药科技公司主要经营性资产抵押，亏损数额巨大，公司拟采取资产重组的方式改善持续经营能力，但其持续经营能力仍具有重大不确定性。我们无法获取充分、适当的审计证据确定国药科技公司按照持续经营假设编制会计报表的合理性。

在审计中，我们未取得大部分债权的函证回函，无法获得充分、适当的审计证据以核实公司债权的真实性和可回收性。

另外，国药科技公司 2006 年出售子公司湖北春天医药有限公司 98％的股权后，不再合并其会计报表。该事项需上报中国证监会审核无异议并经股东大会审议通过后方可生效。

三、审计意见

由于上述事项可能产生的影响非常重大和广泛，我们无法对国药科技公司财务报表发表意见。

此外我们注意到，国药科技因涉嫌隐瞒大股东占用资金和违规担保等行为，目前已被中国证监会湖北证监局立案调查。

武汉众环会计师事务所有限责任公司　　　中国注册会计师

中国注册会计师

中国　　武汉　　　　　　　　　　　　　2008 年 4 月 28 日

另武汉国药科技股份有限公司两件事引起我们的注意：第一，2007 年 5 月 29 日杜智勇先生辞去该公司独立董事职务（见 2007 年 5 月 29 日《中国证券报》）；2007 年 8 月 6 日周雪华请求辞去公司董事、总经理职务，闻彩兵请求辞去公司董事会秘书职务（见 2007 年 8 月 21 日《中国证券报》）；2008 年 2 月 21 日张建华、雷洪先生辞去该公司独立董事职务（见 2008 年 2 月 21 日《中国证券报》）。高管为何频频辞职？

第二，2007 年报告期内，公司改聘了会计师事务所，公司原聘任立信长江会计师事务所有限公司为公司的境内审计机构，公司现聘任武汉众环会计师事务所有限责任公司为公司的境内审计武汉国药科技股份有限公司 2007 年年度报告机构。公司为何改聘审计师？

（4）拒绝表示意见的审计报告对财务分析的影响。在审计工作中，由于审计工作环境的限制，注册会计师无法实施必要的审计程序，无法取得必要的审计证据，因而无法对审计事项发表意见，只能出具拒绝表示意见的审计报告。尽管这类审计报告很少，但其可读性最差，很难利用它来帮助报表使用者分析企业的财务状况、经营成果和现金流量。

第三节　会计政策、会计估计变更和前期差错更正的分析

一、会计政策、会计估计变更和前期差错更正

（一）会计政策变更

1. 会计政策及其变更

会计政策是指企业在会计确认、计量和报告中所采用的原则、基础和会计处理方法。会计准则规定企业采用的会计政策，在每一会计期间和前后各期应当保持一致，不得随意变更。

会计政策变更是指企业对相同的交易成本由原来采用的会计政策改用另一会计政策的行为，这也意味着在不同的会计期间执行不同的会计政策。

会计政策变更在一般情况下是不能随意进行的，这是为了保持会计信息在不同期间的可比性。但在以下两种情形下，企业可以变更会计政策：

（1）法律或会计准则等行政法规、规章要求变更。在制定了新的会计准则或修订了原有的会计准则后，要求变更会计政策，如公允价值在交易性资产中的运用。

（2）会计政策变更后，能够使所提供的企业财务状况、经营成果和现金流量信息更为可靠相关。由于企业周围的经济环境、客观情况的改变，继续采用原来的会计政策不能保证会计信息的可靠性和相关性，而需要变更会计政策。例如，

在价格水平相对稳定时，企业对存货的计算方法本来采用先进先出法，但由于发生通货膨胀，采用后进先出法更能体现收入与市价相配比的原则，而采用后进先出法计算存货。

以下两种情况不属于会计政策变更：

（1）本期发生的交易或事项与以前相比具有本质差别，而采用新的会计政策。在这种情况下，企业实际上是为新的交易或事项选择适当的会计政策而并没有改变原有的会计政策。

（2）对初次发生的或不重要的交易或事项采用新的会计政策。例如，某公司以前没有建造合同业务，则当年承接的建造合同属于初次发生的交易。企业采用完工百分比法进行核算，并不是会计政策变更。

2. 会计政策变更的会计处理方法

会计政策变更，根据具体情况，分别采取以下处理方法：

（1）追溯调整法是指对某项交易或事项变更会计政策时，如同该交易或事项初次发生时就开始采用新的会计政策，并以此对相关项目进行调整的方法，即应当计算会计政策变更的累积影响数，并相应调整变更年度的期初留存收益以及会计报表的相关项目。其中，累积影响数是指按变更后的会计政策对以前各期追溯计算的变更年度期初留存收益应有的金额与现有的金额之间的差额。

（2）未来适用法是指对某项交易或事项变更会计政策时，新的会计政策适用于变更当期及未来期间发生的交易或事项的方法，在未来适用法下，不需要计算会计政策变更产生的累积影响数，也无须重编以前年度的会计报表。企业会计账簿记录及会计报表上反映的金额，变更之日仍保留原有的金额，不因会计政策变更而改变以前年度的既定结果，并在现有金额的基础上按新的会计政策核算。

会计处理方法在具体情况时应遵循如下原则进行选择：

（1）企业根据法律或会计准则等行政法规、规章要求变更会计政策。当法律或行政法规、规章要求改变会计政策的同时，也规定了会计政策的变更处理方法，这时，应当按照规定的办法进行；当国家没有规定相关会计处理方法时，则采用追溯调整法进行会计处理。

（2）由于经济环境和客观情况的改变而变更会计政策，应当采用追溯调整法，以便提供有关企业财务状况、经营现金流量等更可靠、更相关的会计信息。

（3）当会计政策变更的累积影响数不能合理确定时，可采用未来适用法进行会计处理。

（二）会计估计及其变更

1. 会计估计变更

会计估计是指企业对其结果不确定的交易或事项以最近可利用的信息为基础所作的判断。需要进行会计估计的项目有：坏账；存货遭受亏损，全部或部分陈旧过时；固定资产的耐用年限与净残值；无形资产的受益期限；递延资产的摊销期限；或有损失和或有收益。

企业通常由于以下原因而发生会计估计变更：

（1）企业进行会计估计的基础发生了变化，则会计估计也要相应变化。

（2）企业得了新的信息，积累了更多的经验和获得了更大的发展，此时，也要对会计估计作相应修订。例如，企业对原固定资产按 20 年计提折旧，现在得到新信息，固定资产的实际可用年限只有 16 年，则应按 16 年计提折旧。

2. 会计估计变更的会计处理方法

会计估计变更应采用未来适用法，具体处理方法为：若是会计估计的变更仅影响变更当期，有关会计估计变更的影响应于当期确认；若是会计估计变更既影响变更当期又影响未来期间，有关会计估计变更影响在当期及以后各期确认。

为了保证会计估计变更后，会计报表的可比性，如果以前期间的会计估计变更的影响数计入日常经营活动损益，则以后期间也应计入日常经营活动损益；如果以前期间的会计估计变更的影响数计入特殊项目，则以后期间也应计入特殊项目。

在会计实务中，有时很难区分会计政策变更和会计估计变更，若不易分清会计政策变更和会计估计变更，则应按会计估计变更进行处理。

（三）前期差错及其更正

1. 前期差错更正

前期差错是指由于没有运用或错误运用下列两种信息，而对前期财务报表造成省略或错报：①编报前期财务报表时预期能够取得并加以考虑的可靠信息；②前期财务报告批准报出时能够取得的可靠信息。

前期差错通常包括计算错误、应用会计政策错误、疏忽或曲解事实和舞弊产生的影响和存货、固定资产盘盈等。没有运用或错误运用上述两种信息而形成前期差错的情形主要有：①计算以及账户分类错误；②采用法律、行政法规或者国家统一的会计制度等不允许的会计政策；③对事实的疏忽或曲解，以及舞弊；④在期末对应计项目与递延项目未予调整；⑤漏记已完成的交易；⑥资本性支出与收益性支出划分差错；等等。

2. 前期差错更正的会计处理方法

对于不重要的前期差错，企业不需调整财务报表相关项目的期初数，但应调整发现当期与前期相同的相关项目。属于影响损益的，应直接计入本期与上期相同的净损益项目；属于不影响损益的，应调整本期与前期相同的相关项目。

对于重要的前期差错，企业应当在其发现当期的财务报表中，调整前期比较数据。也就是说，前期差错应当采用追溯重述法进行更正，视同该项前期差错从未发生过，从而对财务报表相关项目进行重新列示和披露。追溯重述法的会计处理与追溯调整法相同。

具体地说，企业应当在重要的前期差错发现当期的财务报表中，通过下述处理对其进行追溯更正：①追溯重述差错发生期间列报的前期比较金额；②如果前期差错发生在列报的最早前期之前，则追溯重述列报的最早前期的资产、负债和所有者权益相关项目的期初余额。对于发生的重要的前期差错，如影响损益，应将其对损益的影响数调整发现当期的期初留存收益，财务报表其他相关项目的期初数也应一并调整；如不影响损益，应调整财务报表相关项目的期初数。

二、会计政策、会计估计变更和前期差错更正的分析

由于会计政策、会计估计变更和前期差错更正的目的是为了报告，一般只是影响资产负债表和利润表，而不影响现金流量表。在绝大部分情况下，管理人员会将会计政策和估计的变更从谨慎的调向更适合当前情况的以适应企业外部环境和企业内部自身的需要，同时让本企业的会计报表在当期更容易读懂。

会计政策、会计估计变更和前期差错更正几乎没有经济实质，对企业形成的追加利润一般不在现金流量表中体现，并未形成真正的现金流入，体现的只是在附注中加以说明，是一种低质量的利润。但是会计报表的使用者通常会利用发生变更之前的上年报表的实际利润和变更当年的利润来预测利润。因为这样可以了解企业收益的历史发展趋势，以对未来的收益作出较准确的判断，而且，在未来，为了保持企业的历史增长率，管理人员和经营者会继续进行会计政策变更。尽管预测时一般不对以前年度报表进行调整，报表使用人应将过去的利润重新按照新的会计政策进行调整，以助于理解为什么会产生会计政策变更，以及变更后的数据对未来有何影响。同时，会计政策、会计估计的变更和前期差错更正可以影响到公司财务指标的变化。当流动比率、速动比率变化影响到流动资产的变现能力及偿债能力的分析；当会计政策变更引起企业的资产发生变化而负债没有变时则会影响企业的资产负债比率和产权比率。对上市公司而言，会计政策变更可能会引起股东权益的变化从而影响每股收益和每股净资产，而对企业的再筹资和投资人对企业的资金能力的看法产生影响，从而影响股票。作为投资人应分析企业财务比率变动的原因和会计政策变更的原因，才能不影响正确的投资方向。

现以深圳市长城地产（集团）股份有限公司（股票代码：000042 股票简称：深长城A）为例说明。

深圳市长城地产（集团）股份有限公司
关于会计政策变更、会计估计变更以及会计差错更正的公告

本公司及董事会全体成员保证公告内容的真实、准确和完整，没有虚假记载、误导性陈述或者重大遗漏。

公司在编制 2004 年度的财务报告中，存在下列会计政策变更、会计估计变更以及会计差错更正等事项，现将具体内容说明如下。

（一）会计政策变更

根据财政部 2004 年 5 月颁布的财会（2004）3 号"财政部关于印发《关于执行〈企业会计制度〉和相关会计准则有关问题解答（四）》的通知"：对于以出租为目的的出租开发产品，作为资产负债表的"其他长期资产"项目核算，即不再作为"存货"核算的规定，本公司对比较会计报表所属期间涉及的该事项进行了追溯调整，调减 2003 年末存货 627 072 251.72 元，调增 2003 年末其他长期资产 627 072 251.72 元。

（二）会计估计变更

由于本公司之子公司深圳圣廷苑酒店有限公司业务的快速增长，本公司固定资产装修的有形和无形损耗的速度也日益加快，经本公司董事会决定，从 2004 年 1 月 1 日起，调整深圳圣廷苑酒店有限公司固定资产装修的折旧年限，即将本公司的固定资产装修折旧年限由 10 年调整为 6 年。此项会计估计变更采用未来适用法进行会计处理，调减本公司 2004 年度利润 15 227 182.22 元。

（三）会计差错更正

1. 根据深圳市地方税务局深地税处字（2004）第 4 号税务处理决定书，本公司之子公司深圳市越众（集团）股份有限公司 1999～2001 年度漏计各项税金及附加共计人民币 5 348 771.33 元，本公司在编制可比会计报表时，已对该重大会计差错事项进行了追溯调整；本公司已相应调整期初报表相关项目，调减本公司年初留存收益 3 262 750.51 元，其中调减盈余公积 1 141 962 68 元（含法定公益金 326 275.05 元）。

2. 本公司之子公司深圳市金众（集团）股份有限公司于 2002 年度以房产抵债方式收回 1999 年度已全额计提坏账准备的应收账款 7 267 130.03 元，并转回坏账准备增加 2002 年度利润总额 7 267 130.03 元；根据《企业会计准则》的规

定，抵债房产应以应收债权账面价值零金额入账；本公司在编制可比会计报表时，已对该重大会计差错事项进行了追溯调整；本公司已相应调整期初报表相关项目，调减年初留存收益 4 225 725.92 元，其中调增 2003 年度净利润 144 389.09 元，调减盈余公积 1 479 004.07 元（含法定公益金 422 572.59 元）。

3. 本公司之子公司深圳市越众（集团）股份有限公司于 2003 年度以互抵债务方式收回 1999 年度已全额计提坏账准备的应收账款 3 376 557.00 元，并转回坏账准备增加 2003 年度利润总额 3 376 557.00 元。由于互抵债务手续不完全具备以及原来挂账错误，该公司在编制可比会计报表时，已对该重大会计差错事项进行了追溯调整；本公司已相应调整期初相关科目，调减年初留存收益 2 059 699.77 元，其中调减 2003 年度净利润，相应调减年初盈余公积 720 894.92 元（含法定公益金 205 969.98 元）。

上述内容已经过深圳南方民和会计师事务所审计并出具了专项说明，并经公司四届二次董事会审议通过，详细内容见同日在《证券时报》、《中国证券报》上刊登的《四届二次董事会决议公告》。

特此公告　　　　　　　　　　　　　　深圳市长城地产（集团）

2005 年 3 月 19 日

从会计政策的变更看，因执行新颁布的会计政策而进行资产项目的内部调整，由流动资产资产调到了长期资产，资产总额不变，但会涉及流动比率和速动比率等财务指标发生变化。

从会计估计的变更看，将子公司固定资产装修的使用年限由原来的 10 年调整到 6 年，由此影响到当年的利润减少了 1500 多万元。至于调整理由是否非常充分，分析者应根据该公司的会计标准和行业惯例进行对比分析。

至于前期会计差错问题，公告中描述基本清楚，分析者需要收集更详细的资料判断差错出现的动机和原因。

第四节　关联方及其交易的分析

一、关联方关系及其交易

1. 关联方关系

一方控制、共同控制另一方或对另一方施加重大影响，以及两方或两方以上同受一方控制、共同控制或重大影响的，构成关联方。

具体地说下列关系构成关联方关系：

（1）该企业的母公司。

（2）该企业的子公司。

（3）与该企业受同一母公司控制的其他企业。

（4）对该企业实施共同控制的投资方。

（5）对该企业施加重大影响的投资方。

（6）该企业的合营企业。

（7）该企业的联营企业。

（8）该企业的主要投资者个人及与其关系密切的家庭成员。主要投资者个人，是指能够控制、共同控制一个企业或者对一个企业施加重大影响的个人投资者。

（9）该企业或其母公司的关键管理人员及与其关系密切的家庭成员。关键管理人员，是指有权力并负责计划、指挥和控制企业活动的人员。与主要投资者个人或关键管理人员关系密切的家庭成员，是指在处理与企业的交易时可能影响该个人或受该个人影响的家庭成员。

（10）该企业主要投资者个人、关键管理人员或与其关系密切的家庭成员控制、共同控制或施加重大影响的其他企业。

而仅与企业存在下列关系的各方，不构成企业的关联方：

（1）与该企业发生日常往来的资金提供者、公用事业部门、政府部门和机构。

（2）与该企业发生大量交易而存在经济依存关系的单个客户、供应商、特许商、经销商或代理商。

（3）与该企业共同控制合营企业的合营者。

仅仅同受国家控制而不存在其他关联方关系的企业，也不构成关联方。

2. 关联方交易

关联方交易是指关联方之间转移资源、劳务或义务的行为，而不论是否收取价款。关联方交易的类型通常：①购买或销售商品；②购买或销售商品以外的其他资产；③提供或接受劳务；④担保；⑤提供资金（货款或股权投资）；⑥租赁；⑦代理；⑧研究与开发项目的转移；⑨许可协议；⑩代表企业或由企业代表另一方进行债务结算；⑪关键管理人员薪酬。

二、关联方关系及其交易对企业财务影响分析

我国上市公司的关联交易现象极为普遍，根据深圳证券交易所上市公司年度报告统计结果，2002 年上市公司关联交易总金额达 2544.92 亿元，在 510 家上市公司中，有 412 家公司发生关联交易，占上市公司总数 80.78%，关联交易金额占主营业务收入的比例为 44.36%。关联交易是一种有别于一般市场交易的交易行为，其特殊性在于交易主体之间存在某种程度的甚至是相当复杂的特殊关系。也正是这种关联方之间的交易，有可能存在某种特殊的利益关系而使得交易

失去公允性，因此对其进行有效监管和分析，把握住对对企业财务状况的正确评价有着十分重要的意义。

1. 关联方关系及交易的财务影响

虽然正常的企业经营活动中不可避免地会发生关联方之间的交易，如商品的购销活动和关联方之间的借款担保、租赁、资产的转让等，如果交易能以市价作为公平交易的定价原则，则不会对交易双方产生异常的影响，但事实上不少关联交易采取协议定价原则，交易价格高低在一定程度上取决于控股公司的需要，使利润得以在各公司之间转移，因此有些关联方交易实质是关联一方或另一方为影响其财务状况及经营成果的有意行为。例如：①关联方通过操纵其之间交易价格，来粉饰会计报表，提供虚假会计信息，欺骗会计信息使用者。②关联方交易中相互融通资金费用分担的不合理。有贷款权的企业为无贷款权的关联企业取得贷款，并为其承担利息，转移贷款费用，以调减利润，降低税负，以达到避税或逃税的目的。③关联方企业之间收取管理费用的标准不规范，关联方之间费用承担不符合配比原则，一方拥有资产的所有权并计提相关费用和成本，另一方关联企业无偿使用该资产，却不承担任何费用造成人为的调节利润，这些关联企业之间的交易价格常常被扭曲，造成财务成果的严重失真，严重影响投资人的投资决策和债权人的利益。

2. 关联方关系及交易的分析方法

在分析关联方交易时，关键是了解关联方之间资源或义务的转移价格、关联方交易的要素。这些要素包括：①交易的金额或相应的比例；②未结算项目的金额或相应比例、条款和条件，以及有关提供或取得担保的信息；③未结算应收项目的坏账准备金额；④定价政策（包括没有金额或只有象征性金额的交易）。

在关联方交易的不同类型下，再结合关联方交易的转移价格和交易的要素，分析该关联交易对企业财务的具体影响，并对不合理的并联交易造成的利润的虚增或减少给予调整。在此基础上，再利用以前各章所述的财务分析方法和工具来评价企业盈利能力和偿债能力。在此仅就其中一些关联方交易作一些分类讨论。

（1）分析关联方商品劳务及其他资产的交易比例及定价策略。一方面看该项交易金额占该交易的比例数是否重大（超过这类交易的10%以上），如果不超过10%（即非重大交易），一般不影响企业的财务状况和经营成果，则不必对其利润进行调整；另一方面应特别注意其交易的定价策略。与公允价格比较是否具备价格公允性，是否包括没有金额或只有象征性金额的交易。若有类似交易，则可以怀疑关联方交易的不公正性及会计报表信息的不可靠性。因此投资者的投资风险也会增大。国际会计准则中提供的关联方交易价格的确定方法有可控不可比价格、转售价格、成本加利润价格，我们可以根据这些方法来对交易进行适当的调整，以消除由于交易中价格的非公允性造成会计信息的失真。

（2）关联方之间的借款、担保和抵押。因为关联方之间的担保和抵押的存在，会大大增加其中一方的或有负债，同时也会导致关联方之间资金的过多占用，使上市公司资金周转不畅，因此必须要了解关联方之间的借款、担保和抵押。这时最重要的是分析被担保企业的偿债能力、资产负债比、流动比例、速动比例，以考虑这一借款的担保和抵押对公司带来的或有负债影响程度。

（3）对关联方之间租赁、许可协议进行分析。主要从其交易活动取得的收入支出占本类业务收入支出的比例。若交易比例较大且为非公允价格，则认为该交易有明显的利润操纵行为，因此要结合适当的公允价格调整利润。

经过上述主要关联交易活动的分析，我们将企业由于关联方活动所带来的利润影响逐一进行分析调整。在此基础上，利用比率分析法进行盈利能力、偿债能力、资产管理效益等指标分析。

总体来说，这次交易按有关的法律、法规、要求进行了信息披露和交易标的，经过有证券从业资格的中介机构审计、评估，并以评估价值来作为交易价格，因此具有公允性。

我们从"大唐电信"（600198）2002年的关联交易看，经查证该公司2002年年报显示完成主营业务收入20.91亿，利润总额5061.06万元，净利润2280.91万元，分别同比增长2%、−10.41%、−36.82%。2002年中期，该公司对财务数据更正后亏损为1588万元。而从"大唐电信"（600198）2002年11月28日披露的关联交易公告得知，公司与控股股东电信科学技术研究院以及控股子公司西安大唐电信有限公司与电信科学技术研究院进行了关联交易，其转让价格是以评估值确定，而评估结果是按专有技术的总支出确定。因此该公告在对"本次关联交易目的及对公司的影响"中强调，"本次两项专有技术转让的收入与开发形成上述专有技术的成本相比较，对公司利润未产生影响"。但是有一点会计处理常识的读者就会质疑公司的这种陈述，从当时执行的会计准则看无疑对2002年的利润有影响。如果这两项专有技术的开发还涉及以前年度的话，还会影响以前年度的利润。

第五节　企业股利政策及利润分配分析

我们常说的利润分配是指税后净利润的分配，即企业利润总额缴纳所得税后剩下部分的分配。利润分配不仅影响企业的投资、筹资活动，而且还涉及投资者、职工甚至社会等多方面的利益，关联到企业长远利益与近期利益、整体利益与局部利益的关系和协调。利润分配既然是财务管理的重要内容，自然也就成为财务分析的关键。同时，股利政策又是利润分配政策的核心，决定了净利润中向投资者支付的部分和留存于企业的部分。

一、利润分配分析的目的和内容

（一）利润分配分析的目的

利润分配分析就是依据利润表、利润分配表等相关资料，按照国家的有关法规和企业章程的相关规定等，对企业净利润的分配情况进行分析。

利润分配分析的目的则是对企业利润分配的状况、方向、相关数据及其变动情况等的分析，确认其分配是否合法、合理，利润分配的顺序、提取比例是否合规，计算是否正确，分配政策与股利政策的实行与企业现状和发展方向是否适应，相关策略是否存在问题等，进而达到对企业价值进行评估、对企业的前景进行预测的目的。

（二）利润分配分析的主要内容

（1）利润分配规模、结构分析，主要是对利润分配的规模、结构的变动情况和利润分配的变动趋势进行分析，通过分析，揭示其规模、结构和趋势变动的原因，并对其变动情况和变动的合理性进行评价。

（2）利润分配项目分析，主要是对企业留用利润项目和股利分配进行分析，通过分析影响留用利润和股利分配的因素，研究企业留存收益与股利之间比例关系确定的合理性以及各项分配数据的计算是否正确等。

（3）利润分配政策分析，主要是对利润的分配顺序、方向的合法性及合理性进行分析；对利润分配政策和股利支付方式的选择进行分析；通过了解股利分配政策、股利支付方式及其优缺点，结合利润分配项目分析，评价企业选择股利政策的适当性与合理性。

二、利润分配的顺序

（1）弥补以前年度的亏损。将本年净利润与年初未分配利润（或亏损）合并，计算出可供分配的利润。如果可供分配的利润为负数，则不能进行后续分配；只有可供分配利润为正数，即有累计盈余时，才可以进行后续分配。

（2）计提法定盈余公积金。按抵减年初亏损后的本年净利润计提法定公积金，法定公积金的计提比例为10%，其累计金额达到公司注册资本50%以上时可不再提取。法定公积金可以用来弥补亏损、扩大生产和转增资本。

另外，新公司法已经取消了提取法定公益金的要求。

（3）计提任意盈余公积金。任意盈余公积金是按照公司章程或是股东大会决议提取和使用，由公司自行决定合适的计提比例。

（4）向股东（投资者）支付股利。公司股东会或董事会违反上述利润分配顺序，在弥补亏损和计提法定公积金之前向股东分配利润的，必须将违反规定发放的利润返还给公司。

三、影响利润分配政策的因素

公司的利润分配政策主要是股利分配政策。利润分配作为财务管理的一部分，同样要考虑其对公司价值的影响。在利润分配对公司价值的影响这一问题上，存在不同的观点，主要有以下几种。

（一）有关股利政策的相关理论

1. 股利无关论

股利无关论认为股利分配对公司的价值不会产生影响。这一理论建立在这样一些假定之上：不存在个人或是公司所得税；不存在股票的发行和交易费用；公司的投资决策和股利决策彼此独立；公司的投资者和管理当局可相同地获得关于未来投资机会的信息。上述假定描述的是一种完美无缺的市场，因而股利无关论又被称为完全市场理论。股利无关论认为：投资者并不关心公司股利的分配；股利的支付比率不影响公司的价值。

在股利无关论下，股利政策的选择并不影响公司的价值，因而分析股利分配政策的影响因素就会变得没有意义。

2. 股利相关论

股利无关论是成立在一种理想的条件下的，然而在现实生活中，并不存在这样的假定前提。在现实的条件下被普遍接受的是股利相关论，即认为股利分配政策对公司的市场价值有影响。公司的股利分配是在种种制约因素下进行的，而且公司不可能摆脱这些因素的影响。

（二）影响利润分配的因素

1. 法律层面

从法律方面来讲，为了保护债权人和股东的利益，有关法规对公司的股利分配政策经常作如下限制：

（1）资本保全约束。公司的股利不能来源于原始资本，而只能来源于企业当期的利润。

（2）偿债能力约束。为保证按时足额偿付各种到期债务的能力，不能无限制发放股利。

（3）企业积累约束。公司必须按净利润的一定比例提取法定盈余公积金。

（4）超额累积利润约束。由于股东接受股利缴纳的所得税高于其进行股票交易的资本利得税，于是许多国家规定公司不得超额累积利润，一旦公司的保留盈余超过法律认可的水平，将被加征额外税额。

2. 股东层面

股东从自身经济利益需要出发，也对公司的股利分配政策产生一些影响：

（1）防止控制权的稀释。较高的股利支付率意味着留存收益的减少和发行新股可能性的增大，而发行新股会导致控股权的稀释。因此，若股东们不愿意或者没有足够的资金来购买新股以维持自己原有的控股权，他们就会反对支付较多的股利。

（2）出于避税的考虑。由于股利收入的所得税高于股票交易的资本利得税，一些股东就会出于避税的考虑，反对公司发放较多的股利。如果他们需要资金，会直接选择出售股票。

（3）对风险的厌恶。有些股东对股利有着较高的依赖性，往往希望公司发放稳定的股利，便于他们安排收入和支出，而反对公司留用较多的利润。

3. 公司层面

就公司而言，出于长期发展与短期经营方面的考虑，也存在一些限制股利分配的因素：

（1）盈余的稳定性。盈余相对稳定的公司有可能支付较高的股利，而盈余不稳定的公司一般采取低股利政策。对于盈余不稳定的公司来讲，低股利政策可以减少因盈余下降而造成的股利无法支付、股价急剧下降的风险。

（2）资产的流动性。较多地支付现金股利，会减少公司的现金持有量，使资产的流动性降低；而保持一定的资产流动性，是公司经营所必须的。如果流动性差，即使收益良好，也不宜分配过多现金股利。

（3）举债能力。具有较强举债能力的公司因为能够及时地筹措到所需的现金，有可能采取较宽松的股利政策，而举债能力弱的公司则不得不多滞留盈余，往往采取较紧的股利政策。

（4）投资机会。有着良好投资机会的公司，需要有强大的资金支持，在投资收益大于必要报酬率时，公司往往少发放股利，将大部分盈余用于投资；而缺乏良好投资机会的公司倾向于支付较高的股利。正因为如此，处于成长中的公司多采取低股利政策，处于经营收缩的公司多采取高股利政策。

（5）资本成本。与发行新股相比，保留盈余不需花费额外的筹资费用，只需要负担资金的机会成本，是一种比较经济的筹资渠道。所以，从资本成本考虑，如果公司有扩大资金的需要，也应当采取低股利政策。

4. 其他

（1）债务合同约束。公司的债务合同，特别是长期债务合同，往往有限制公司现金支付程度的条款，这使公司只得采取低股利政策。

（2）通货膨胀的影响。在通货膨胀的情况下，货币购买力水平下降，会导致没有足够的资金来源重置固定资产。企业往往需要留用一定的利润来弥补因货币购买力水平下降而造成的固定资产重置资金缺口，因此在通货膨胀时期公司股利政策往往偏紧。

四、利润分配政策

一般来说，非股份制企业的投资分红常采用现金方式支付。对于股份制公司而言，其股利形式比较多样化，除了现金股利外，还存在其他的股利支付方式。常见的股利支付方式有以下几种。

1. 现金股利

现金股利是以现金支付的股利，它是股利支付的主要方式，也是最容易被投资者接受的股利支付方式。这种股利形式增加了公司的现金流出量，造成公司的支付压力。因此，公司支付现金股利除了要有累计盈余外，还要有足够的现金。

2. 财产股利

财产股利是以现金以外的资产支付的股利，主要是以公司所拥有的其他企业的有价证券，如债券、股票，作为股利支付给股东。

3. 负债股利

负债股利是公司以负债支付的股利，通常以公司的应付票据支付给股东，在不得已的情况下也有发行公司债券抵付股利的。

4. 股票股利

股票股利是公司以增发的股票作为股利的支付方式，是一种比较特殊的股利形式，而且为越来越多的公司所采用。

其中，我们通常所说的股利政策是指现金股利政策，主要包括：①剩余股利政策；②固定或持续增长的股利政策；③固定股利支付率政策；④低正常股利加额外股利政策；⑤不分配股利政策。

用友软件是我国上市公司中为数不多的高现金股利分配的典范，下面我们以其上市以来股利的具体数据，分析所采用的股利分配政策。

"用友软件"是中国软件行业的知名品牌，是软件业中很具代表性的企业。在中国的证券市场上，股利分配一直存在一定程度的问题，很多公司在分配上显得很吝啬，甚至有相当的一部分公司采取不分配的政策。2007年，据沪市上市公司数据显示，不分配公司的比例达到 43.5%，同时深市数据显示的不分配公司比例为 56.1%。在这样的环境中，能够采取持续稳定的股利分配政策的公司，往往是业绩优良且稳步增长的公司，用友公司可以说是我国高额现金股利的典型。表 6-15 列示了该公司 2001～2007 年的股利分配情况。

表 6-15　用友公司 2001～2007 年的股利分配情况

年份	净利润/元	每股现金股利/元	每股股票股利/元	股利支付率/%
2001	70 400 601	0.6	0	85.71
2002	91 605 983	0.6	0.2	65.22
2003	74 911 911	0.375	0.2	60.48
2004	69 441 400	0.32	0.2	66.67
2005	98 835 000	0.66	0.3	115.80
2006	173 389 800	0.68	0	88.31
2007	359 647 551	1	0.1	64.33

表 6-15 是用友公司近几年的股利分配情况，从中可以得出其股利政策的一些特点：

（1）现金股利支付率较高。在我国的上市公司中，股利支付率普遍偏低。近年来，我国进行现金股利分配的公司中，股利支付率平均维持在约 40% 的水平。而用友公司的支付率一直保持在较高的水平，2001 年来最低的股利支付率也有 60%，7 年来的平均比率 78.07% 远高于我国上市公司的平均水平。

（2）股票股利比重较低。在我国沪深股市，由于上市公司频繁配股，配股比例平均高达 30%，一些急于股本扩张的公司的股票股利的比例达到 50% 甚至更高。用友公司 7 年中最高的股票股利比率为每 10 股送 3 股，其中还有两年没有派发股票股利，平均比例为 14.29%。

（3）股利政策比较稳定。从表 6-15 中的数据可以看出，用友公司连续 7 年采取了高额稳定的现金股利和较低的股票股利政策。

用友公司采取这样的股利政策，是建立在公司实际情况的基础之上的。用友公司的业绩优良，经营状况好，流动比率和速动比率都远高于行业标准水平，因此具有较低的偿债压力和财务风险。另外，公司发展比较稳定，产生正的稳定的现金流，从而可以支付高比率的现金股利。

高现金股利、低股票股利的利润分配政策对用友公司也产生了一些重要的影响。

首先，发放高额的现金股利，一方面降低了公司的净资产规模，提高了净资产收益率；另一方面满足了股东的利益需求，给予其优厚的回报。在现金流允许的情况下，高额现金股利并没有给公司带来流动性方面的问题，而是向外界发出了积极的信号，促使股票价格的稳定。同时，由于派发现金股利不会导致控股权的稀释，因此并没有动摇原有大股东对公司的控制，这都有利于公司的稳定发展。

另外，用友公司奉行低股票股利政策，这与我国大部分上市公司的习惯是不大相同的。在我国证券市场上，高比率的股票股利一直受到偏好，因为它不需要付出现金，还可以导致股本扩张。近年来，由于政策的引导，这一现象得到了一定程度的改善。对于用友公司而言，它不急于股本扩张，较低的股票股利有效地避免了控股权的分散，也保证了每股收益的持续增长，有利于维持股价。

总的可以看出，用友公司的股利政策是比较稳定的，连续 7 年保持了高额的现金股利和较低的股票股利。这样的股利政策本身也是公司的一个强有力的工具，它向市场传递着公司正常发展的信息，树立了公司良好的形象，同时也增强了投资者的信心，稳定了股价。这样来讲，用友公司在结合自身因素的基础之上选择了适合自己的长期股利政策，有利于保证其在中国上市公司中的经久不衰。

课 后 练 习

一、思考题

1. 会计政策变更、会计估计变更、前期差错更正在会计处理上有何差别披露的要求是否一样？

2. 如何理解审计报告对财务分析的影响？在进行财务分析时应注意审计报告的哪些内容段落？

3. 会计报表附注的包括哪些内容？分析时应重点分析哪些内容？

4. 可能导致企业或有负债的交易或事项有哪些？试举例说明。或有负债及预计负债对企业有什么影响？

5. 企业是如何利用关联方交易影响调节利润、影响企业经营财务成果，以及如何利用关联方交易的信息披露进行财务分析？

6. 影响利润分配的因素主要有哪些？企业常见的现金股利政策有哪几种？

7. 进行利润分配分析包括哪些主要内容？

二、选择题

1. 会计估计变更应披露的内容有（　　　）

　　A. 会计估计变更的内容和原因

　　B. 会计估计变更对当期和未来期间的影响数

　　C. 当期和各个列报前期财务报表中受影响的项目名称和调整金额

　　D. 会计估计变更的影响数不能确定的，披露这一事实和原因

2. 下列说法正确的是（　　　）

　　A. 会计政策变更应采用追溯重述法　　　　B. 会计政策变更一定不能采用未来适用法

　　C. 会计估计变更应采用未来使用法　　　　D. 前期差错更正应采用追溯调整法

3. 财务报表附注中不需披露的信息有（　　　）

　　A. 或有事项　　　　　　　　　　　　　　B. 资产负债表日后调整事项

　　C. 重大会计政策和会计估计　　　　　　　D. 关联方关系及其交易事项

4. 关联方交易的类型包括（　　　）

  A. 购买或销售商品 B. 租赁   C. 担保

  D. 提供资金   E. 资产转让

5. 下列属于企业关联方的有（　　）

  A. 该企业或其母公司的关键管理人员及与其关系密切的家庭成员

  B. 该企业主要投资者个人、关键管理人员或与其关系密切的家庭成员控制、共同控制或施加重大影响的其他企业

  C. 同受国家控制但不存在其他关联方关系的企业

  D. 与该企业共同控制合营企业的合营者（不存在其他关联关系）

6. 下列有关或有事项的表述中，正确的有（　　）

  A. 或有事项的结果可能导致经济利益流入企业的，应对其予以披露

  B. 或有事项的结果可能导致经济利益流出企业的或有负债，应予以披露

  C. 或有事项只会对企业的经营形成不利影响

  D. 或有事项产生的义务如符合负债确认条件的应予确认

7. 下列不属于关联方关系的是（　　）

  A. A 公司和 B 公司共同控制 C 公司，A 公司与 B 公司

  B. A 公司直接控制 B 公司，A 公司与 B 公司

  C. B 公司和 C 公司同受 A 公司控制，B 公司与 C 公司

  D. A 公司对 B 公司能施加重大影响，A 公司与 B 公司

8. 下列各项中，不属于会计政策变更的是（　　）

  A. 投资性房地产后续计量有成本计量模式改为公允价值计量模式

  B. 固定资产预计使用年限由 8 年改为 10 年

  C. 存货期末计价方法成本法改为成本与可变现净值孰低法

  D. 坏账计提比例的改变

9. 下列各项中，会导致企业采取低股利政策的事项有（　　）

  A. 物价持续上升   B. 金融市场利率走势下降

  C. 企业资产的流动性较弱   D. 企业盈余不稳定

10. 下列关于剩余股利分配政策的表述中，错误的有（　　）

  A. 采用剩余股利分配的根本理由是为了使加权平均资本成本最低

  B. 采用剩余股利政策时，公司的资产负债率要保持不变

  C. 采用剩余股利政策时，要考虑公司的现金是否充足

  D. 采用剩余股利政策时，公司不能动用以前年度的未分配利润

三、判断题

  1. 会计政策变更、会计估计变更、前期差错更正既影响资产负债表、利润表，又影响现金流量表。（　　）

  2. 我国上市公司中，股利支付率普遍偏低。（　　）

  3. 关联方交易是指关联方之间转移资源、劳务或义务并且收取价款的行为。（　　）

  4. 关联方之间的借款会导致关联方之间的资金的过多占用，使上市公司资金周转不畅，为关联方提供担保和抵押则会大大增加企业的或有负债。（　　）

5. 对于审计师出具了无保留意见报告的财务报告，投资者可对其完全信任。（　　）

四、计算题

1. ABC 公司 2007 年全年实现净利润为 1000 万元，年末在分配股利前的股东权益账户余额如表 1 所示。

表 1　股东权益账户余额表　　　　　　　　　　　单位：万元

股本（面值 1 元）	1 000	未分配利润	1 500
盈余公积	500	合计	7 000
资本公积	4 000		

若公司决定发放 10% 的股票股利，股票股利按当前市价计算，并按发放股票股利后的股数支付现金股利，每股 0.1 元，该公司股票当前市价为 10 元/股。

要求：求解以下互不相关的问题：

（1）2007 年发放股利后，该公司的权益结构有何变化。若市价不变，此时的市净率为多少？

（2）若预计 2008 年净利润增长 5%，若保持 10% 的股票股利比率与稳定的股利支付率，则 2002 年发放多少现金股利？

（3）若预计 2008 年净利润将增长 60%，且预计年内将要有一个大型项目上马，该项目需资金 2500 万元。若要保持 2008 年与上年的目标资金结构及资产负债率为 40% 一致，且不准备从外部筹集权益资金，2008 年内能否发放股利？若能，应发放多少？

2. 甲公司 2007 年度有关资料如下：①甲公司拥有 A 公司 60% 的股份，甲公司以经营租赁方式将一台设备出租给 A 公司，取得租金收入 200 000 元，该项业务对甲公司的经营成果和财务状况有一定的影响。②甲公司拥有 B 公司 15% 的股份，B 公司生产所需的某种配方由甲公司提供，甲公司每年从 B 公司获得定额报酬，B 公司 90% 的产品销售给甲公司，甲公司对 B 公司不能实施控制。③A 公司拥有 C 公司 20% 的股份，甲公司本年向 C 公司销售产品 1 000 000 元。④甲公司拥有 D 公司 35% 的股份，甲公司当年从 D 公司购入一台闲置不用的计算机，其账面价值为 20 000 元，经双方协议，甲公司按照市场公允价格 1.5 万元购入。此项交易对甲公司的财务状况和经营成果几乎无影响。⑤甲公司的总经理为 E 公司的董事长，甲公司本年向 E 公司提供劳务收到现金 500 000 元。⑥甲公司拥有 F 公司 50% 的股份，甲公司和 F 公司本年未发生交易。

要求：

（1）判断甲公司与哪些公司具有关联方关系；

（2）说明甲公司在会计报表附注中应披露的"关联方关系"的公司；

（3）说明甲公司在会计报表附注中应披露的"关联方交易"的公司；

（4）对甲公司的这些关联方交易事项作出财务分析。

第七章

财务报表综合分析

聚焦华能国际（600011）

华能国际的母公司及控股股东华能国电是于 1985 年成立的中外合资企业，它与电厂所在地的多家政府投资公司于 1994 年 6 月共同发起在北京注册成立了股份有限公司。总股本 60 亿股，2001 年在国内发行 3.5 亿股 A 股，其中流通股 2.5 亿股，而后分别在中国香港、纽约上市。

目前，华能国际是中国最大的上市发电公司之一，发电业务广泛分布于东北电网、华北电网、西北电网、华东电网、华中电网和南方电网。自公司成立以来，企业规模持续扩大，销售收入持续增长，公司竞争能力、资源利用效率、环境保护水平一直保持在行业领先水平。截至 2007 年底，公司全资拥有 16 家营运电厂、控股 13 家营运电力公司及参股 5 家营运电力公司，公司电厂广泛分布在辽宁、河北、河南、甘肃、山东、山西、江苏、浙江、江西、湖南、福建、广东、上海、重庆等全国 12 个省和 2 个直辖市。

2007 年，中国国民经济持续快速发展，电力工业取得了重大进展，电力供需总体平衡。2007 年该公司一大批技术先进的发电机组如期建成投入商业运行，提高了电力供应能力，一大批环保设施如期建成投运，提高了环保水平。由于煤炭的价格大幅上涨，这对那些火力发电的公司来说，势必影响其盈利能力。

该公司 2007 年实现营业收入 5 043 461.4 万元，比 2006 年的 4 443 392.48 万元，增长了 13.5%；实现净利润 599 705.87 万元，比 2006 年的 592 361.85 万元，增长了 1.24%；实现净资产收益率 13%，比 2006 年的 13.75% 下降了 0.75%。在营业收入稳步增长的情况下，为何出现盈利能力的下降？

本章通过综合分析的方法与技巧，重点要分析以下问题：

- 公司净资产收益率怎样？有无上升空间？
- 什么因素的变动对企业盈利能力产生决定作用？
- 公司资产利用率如何？对企业净收益的影响是什么？

第一节 企业财务报表的内容及综合分析

一、主要财务报表的分析及联系

1. 资产负债表及其分析

资产负债表是反映会计主体在某一特定时点上的财务状况的报表。它是根据资产、负债和所有者权益之间的相互关系，按照一定的分类标准和顺序，把企业在特定日期的资产、负债、所有者权益项目予以适当排列，并对日常工作中形成的大量数据进行高度浓缩、整理后编制而成的。

通过资产负债表，可以反映企业某一日期资产的总额，表明企业拥有或控制的经济资源及其分布情况，是分析企业生产经营能力的重要资料；可以反映企业某一日期的负债总额及其结构，表明企业未来需要多少资产或劳务清偿债务；可以反映企业某一日期的所有者权益总额，表明投资者在企业总资本中所占的份额，了解权益的结构状况，而有关企业资本状况的信息，对于评价企业利润和提供投资收益的能力是至关重要的。因而资产负债表能够提供财务分析的基本资料，通过资产负债表可以计算流动比率、速动比率等财务指标，了解企业偿债能力等基本财务状况，从而对企业某一时点上的静态财务状况的合理性、有效性作出分析判断。

企业的资产负债表并不是对企业价值的揭示，而是与其他财务报表和资料一起为需要自己判断价值的外部使用者提供有用的信息，即企业的资产负债表可以帮助外部使用者对企业的资产流动性、资金灵活性和经营能力进行评价。

2. 利润表及其分析

利润表是总括反映会计主体在一定时期内的经营成果的会计报表，它由企业收入、费用和利润三大会计要素构成，是动态反映企业资金运动的会计报表。

通过利润表，可以了解企业在正常经营状况下的收支情况以判断企业的盈利能力。在市场经济体制下，企业作为独立经济实体，其主要目的是为了最大限度地获取利润。企业只有在净资产或所有者权益得到保全和维护的前提下，才能得到真实收益。通过真实收益和其他有关项目的对比而形成的指标，如销售利润率、普通股每股收益率等，可以用来评估企业的盈利能力。

利润表按照企业利润的形成过程，对营业利润、利润总额和净利润进行分项反映，这不仅反映了企业利润的形成过程和结果，还反映了企业利润的构成情况，为进行企业利润结构和盈利能力的分析提供了第一手资料。同时，通过分别对前后期营业利润、利润总额和净利润的对比分析，还可以分析和测定企业利润的发展变化趋势，以预测企业未来的盈利能力。

企业盈利能力是许多决策，如投资决策、信贷决策等重要的依据。投资者

（包括现在投资者和潜在投资者）对企业利润尤为关心。通过对利润表的分析，可以评估投资的价值和报酬，以确定该项投资是否有利以及是否要进行投资。

3. 现金流量表及其分析

现金流量表以收付实现制为编制基础，详细说明企业在某一特定时期内的现金流入与流出情况，可以让使用者了解、评价和预测企业目前和未来获取现金的能力、偿债能力和支付能力，评估判断企业所获得利润的质量。

现金流量表能够弥补权责发生制的不足，反映净收益的质量。一方面，当前的会计核算是以权责发生制为基础的，按照这种原则编制的资产负债表和利润表均体现权责发生制，由此而生成的信息既有其合理公正的一面，也有其含有较多主观因素的另一面。而编制现金流量表完全依据现金流量的事实，反映的现金收入和现金费用并不遵循实现原则和配比原则等。所以，现金流量表和资产负债表与利润表结合在一起，可以从不同侧面反映企业的财务状况和经营成果，形成一个相辅相成、功能完整的报表体系，使会计信息能公允、合理、客观、真实和全面地反映企业的财务状况和经营成果。财务报表使用者在掌握资产负债表和利润表的信息同时，再阅读不受会计准则左右的现金流量表，可以完整地把握企业的财务状况和经营成果，更准确地对企业的经营业绩进行评判。另一方面，现金流量表提供了一定时期企业经营活动所得现金的资料，揭示了经营活动所得现金和企业净收益的关系，从而有利于领导人员和会计人员正确评价企业收益的质量。

4. 股东权益变动表及其分析

股东权益（所有者权益，下同）增减变动表，是反映企业在某一特定日期股东权益增减变动情况的报表。股东权益增减变动表包括在年度会计报表中，是资产负债表的附表。

股东权益增减变动表全面反映了企业的股东权益在年度内的变化情况，便于会计信息使用者深入分析企业股东权益的增减变化情况，并进而对企业的资本保值增值情况作出正确判断，从而提供对决策有用的信息。

股东权益增减变动表各项目应根据"股本"、"资本公积"、"盈余公积"、"未分配利润"等科目的发生额分析填列。

5. 各财务报表的内部钩稽关系

资产负债表、利润表、现金流量表和股东权益变动表之者间的关系如图 7-1 所示。

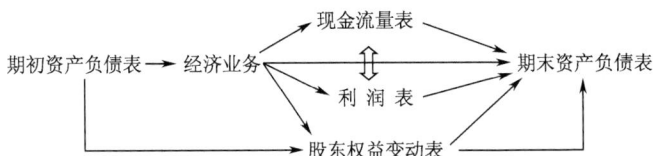

图 7-1　财务报表关系图

其中,期初资产负债表列示了企业在期初的资产、负债和所有者权益状况;利润表、现金流量表和股东权益变动表揭示了企业管理人员在本期内使用、保持、增加资本等经营活动的结果,这将对企业的资产、负债、所有者权益带来不同程度的影响;而期末资产负债表则报告了会计期末的变动结果,反映了企业在经过一个时期的经营后的财务状况。各财务报表之间的这种内部联系,具体来说还可表示为如图 7-2 所示的内容。

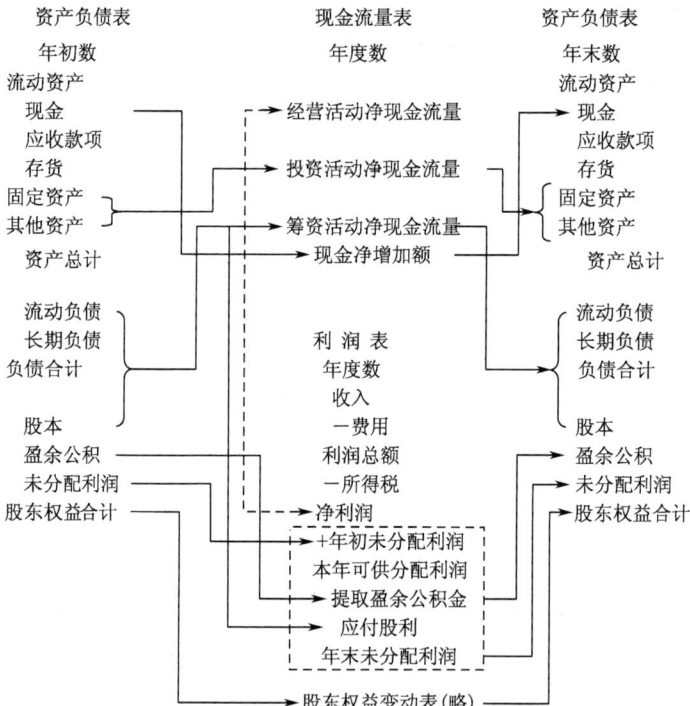

图 7-2 主要财务报表内部钩稽关系图

二、财务报表的综合分析

所谓综合分析(the comprehensive analysis),就是将各项财务指标作为一个整体,系统、全面、综合地对企业财务状况和经营情况进行剖析、解释和评价,说明企业整体财务状况和效益的好坏。这是财务分析的最终目的。显然,要达到这样一个分析目的,只测算几个简单的、孤立的财务比率,或者将一些孤立的财务分析指标堆垒在一起,彼此毫无联系地考察,是不可能得出合理、正确的综合性结论的,有时甚至会得出错误的结论。因此,只有将企业偿债能力、营运能力、盈利能力及发展趋势等各项分析指标有机地联系起来,作为一套完整的体系,相互配合使用,才能对企业的财务状况作出系统的综合评价。

综合分析与前述的单项分析相比，具有以下特点：

（1）分析问题的方法不同。单项分析是把企业财务活动的总体分解为每个具体部分，逐一加以分析考察；而综合分析是通过归纳综合，在分析的基础上从总体上把握企业的财务状况。

（2）单项分析具有实务性和实证性，能够真切地认识每一具体的财务现象；而综合分析具有高度的抽象性和概括性，着重从整体上概括财务状况的本质特征。

（3）单项分析的重点和比较基准是财务计划、财务理论标准，而综合分析的重点和基准是企业整体发展趋势，两者角度是有区别的。

（4）单项分析把每个分析的指标视为同等重要的地位来处理，它不太考虑各种指标之间的相互关系；而综合分析的各种指标有主辅之分，要抓住主要指标，在主要指标分析的基础上再对其他辅助指标进行分析，才能分析透彻，把握准确、详尽。

通过以上对比分析不难看出，综合分析更有利于财务报表分析者把握企业财务的全面状况。会计报表综合分析的方法有很多，其中主要有杜邦财务分析体系、沃尔比重评分法、企业绩效评价等。

第二节　杜邦分析体系

一、杜邦分析法原理和分析步骤

企业的各项财务活动、各项财务指标相互联系，并且相互影响，这便要求财务分析人员将企业财务活动看做一个大系统，对系统内相互依存、相互作用的各种因素进行综合分析。杜邦分析体系就是对企业财务状况的综合分析。它通过几种主要的财务比率之间的相互关系，全面、系统、直观地反映出企业的财务状况，从而大大节省了财务报表使用者的时间。

杜邦分析法（the DuPont system）是采用"杜邦图"，将有关指标按内在联系排列，其核心指标为净资产收益率。该体系中主要体现了以下一些关系：

净资产收益率＝资产净利率×权益乘数

资产净利率＝销售净利率×资产周转率

权益乘数＝1÷(1－资产负债率)或资产÷股东权益

由以上前两式可得：净资产收益率＝销售净利率×资产周转率×权益乘数，即决定净资产收益率的因素有三个。这样分解以后，可以把净资产收益率这一项综合性指标发生升、降变化的原因具体化。

销售净利率和资产周转率可以进行进一步分解。

一是销售净利率的分解：

$$税后净利润＝销售收入－全部成本＋其他利润－所得税$$

$$全部成本＝制造成本＋管理费用＋销售费用＋财务费用$$

二是资产周转率的分解：

$$总资产＝流动资产＋长期资产$$

$$流动资产＝现金有价证券＋应收账款＋存货＋其他流动资产$$

利用杜邦分析图进行综合分析需要抓住以下几点：

（1）净资产收益率是一个综合性较强的财务分析指标，是杜邦分析体系的核心。财务管理的目标之一是使股东财富最大化，净资产收益率反映企业所有者投入资本的获利能力，说明企业筹资、投资、资产营运等各项财务及其管理活动的效率，不断提高净资产收益率是使所有者权益最大化的基本保证。所以，这一财务分析指标是企业所有者、经营者都十分关心的。而净资产收益率高低的决定因素主要有三个方面，即销售净利率、资产周转率和权益乘数。这样分解之后，就可以将净资产收益率这一综合指标发生升降变化的原因具体化，比只用一项综合性指标更能说明问题。

（2）销售净利率反映企业净利润与销售收入的关系，它的高低取决于销售收入与成本总额的高低。要想提高销售净利率，一是要扩大销售收入，二是要降低成本费用。扩大销售收入既有利于提高销售净利率，又可提高总资产周转率。降低成本费用是提高销售净利率的一个重要因素，从杜邦分析图可以看出成本费用的基本结构是否合理，从而找出降低成本费用的途径和加强成本费用控制的办法。如果企业财务费用支出过高，就要进一步分析其负债比率是否过高；如果管理费用过高，就要进一步分析其资产周转情况；等等。从图7-3中还可以看出，提高销售净利率的另一途径是提高其他利润。为了详细了解企业成本费用的发生情况，在具体列示成本总额时，还可根据重要性原则，将那些影响较大的费用单独列示，以便为寻求降低成本的途径提供依据。

（3）影响资产周转率的一个重要因素是资产总额，它由流动资产与长期资产组成。它们的结构合理与否将直接影响资产的周转速度。一般来说，流动资产直接体现企业的偿债能力和变现能力，而长期资产则体现了企业的经营规模、发展潜力，两者之间有一个合理的比例关系。如果发现某项资产比重过大，影响资金周转，就应深入分析原因，例如，企业持有的货币资金超过业务需要，就会影响企业的盈利能力；如果企业占有过多的存货和应收账款，则既会影响获利能力，又会影响偿债能力。因此，还应进一步分析各项资产的占用数额和周转速度。

（4）权益乘数主要是受资产负债率指标的影响。负债比率越大，权益乘数就越高，说明企业的负债程度比较高，给企业带来了较多的杠杆利益，同时，也带来了较多的风险。对权益乘数的分析要联系销售收入，分析企业的资产使用是否合理，联系权益结构分析企业的偿债能力。在资产总额不变的条件下，适当开展负债经营，可以减少所有者权益所占的份额，从而达到提高所有者净资产收益率的目的。

通过以上指标的层层分解，就可找出企业财务问题症结之所在。

二、杜邦分析法实例

以华能国际 2007 年的财务报表（表 7-1～表 7-3）为例，将其用杜邦图来列示（图 7-3），从而可以直观地看出该企业财务状况和经营成果的总体面貌。

表 7-1　利润表　　　　　　　　　　　　　　　单位：万元

项目	2007 年度	2006 年度
主营业务收入：	5 043 461.40	4 443 392.48
减：主营业务成本	4 094 306.57	3 382 524.52
减：主营业务税金及附加	15 110.56	14 805.69
减：管理费用	152 403.46	145 022.60
减：财务费用	193 909.25	170 689.79
营业利润：	712 467.67	815 973.46
加：投资收益	134 105.97	72 509.97
加：营业外收入	30 321.13	2 616.62
减：营业外支出	3 801.88	12 106.04
利润总额：	738 986.92	806 484.05
减：所得税	97 226.40	124 557.69
减：少数股东损益	42 054.66	89 564.50
净利润：	599 705.87	592 361.85

表 7-2　资产负债表　　　　　　　　　　　　　单位：万元

项目	2007 年度	2006 年度
流动资产：		
货币资金	753 276.03	343 426.01
应收票据	167 493.32	113 398.06
应收股利		1.28
应收利息	225.44	155.26
应收账款	620 138.44	620 403.40
其他应收款	28 175.78	21 311.92
预付账款	53 716.97	39 746.12
存货	231 929.05	213 353.46
其他流动资产	151.08	220.03

项目	2007 年度	2006 年度
流动资产合计	1 855 106.12	1 362 033.51
长期资产:		
长期股权投资	851 105.04	542 551.63
固定资产净额	7 606 250.14	7 614 162.60
工程物资	407 970.99	382 526.66
在建工程	880 347.26	936 665.55
无形资产	232 167.12	184 896.07
长期待摊费用	7 623.26	8 922.48
其他长期资产	0.00	6 894.37
递延税款借项	25 765.01	17 346.49
资产总计	12 213 935.04	11 215 209.35
流动负债:		
短期借款	1 167 040.01	816 190.98
应付票据	33 254.40	75 150.77
应付账款	201 722.70	129 012.61
应付工资	21 340.32	58 485.26
应付股利	1 215.00	0.00
应交税金	95 533.41	119 315.88
其他应付款	570 241.65	508 035.01
一年内到期的长期负债	421 951.51	333 195.49
其他流动负债	522 803.88	523 359.00
流动负债合计	3 053 211.77	2 582 960.31
长期负债:		
长期借款	3 343 864.75	3 630 361.87
应付债券	588 561.49	0.00
专项应付款	27 719.16	20 348.00
其他长期负债	46 971.62	3 784.72
递延税款贷项	77 031.89	37 858.54
负债合计	7 137 360.67	6 275 313.44
少数股东权益	464 606.44	633 230.78
股东权益:		
股本	1 205 538.34	1 205 538.34
资本公积	1 070 053.13	1 027 888.16
盈余公积	614 234.51	550 347.77
未分配利润	1 722 141.95	1 522 890.85
股东权益合计	4 611 967.93	4 306 665.13
负债和股东权益总计	12 213 935.04	11 215 209.35

表 7-3 现金流量简表 单位：万元

项目	2007 年度	2006 年度
经营活动现金流入	5 755 391.57	5 152 424.02
经营活动现金流出	4 533 251.27	3 766 531.39
经营活动现金流量净额	1 222 140.30	1 385 892.63
投资活动现金流入	139 301.03	51 771.97
投资活动现金流出	1 875 389.19	1 776 408.58
投资活动现金流量净额	−1 736 088.16	−1 724 636.61
筹资活动现金流入	4 413 312.52	3 172 330.52
筹资活动现金流出	3 490 568.69	2 779 344.77
筹资活动现金流量净额	922 743.82	392 985.75
汇率变动对现金的影响	−429.84	−377.38
现金净流量	408 366.13	53 864.39

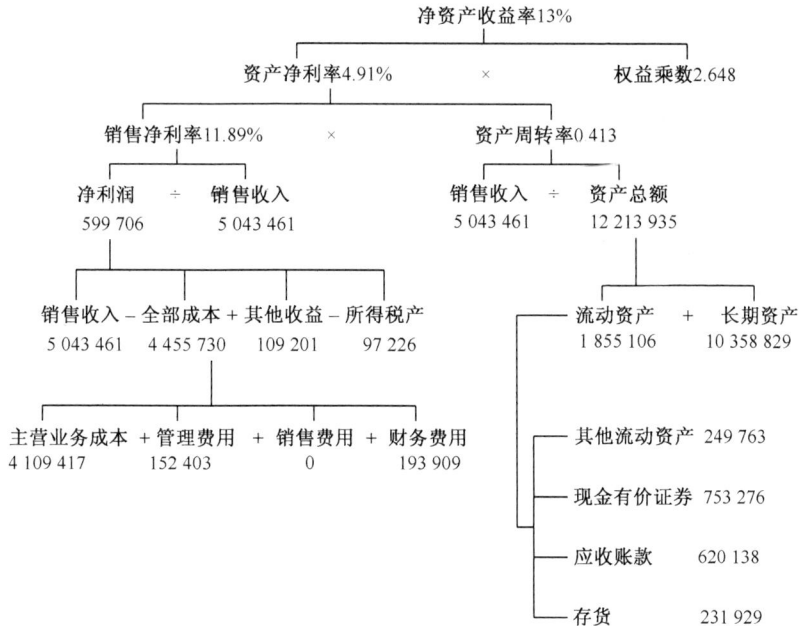

图 7-3 杜邦分析图（单位：万元）

还可利用因素分析法对影响净资产收益率的因素进行层层分析。

由于净资产收益率＝销售净利率×总资产周转率×权益乘数，可得

2007 年：13％＝11.89％×0.413×2.648

2006 年：13.75％＝13.33％×0.396×2.605

通过分解可看出，该公司 2007 年较 2006 年的净资产收益率下降了 0.75％。其中，销售净利率的变化对净资产收益率影响为

$$(11.89\% - 13.33\%) \times 0.396 \times 2.605 = -1.485\%$$

总资产周转率的变化对净资产收益率影响为

$$(0.413-0.396)\times11.89\%\times2.605 = 0.526\%$$

权益乘数的变化对净资产收益率影响为

$$(2.648-2.605)\times11.89\%\times0.413 = 0.211\%$$

以上分析说明，净资产收益率的下降的原因是销售净利率的下降。尽管总资产使用效率和公司资本结构的调整都有利于净资产收益率的提高，但销售净利率降低的影响程度远远大于总资产周转率和权益乘数提高的影响，因此净资产收益率整体是下降的。再进一步分析公司 2006 年和 2007 年的财务报表，2007 年的营业收入较 2006 年增加了 60 亿元，增长了 13.5%；而 2007 年的营业利润较 2006 年下降了 10 亿元，下降幅度为 12.69%，可见销售净利率下降的主要原因是成本费用的上升。

从以上实例的分析可看出，通过杜邦分析体系自上而下地分析，可以了解企业财务状况的全貌以及各项财务指标间的结构关系，查明各项主要财务指标增减变动的影响因素及存在问题。杜邦分析体系提供的上述财务信息，较好地解释了指标变动的原因和趋势，这为进一步采取具体措施指明了方向。而且还为决策者优化经营结构和理财结构，提高企业偿债能力和经营效益提供了基本思路，即提高净资产收益率的根本途径在于扩大销售、改善经营结构、节约成本费用开支、合理资源配置、加速资金周转、优化资本结构等。在具体应用杜邦分析法时，应注意这一方法不是另外建立新的财务指标，而是一种对财务比率进行分解的方法。它既可通过净资产收益率的分解来说明问题，也可通过分解其他财务指标（如总资产报酬率）来说明问题。杜邦分析法和其他财务分析方法一样，关键不在于指标的计算而在于对指标的理解和运用。

第三节　企业绩效评价体系

一、企业绩效评价体系的基本思路

1999 年财政部、国家经贸委、人事部和国家计委联合发布了《国有资本金效绩评价规则》。制定该规则的目的是"完善国有资本金监管制度，科学解析和真实反映企业资产运营效果和财务效益状况"。2002 年 2 月财政部、国家经贸委、中共中央企业工作委员会、劳动和社会保障部、国家发展计划委员会等联合发布《企业绩效评价操作细则（修订）》。企业绩效评价，是指运用科学、规范的评价方法，对企业一定经营期间的资产运营、财务效益等经营成果，进行定量及定性对比分析，作出真实、客观、公正的综合评价。企业绩效评价主要是以政府为主体的评价行为，由政府有关部门组织，并委托社会中介机构实施。评价的对象是国有及国家控股企业。

2006 年国务院国资委公布了《中央企业综合绩效评价实施细则》（以下简称《细则》），将企业绩效分数作为央企负责人的年度业绩考核结果。国资委还将根据企业得分情况进行分类排序，并在一定范围内发布评价结果。

评价的方式分为例行评价和特定评价。例行评价主要针对重点国有企业、试点的企业集团、国家控股的重要企业，以及对国家、地区、行业经济发展有重大影响的国有大中型企业。特定评价主要针对承包经营、委托经营或租赁经营到期企业，主要领导变动企业，发生重大损失或造成严重影响的企业，以及连续三年以上发生亏损的企业。

评价的指标体系分为工商企业和金融企业两类，工商企业又分为竞争性企业和非竞争性企业。具体的评价指标分为定量指标和定性指标两大类，其中的定量指标又分为基本指标和修正指标两类。

《细则》规定，中央企业绩效评价指标由 22 个财务绩效定量评价指标和 8 个管理绩效定性评价指标组成。其中，财务绩效定量指标由净资产收益率、总资产报酬率等 8 个基本指标和资本收益率等 14 个修正指标构成，用于综合评价企业财务会计报表所反映的经营绩效状况。企业管理绩效定性指标则包括战略管理、发展创新、经营决策、风险控制、基础管理、人力资源、行业影响、社会贡献等 8 个方面的指标，主要反映企业在一定经营期间所采取的各项管理措施及其管理成效。表 7-4 是国资委发布的企业绩效综合评价体系及其权重表。

表 7-4　企业综合绩效评价指标及权重表

评价内容与权数		财务绩效（70%）				管理绩效（30%）	
		基本指标	权数	修正指标	权数	评议指标	权数
盈利能力状况	34	净资产收益率	20	营业利润率	10	战略管理	18
		总资产报酬率	14	盈余现金保障倍数	9	发展创新	15
				成本费用利润率	8	经营决策	16
				资本收益率	7	风险控制	13
资产质量状况	22	总资产周转率	10	不良资产比率	9	基础管理	14
		应收账款周转率	12	流动资产周转率	7	人力资源	8
				资产现金回收率	6	行业影响	8
债务风险状况	22	资产负债率	12	速动比率	6	社会贡献	8
		已获利息倍数	10	现金流动负债比率	6		
				带息负债比率	5		
				或有负债比率	5		
经营增长状况	22	营业收入增长率	12	营业利润增长率	10		
		资本保值增值率	10	总资产增长率	7		
				技术投入比率	5		

《细则》称，企业综合绩效评价指标权重实行百分制，财务绩效定量评价指标权重确定为70％，管理绩效定性评价指标权重确定为30％。评价得分达到85分以上的评价类型为优（A）；70～85分的为良（B）；50～70分的为中（C）；40～50分的为低（D）；得分在40分以下的为差（E）。

《细则》中规定的企业财务绩效指标计算公式如下。

1. 盈利能力指标

净资产收益率＝净利润/平均净资产×100％

总资产报酬率＝(利润总额＋利息支出)/平均资产总额×100％

营业利润率＝主营业务利润/主营业务收入净额×100％

盈余现金保障倍数＝经营现金净流量/(净利润＋少数股东损益)

成本费用利润率＝利润总额/成本费用总额×100％

成本费用总额＝主营业务成本＋主营业务税金及附加＋经营费用（营业费用）＋管理费用＋财务费用

资本收益率＝净利润/平均资本×100％

平均资本是指实收资本与资本公积之和。

2. 资产质量指标

总资产周转率(次)＝主营业务收入净额/平均资产总额

应收账款周转率(次)＝主营业务收入净额/应收账款平均余额

应收账款余额＝应收账款净额＋应收账款坏账准备

不良资产比率＝(资产减值准备余额＋应提未提和应摊未摊的潜亏挂账＋未处理资产损失)/(资产总额＋资产减值准备余额)×100％

资产现金回收率＝经营现金净流量/平均资产总额×100％

流动资产周转率(次)＝主营业务收入净额/平均流动资产总额

3. 债务风险状况

资产负债率＝负债总额/资产总额×100％

已获利息倍数＝(利润总额＋利息支出)/利息支出

速动比率＝速动资产/流动负债×100％

现金流动负债比率＝经营现金净流量/流动负债×100％

带息负债比率＝(短期借款＋一年内到期的长期负债＋长期借款＋应付债券＋应付利息)/负债总额×100％

或有负债比率＝或有负债余额/(所有者权益＋少数股东权益)×100％

或有负债余额＝已贴现承兑汇票＋担保余额＋贴现与担保外的被诉事项金额＋其他或有负债

4. 经营增长状况

营业收入增长率＝(本年主营业务收入总额－上年主营业务收入总额)/上年

主营业务收入总额×100％

资本保值增值率＝扣除客观增减因素的年末国有资本及权益/年初国有资本及权益×100％

营业利润增长率＝(本年主营业务利润总额－上年主营业务利润总额)/上年主营业务利润总额×100％

总资产增长率＝(年末资产总额－年初资产总额)/年初资产总额×100％

技术投入比率＝本年科技支出合计/主营业务收入净额×100％

二、企业绩效评价应用

(一)财务绩效评价

财务绩效评价分以下三个步骤。

1. 基本指标的评价

基本指标反映企业的基本情况,是对企业绩效的初步评价。基本指标评价参照标准值进行。企业绩效评价标准值是国务院国资委统计评价局以全国国有企业财务状况、经营成果等数据资料为依据,并参照国家统计局工业与流通企业月报数据及其他相关统计资料,运用数理统计方法测算制定的。在具体制定过程中,对不同行业、不同规模国有企业基础样本数据进行了筛选,剔除了少数不合理样本,并根据测试结果,对部分样本值进行了修正。不同行业、不同规模的企业有不同的标准值,每套标准值分为五档,表7-5列示了2007年大型火力发电企业财务绩效基本指标的标准值。

表7-5　大型火力发电企业的标准值

档次(标准系统) 项目	优秀(1)	良好(0.8)	平均值 (0.6)	较低值 (0.4)	较差值 (0.2)
净资产收益率/％	12.2	9.5	4.8	2.9	－2.8
总资产报酬率/％	10.7	8.5	4.2	2.5	－0.7
总资产周转率/次	0.7	0.6	0.5	0.4	0.1
应收账款周转率/次	13.9	11.5	7.8	5.2	2.7
资产负债率/％	47.3	58.0	59.7	70.4	85.8
已获利息倍数/倍	8.9	6.6	3.3	1.1	－1.2
营业收入增长率/％	23.8	22.2	16.6	6.9	－7.2
资本保值增值率/％	112.6	111.6	106.2	100.3	95.4

有关指标计算如下。

(1)单项指标得分的计算:

单项基本指标得分＝本档基础分＋本档调整分

其中,

本档基础分＝指标权数×本档标准系数

本档调整分＝功效系数×(上档基础分－本档基础分)

功效系数＝(实际值－本档标准值)/(上档标准值－本档标准值)

上档基础分＝指标权数×上档标准系数

本档标准值是指上下两档标准值居于较低等级一档。

对华能国际股份公司来说,其 2007 年的净资产收益率为 13.45 %,该收益率已达到"优秀"水平,可以得到基础分。

本档基础分＝20×1＝20 (分)

净资产收益率指标得分＝20 (分)

2007 年的其他财务绩效基本指标计算结果分别为 7.964%、0.431 次、7.77次、58.44 %、4.81 倍、13.5 %、107.09%,财务指标计算与前几章讲述计算方法相同,其中资本保值增值率选择的是所有者权益。

其中总资产报酬率达到 7.964%,处于"良好"与"平均"档之间,在得到平均档的基础分后,需要进行调整。

本档基础分＝14×0.6＝8.4 (分)

调整分＝[(7.964%－4.2%)÷(8.5%－4.2%)]×(14×0.8－14×0.6)

＝2.45(分)

总资产报酬率指标的得分＝8.4＋2.45＝10.85 (分)

其他指标得分的计算方法与总资产报酬率相同,其结果见表 7-6。

表 7-6 华能国际股份有限公司基本指标得分情况

类别	基本指标 (分数)	单项指标得分	分类指标得分
一、盈利能力状况	净资产收益率 (20分) 总资产报酬率 (14分)	20 10.85	30.85
二、资产质量状况	总资产周转率 (10分) 应收账款周转率 (12分)	4.62 7.17	11.79
三、债务风险状况	资产负债率 (12分) 已获利息倍数 (10分)	8.98 6.92	15.9
四、经营增长状况	营业收入增长率 (12分) 资本保值增值率 (10分)	6.43 6.33	12.76
基本指标总分			71.3

(2) 基本指标总分的计算:

$$分类指标得分 = \sum 该类内各项基本指标得分$$

$$基本指标总分 = \sum 各类基本指标得分$$

根据以上计算方法，华能国际 2007 年的基本指标得分情况见表 7-6。

2. 修正系数的计算

基本指标有较强的概括性，但是不够全面。为了更全面地评价企业绩效，另外设置了 4 类 14 项修正指标。财务绩效定量评价修正指标的计分是在基本指标计分结果的基础上，运用功效系数法原理，分别计算盈利能力、资产质量、债务风险和经营增长 4 个部分的综合修正系数，再据此计算出修正后的财务绩效定量评价的分数。计算步骤如下。

（1）计算修正指标的实际值。根据表 7-1～表 7-3，计算出华能国际 14 项修正指标的 2007 年的实际值，计算结果如表 7-7 所示。

表 7-7　财务绩效修正指标表

项目	2007 年实际值	单项修正系数	各类指标加权修正系数	各部分综合修正系数
营业利润率	18.51%	0.81	0.24	
盈余现金保障倍数/倍	1.9	0.78	0.21	0.93
成本费用利润率	16.59%	1.29	0.3	
资本收益率	6.65%	0.84	0.18	
不良资产比率	3.12%	0.66	0.27	
流动资产周转率/次	0.78	0.46	0.15	0.55
资产现金回收率	2.61%	0.49	0.13	
速动比率	78.38%	0.41	0.11	
现金流动负债比率	40.03%	1.48	0.4	0.91
带息负债比率	77.36%	0.28	0.06	
或有负债比率	0.17%	1.48	0.34	
营业利润增长率	−12.68%	0.42	0.19	
总资产增长率	8.91%	0.61	0.19	0.48
技术投入比率	0.09%	0.42	0.1	

为简化起见，表 7-7 中不良资产选择了资产减值准备余额，或有负债选择了担保金额，技术投入在财务报表中未找到相应数据，我们假设无形资产的增加额为其技术投入额。

（2）计算单项修正系数：

某指标单项修正系数 = 1.0 +（本档标准系数 + 功效系数 × 0.2 − 该部分基本指标分析系数）

某部分基本指标分析系数 = 该部分基本指标得分/该部分权数

国务院国资委统计评价局在发布财务绩效基本指标的标准值的同时，还发布了修正指标的标准值，表7-8列示了大型火力发电企业修正指标的标准值。

表7-8 大型火力发电企业修正指标的标准值

档次（标准系统） 项目	优秀 （1）	良好 （0.8）	平均值 （0.6）	较低值 （0.4）	较差值 （0.2）
一、盈利能力状况					
营业利润率/%	23.5	21.1	14.7	10.9	4.8
盈余现金保障倍数/倍	4.2	3	1	0.2	−1.7
成本费用利润率/%	11.4	5.6	2.2	−8.7	−11.7
资本收益率/%	15.6	8.8	0.6	−6.4	−9.8
二、资产质量状况					
不良资产比率/%	1	3.1	5.4	8.4	11.6
流动资产周转率/次	1.9	1.8	1.6	1.3	1
资产现金回收率/%	11.9	10	4	2.4	1.2
三、债务风险状况					
速动比率/%	96.2	85.4	66.8	53.6	40.9
现金流动负债比率/%	18.2	11.6	4.7	−4	−8
带息负债比率/%	8.6	19.9	29	49.3	60.3
或有负债比率/%	0.4	1.3	6.1	14.7	23.8
四、经营增长状况					
销售利润增长率/%	36.1	29.5	23.4	12.4	2.7
总资产增长率/%	15.2	9.1	4	0.7	−3.4
技术投入比率/%	1.5	0.7	0.4	0.3	0.2

以华能国际的销售利润率单项修正系数计算为例。

2007年营业利润率为18.51%，介于"良好"档和"平均"档之间，其单项修正系数计算为

营业利润率单项修正系数＝1.0＋[0.6＋(18.51−14.7)/(21.1−14.7)×0.2−0.91]＝0.81

2007年的其他各单项财务绩效修正指标计算结果分别为0.78、1.29、0.84、0.66、0.46、0.49、0.41、1.48、0.28、1.48、0.42、0.61和0.42，并将计算结果列入表7-7。

在计算修正指标单项修正系数过程中，对于一些特殊情况作如下规定：

第一，如果修正指标实际值达到优秀值以上，其计算公式为

单项修正系数＝1.2＋本档标准系数−该部分基本指标分析系数

第二，如果修正指标实际值处于较差值以下，其计算公式为

单项修正系数＝1.0−该部分基本指标分析系数

（3）计算综合修正系数：

$$某部分综合修正系数 = \sum 该部分各修正指标加权修正系数$$

某指标加权修正系数 ＝（修正指标权数／该部分权数）×该指标单项修正系数

仍以 2007 年营业利润率为例：

营业利润率指标加权修正系数＝10/34×0.81＝0.24

盈利能力综合修正系数＝0.24＋0.21＋0.3＋0.18＝0.93

其他类别指标的综合修正系数计算与上述方法相同。

3. 财务绩效的综合评价

财务绩效修正后得分＝各部分基本指标分数×该部分综合修正系数

$$财务绩效修正后总分 = \sum 各部分修正后得分$$

计算出华能国际财务绩效修正后指标的总得分，见表 7-9。

表 7-9　财务绩效指标修正后得分

项目	类别修正系数	基本指标得分	修正后得分
盈利能力状况	0.93	30.85	28.69
资产质量状况	0.55	11.79	6.48
债务风险状况	0.91	15.9	14.47
经营增长状况	0.48	12.76	6.12
修正后定量指标总分		71.3	55.77

（二）管理绩效的评价

1. 管理绩效指标的内容

由表 7-4 可知，管理绩效的指标有 8 个，它们分别是战略管理、发展创新、经营决策、风险控制、基础管理、人力资源、行业影响和社会贡献等定性指标，占整个企业绩效评价 30％的权重。

2. 管理绩效评价方法

由于代表管理绩效的 8 个指标均属于定性指标，因此对其进行评价不同于财务绩效指标评价。

$$单项评议指标分数 = \frac{\sum（单项评议指标权数 \times 各评议员给定等级参数）}{评议员人数}$$

$$评议指标总分 = \sum 单项评议指标得分$$

假设本例选择了 5 位评议员，采用调查表（表 7-10）进行了管理绩效评价。

表 7-10 管理绩效评议表

评议指标	权数	等级（参数）				
		优（1）	良（0.8）	中（0.6）	低（0.4）	差（0.2）
1. 战略管理	18		√			
2. 发展创新	15			√		
3. 经营决策	16		√			
4. 风险控制	13	√				
5. 基础管理	14			√		
6. 人力资源	8		√			
7. 行业影响	8				√	
8. 社会贡献	8			√		

假设 5 位评议员对"战略管理"的评议结果为：优等 2 人；良等 3 人。

战略管理评议指标得分＝$(18 \times 1 \times 2 + 18 \times 0.8 \times 3) \div 5 = 79.2 \div 5 = 15.84$

其他指标的计算方法与上述方法相同，假设其他 7 项评议指标的单项得分分别为 11.8、12.5、10.8、10.5、6.2、6.5 和 6.3，则

管理绩效总分＝$15.84 + 11.8 + 12.5 + 10.8 + 10.5 + 6.2 + 6.5 + 7 + 6.3$

$= 80.44$

（三）企业绩效的综合评价

企业进行综合评价＝财务绩效综合评分×70 ％＋管理绩效综合评分×30 ％

$= 55.77 \times 70 \% + 80.44 \times 30 \% = 63.17$

综合评价的结果，用五等十级制表达，见表 7-11。华能国际股份有限公司综合得分 63.17 分，其绩效等级属于 C 级。

表 7-11 企业绩效评价表

等级	级别	分数
A	A++	100～95
	A+	94～90
	A	89～85
B	B+	84～80
	B	79～75
	B−	74～70
C	C	60～69
	C−	50～59
D	D	40～49
E	E	39 分以下

第四节　经济增加值

一、经济增加值的概念和意义

（一）经济增加值的概念

经济增加值（economic value added，EVA），是一定时期公司所有成本被扣除后的剩余收入，等于税后净经营利润减去资本成本。它实际上反映的是企业一定时期的经济学利润。运用 EVA 指标衡量公司业绩和投资者价值是否增加的基本思路是：公司的投资者可以自由地将他们投资于公司的资本变现，并将其投资于其他资产，因此，投资者从公司至少应获得其投资的机会成本。也就是说，从经营利润中扣除权益的机会成本后，才是股东从公司经营活动中得到的增值收益，否则，就是在消耗股东的财富。正如美国管理之父德鲁克说："我们称之为利润的东西，也就是企业为股东留下的金钱，通常根本不是利润。只要公司的利润低于资本成本，公司就是处于亏损状态，尽管公司仍要缴纳所得税，就好像真的盈利一样。"

经济增加值的计算模型为

$$EVA = NOPAT - K_w C$$

式中，EVA 表示经济增加值；NOPAT 表示税后经营利润；K_w 表示加权平均资本成本；C 表示所利用的资产价值总额。

从最基本的意义上说，经济增加值是公司业绩度量指标，与大多数度量指标不同的是，经济增加值考虑了带来企业利润的所有资金的成本。利用经济增加值可以使管理者从股东角度关心公司利润，将股东财富最大化这一财务管理基本目标融入经营决策中去。可见，经济增加值不仅仅是一种业绩度量指标，它还是一个综合性的财务管理系统，是一种薪酬激励制度。

经济增加值使决策者经营目标与股东财富增长目标一致，帮助管理人员在决策过程中运用两条基本财务原则：第一，任何公司的财务指标必须是最大程度地增加股东财富；第二，一个公司的价值取决于投资者对利润是超出还是低于资本成本的预期程度。

（二）利用经济增加值进行财务分析的意义

1. 在公司内部树立资本成本的观念

经济增加值考虑资本成本，并且将资本成本的概念贯彻到日常的管理中，而不是仅仅在进行投资决策时运用资本成本，随后就忘记，等到投资项目获得收入时，又习惯性地用会计利润进行评价，可以促使管理人员加强项目后评价和资产管理，在企业内部树立所有资产都不能免费使用的观念，管理人员在运用资本时，必须为资本付费，就像支付工资一样；可以从上至下影响企业员工的行为，使之明确如何占用最少的资产，最大程度地提高效率，增加收益。对于部门经理人员而言，主要有三条途径可以增加企业的经济增加值：第一，提高已有资产的收益；第二，在收益高于资本成本的条件下，增加投资，扩大企业的规模；第三，减少收益率低于资本成本的资产占用。通过评价公司使用资本的成本，帮助他们正确理解收入与资产之间关系。经济增加值从一个更广的角度看待企业的经济性，从而对企业的整个经营状况产生影响。

2. 更准确地评价股东财富的创造水平

经济增加值不仅仅是在计算利润时多扣除一项成本，在计算经济增加值的过程中，还要对传统收入概念进行一系列调整，消除会计运作产生的异常状况，并使之尽量与经济真实状况相吻合。例如，会计准则要求公司把研究与开发费用计入当年的成本，因为这些研发费用实际上是对未来产品或业务的投资，为了反映研究开发活动的长期经济效益，计算经济增加值时需在成本中剔除研发费用，而在资产负债表上，把研发费用资本化，计算资本成本，并在适当的时期内分期摊销。正是由于经济增加值的这种"经济性"，使它能够正确地反映公司的财富创造情况，因而也能有效地用于内部绩效评价。

经济增加值的著名推动者认为，市场增加值是评价财富创造的准确方法。市场增加值是公司总市值（包括股本与债务的市值）与公司总资本之间的差额，即投资者投入一家公司的资本和他们以当前市场价格卖出股票所获得的收益之间的差额。计算市场增加值时，同经济增加值类似，投资者投入公司的资本不能简单地以公司资本的账面价值为依据，还必须加上能为公司带来未来长期收益的现金支出，以消除会计处理的影响。经过调整后的市场增加值是一个公司增加或减少股东财富的累计总量。当然，公司的市值完全是一种预期心理的反映，投资者的预期会影响公司的市场增加值。公司的市值是未来利润按资本成本折现后的现值，如果投资者预期的回报等于资本成本，则公司的市场值等于其资本，公司的市场增加值为零；如果投资者预期公司的回报超过资本成本，这家公司的股票就会溢价买卖，其市场增加值为正；如果公司管理者能使投资者相信，他们会带来超过资本成本的回报，则股东财富就能被创造。

在越有效的股票市场上，企业的内在价值和市场价值越吻合，市场增加值就越能反映公司现在和未来获取经济增加值的能力。换句话说，在越有效的资本市场，两者的正相关性越高。

尽管市场增加值能准确反映股东财富创造情况，但它却不能在日常决策中经常使用。第一，市场增加值除受管理因素影响外，短时期内还会受市场环境、政治、法律等多方面因素的影响，这些影响可能掩盖管理业绩。第二，只有在公司上市后，有市场价格，才能计算其市场增加值。第三，即使是上市公司，也只能计算其整体的市场增加值，而公司的子公司、分公司或生产工厂的市场增加值无法计算。因为经济增加值消除了会计利润对企业的经济收益的影响，因而经济增加值是与市场增加值相关程度最高的内部业绩指标，经济增加值可以提供一种可靠的尺度，来反映管理行为是否增加了股东财富及增加的数量。

3. 有利于建立长期的激励制度

经济增加值作为一种业绩评价指标，必将对整个企业的经营状况产生影响，但仅仅将经济增加值的运用停留在分析与评价的层面上是远远不够的，甚至会产生负面影响，因为它将导致经理人员减少资本支出，牺牲公司长期效益以提高短期的经济增加值。因而，必须将经济增加值与员工业绩挂钩，建立一种新的长期的激励制度，才能真正起到持久的引导员工行为的作用。

斯特恩-斯图尔特公司（Stern Stewart & Co.）是国际知名的管理咨询公司，是 EVA-经济增加值管理体系的创造者和商标持有者，也是最重要的 EVA 推动者。斯特恩-斯图尔特公司建议的经济增加值激励制度必须具备以下特征：

（1）设立目标奖金。对参与经济增加值奖励计划的人员设立目标奖金，与传统的目标奖金比较，经济增加值目标奖金应更高一些，且应扩大奖金的变动部分。传统的目标奖金往往固定部分过大，奖罚悬殊小，导致了经理人员的保守倾向。

（2）只对增长的经济增加值进行奖励。只对增长的经济增加值进行奖励，这是非常便于管理人员理解的奖励方式，促使管理人员在不增加资本情况下增加利润，促使其尽快将非生产性资产变现，以减少资本成本。只对经济增加值的增量进行奖励，使新一年的计划很自然地以上年实现的经济增加值为目标。也就是说，如果经济增加值保持上年水平，则经理人员刚好得到目标奖金；若经济增加值增长了，则可以得到大量的超额奖金，避免了经理人员就目标设定值讨价还价。

（3）不设奖金临界值和上限。对于经济增加值的增量所进行的奖励，不设临界值和上限，因为经济增加值也可能减少，与传统的奖励计划比较，经理人员承担的风险更大，因而对在经济增加值的增量奖励应更慷慨一些。另外，不设临界值和上限，还可以使经理人员能够预期自己的奖金数额。

（4）设立奖金库。设立奖金库的目的是为了缓冲奖金的大幅度变化，并在奖金的变化与公司股东财富的变化之间建立连动。在奖金库的个人账户中，奖金的正值被存入，负值被扣除，按奖金库存量的一定比例，每年支付一次。奖金库培养了经理人员的长期观念，经理人员知道，以短期业绩换取长远结果，对他们个人是没有好处的。

二、经济增加值的计量

(一) 会计利润的调整

1. 调整的原因及原则

由于会计准则的谨慎性原则要求,企业应增强抵抗风险的能力,当某一经济事项的会计处理方法面临多种选择时,在不影响合理反映的前提下,应尽可能选用一种避免高估收益和资产、低估损失和负债的处理方法。按照这一原则,对预计损失,只要是潜在损失就应反映,而对预计收入却只能等到证实后才能反映。对损失的过分关注,对收入的歧视,使会计利润不能准确反映企业的经济价值,而会计政策的可选择性,也给管理人员带来了粉饰会计利润的机会,导致企业价值信息的失真。

如果以会计利润的主要指标或其相关指标,如净资产收益率、每股盈余等,进行内部业绩管理,还会导致管理人员注重短期效益、不关心资产营运效率、过度投资的行为。例如,经理人员会为保证目前的收益,而不愿在新技术上投入过多,不愿在扩大市场份额方面投入过多,相反会在市场成熟的领域过度投资,使企业的长期利益受损。因此,要使经济增加值切实反映企业的经济收益,并在激励制度中得到充分运用,必须对企业的会计利润及资产、负债进行若干调整。

斯特恩-斯图尔特公司已经确认了160多种对会计利润及资产负债表、利润表可能作的调整措施。这些措施涉及诸多方面,包括存货估价、通货膨胀、坏账准备金、重组费用,以及商誉的摊销等。

尽管斯特恩-斯图尔特公司已确认如此多的调整项目,但根据成本效益原则,不可能在计算的经济增加值时全部包括,而应根据公司的经营业务特点、组织结构、会计政策进行选择。选择指标应遵循以下原则:

(1) 重要性原则。公司所处的行业不同,经营业务各有特点,即使经营业务相同的公司的目标市场、组织结构、会计政策也不会完全相同,这些因素使一项指标可能在这家公司里是举足轻重的,而在另一家公司却不那么重要。由于经济增加值从根本的意义上而言是一项业绩评价和内部管理指标,因此对重要性的理解不应仅仅根据金额大小来决定,而就根据该项指标是否对公司管理人员的决策产生重大影响,是否对引导公司员工行为存在重要意义来判断。例如,对于科技含量高、技术更新快的计算机公司而言,研究开发支出是至关重要的;而对一家小型的家政公司而言,为提高服务质量的培训支出比研究开发支出重要得多。

(2) 易理解原则。调整项目的选择必须能够为非财务的经理人员所理解,并便于向股东、董事、广大的员工解释,只有被充分理解的措施才能影响经理人员的决策、引导公司员工的行为。而难以理解的行为将导致错误的行动。

（3）可控性原则。调整项目应是可控制的，即公司经理人员能够通过自己的行为影响支出或收益，增加股东财富；而对普通员工而言，应是通过自己的努力，可以控制这些项目的水平。可控性原则是为了体现公平，只有公平的举措才能被真正接受。

（4）稳定性原则。稳定性原则是指调整项目一旦确定，就应保持相对稳定。调整项目的稳定能使经理人员及员工预见自己的行为为自己带来的薪酬奖励，使之对于增进股东财富的行为保持一种长期的热情与自觉性。公司对于调整项目的变更，应经过充分论证，非常慎重地对待。

（5）收益性原则。对调整项目的选择，应在精确性与效益之间进行权衡，过于精确的调整项目必然导致调整过程的过于复杂，并且加深理解的难度；而对于细节的过分追求会大大提高实施的成本，降低总体收益。

2. 调整内容及方法

会计调整的项目可能很多，除了前面提到的存货估价、通货膨胀、坏账准备金、重组费用以及商誉的摊销外，还有研究与开发支出、开拓市场份额的费用、营业收入的确认时间、外币折算汇率的选择、递延税款等。这里，仅就研究与开发支出、战略性投资、资产减值准备、递延税款及资产负债表的调整事项进行说明。

（1）研究与开发支出。旧会计准则规定，研究开发费用全部费用化计入当期损益。新准则规定，区分研究阶段与开发阶段，对于符合条件的开发支出，可以资本化确认为无形资产。新准则规范了无形资产的确认，计量和相关信息的披露要求，有助于企业科技创新，加大研发投入，提升企业价值和核心竞争力。但计算经济附加值时原则上是将研究开发费用和市场开拓费用全部资本化处理，即将当期发生的研究开发费用和市场开拓费用作为企业的一项长期投资加入到资产中，同时根据复式记账法的原则，资本总额也增加相同数量。然后根据具体情况在几年之中进行摊销，摊销值列入当期费用抵减利润。摊销期一般为 3～8 年，根据公司的性质和投入的预期效果而定。

（2）战略性投资。战略性投资是公司具有战略意义的投资，如建立新厂、对其他企业的兼并收购等，战略性投资往往前期投入资金巨大，而且需要较长的建设期或整合期。在建设期或整合期，对经理人员进行绩效评价时，若对这部分资产计算资本成本，会产生负面的影响，可能使经理人员放弃有利的战略开发机会。因此，斯特恩-斯图尔特公司在经济增加值计算时，对战略性投资，在投资开始获得经营利润之前，先将所投入的资金及其资本成本全部在一个临时账户中预存起来，等项目开始获得经营利润之后，再考虑其资本成本。这种处理方式，避免了上述负面影响，并使经理人员最终对其战略性的投资决策负责。

（3）资产减值准备。根据会计准则的规定，公司可以为将来可能发生的损失资产减值准备，减值准备余额抵减对应的资产项目，余额的变化计入当期费用冲减利润。其目的也是出于稳健性原则，使公司的不良资产得以适时披露，以避免公众过高估计公司利润而进行不当投资。作为对投资者披露的信息，这种处理非常必要。但对于公司的管理者而言，这些减值准备并不是公司当期资产的实际减少，准备金余额的变化也不是当期费用的现金支出。提取准备金的做法一方面低估了公司实际投入经营的资本总额，另一方面低估了公司的现金利润，因此不利于反映公司的真实现金盈利能力；同时，公司管理人员还有可能利用这些准备金账户操纵账面利润。因此，计算经济附加值时应将准备金账户的余额加入资本总额之中，同时将准备金余额的当期变化加入税后净营业利润。

（4）递延税款。当公司采用纳税影响会计法进行所得税会计处理时，由于税前会计利润和应纳税所得之间的时间性差额而影响的所得税金额要作为递延税项单独核算。递延税项的最大来源是折旧。许多公司在计算会计利润时采用直线折旧，而在计算应纳税所得时则采用加速折旧法，从而导致折旧费用的确认出现时间性差异。正常情况下，其结果是应纳税所得小于会计报表体现的所得，形成递延税项负债，公司的纳税义务向后推延，这对公司是明显有利的。计算经济附加值时对递延税项的调整是将递延税项的贷方余额加入到资本总额中，如果是借方余额则从资本总额中扣除。同时，当期递延税项的变化加回到税后净营业利润中。也就是说，如果本年递延税项贷方余额增加，就将增加值加到本年的税后净营业利润中；反之，则从税后净营业利润中减去。

（5）资产负债表项目的调整。在调整完毕会计处理的影响后，还应对资产负债表的以下因素进行调整：一是将现金和银行存款等货币资金从资本中扣除，因为现金和银行存款的资本成本相对于债务资本成本和股权资本成本而言，是较低的，而且其收益（利息收入）也未包含在净经营利润中。二是将无利息的流动负债从负债总额中扣除，如应付福利费、应付账款等，因为这部分负债是免费的、无息的，不应计算其资本成本。三是将对营业外支出净额加入股东权益中计算资本成本（若有补贴收入应扣除），这是因为年末股东权益是与当年扣除各项成本、费用、损失后的净利润相关联的，而经济增加值中是税后经营利润与资本成本的比较，因此，对因营业外净支出减少的权益应加回到股东权益中。

（二）资产与资本成本的选择

计算经济增加值，在对会计利润进行适当调整后，接下来应确定的是对资产价值与资本成本的选择。

1. 资产价值的选择

目前，关于计算经济增加值时资产价值的选用，在企业管理学界主要有两种观点：一是斯特恩-斯图尔特公司的创始人 Stewart 提出的经济增加值计算公式中资产价值选用的是经过上述各项调整后的经济价值；二是 Jeffrey 等认为：公司创造股东财富的资产价值既不是资产的账面价值，也不是资产的经济价值，而应是资产的市场价值，即股东权益的市场价值与经过调整后的负债市场价值（即总负债减去自然形成的无利息的流动负债）。因为在任何一个会计年度开始时，投资者都可以将公司作为一个整体出售，获得公司的市场价值，而投资者放弃了这一机会，如果公司的年度经济收益不能超过年初公司市场价值的资本成本，那么公司股东财富就没有得到增加。

2. 资本成本的确定

资本成本是债务成本与股权成本的加权平均，即

$$K_w = \sum K_j W_j$$

式中，K_w 表示加权平均资本成本；K_j 表示第 j 种个别资本成本；W_j 表示第 j 种个别资本占全部资本的比重。其中，个别资本成本中的债务成本可根据市场利率，扣除可以抵减的所得税后确定。不能根据现有债务利率确定，是因为市场利率是公司发行新债的成本，或者回购债务可以节约的成本。

股权资本成本可按以下两种方法确定：

第一，资本资产定价模型法。

$$K_s = R_f + \beta(R_m - R_f)$$

式中，K_s 表示股权资本成本；R_f 表示无风险报酬率；β 表示股票的 β 系数，即风险程度；R_m 表示平均股票的必要报酬率。

第二，风险溢价法。

$$K_s = K_b + R_{ps}$$

式中，Ks 表示债务成本；R_{ps} 表示股东比债权人承担更大风险所要求的风险溢价。

（三）经济增加值与净现值的比较

由于经济增加值考虑了资金成本，经济增加值看起来与净现值较为相近，事实上经济增加值除了可以用来评价和促进股东财富创造外，还可以同净现值一样用来对投资项目进行评估。在投资年度内，经济增加值的现值等于投资的净现值。

例如，某项投资在开始时需投入 200 万元，并按直线法在 4 年内折旧完毕，资本成本为 10%，所得税率为 40%。

各年度的税后现金流量和净现值如表 7-12 所示。

表 7-12　现金流量及净现值计算表　　　　　　　单位：万元

年度	0	1	2	3	4
原始投资	−200				
收入		120	120	120	120
现金支出		30	30	30	30
折旧		50	50	50	50
税前收益		40	40	40	40
所得税		16	16	16	16
税后收益		24	24	24	24
折旧		50	50	50	50
税后现金流量		74	74	74	74
贴现净现值	34.57				

投资年度内的经济增加值现值计算如表 7-13 所示。

表 7-13　经济增加值及净视值计算表　　　　　　　单位：万元

年度	0	1	2	3	4
年初投资账面价值		200	150	100	50
资金成本率/%		10	10	10	10
税后收益		24	24	24	24
资金成本		20	15	10	5
经济增加值		4	9	14	19

按 10% 贴现的经济增加值为 34.57。

投资的年度经济增加值贴现值等于投资的净现值，因此可以用计算投资的年度经济增加值贴现值来评估投资机会。对经济增加值与净现值进行比较分析，还可以促进公司将项目投资决策与项目投产后的经营实际联系起来。

第五节　财务预警分析

一、财务预警的意义及作用

企业失败是商品经济的必然产物，是企业竞争的必然结果。企业失败是指企业因破产，或没有清偿债务能力，或自动停业而终止业务。企业失败意味着企业生命的结束。企业失败与财务危机密切相关，由于财务危机引起清偿债务困难，若不能及时采取有效措施，阻止财务危机的进一步恶化，其结果最终会导致企业破产。因此财务危机预警分析应运而生。所谓财务预警分析系统（early warning system of financial failure），就是通过对企业财务报表及相关经营资料的分析，利用财务数据及其相关预警系统，预测和分析企业发生财务危机的可能性及原因，以提前做好防范措施的财务分析系统。

　　企业因财务危机导致经营陷入困境，甚至宣告破产的例子不胜枚举。企业产生财务危机的原因是多方面的，如企业经营者决策失误、管理失控、外部环境恶化等。但任何财务危机都有一个逐步显现、不断恶化的过程，因此，对企业的财务运营过程进行跟踪、监控，及早发现财务危机信号，预测企业的财务失败，使经营者能够在财务危机出现的萌芽阶段，采取有效措施，以改善企业经营预防财务失败，从而避免或减少企业的损失。可见有效的财务预警系统正是具备这种功能而备受人们重视。

　　建立有效的财务预警系统，及时跟踪、监控、预测和预报企业的财务状况，尤其是预报财务危机信号，对企业持续发展有着重要的作用。

　　1. 监测作用

　　监测是指跟踪企业的生产经营过程，将其实际情况同企业预定的目标进行对比，及时监测出生产经营中存在的偏差。当危害企业的财务的偏差或关键因素出现时，可以提出警告，让企业经营者早日寻求对策，以减少财务损失。

　　2. 诊断作用

　　诊断是预警体系的重要功能之一。它根据监测的结果，运用现代企业管理技术、企业诊断技术，对企业营运状况之优劣作出判断，发现产生偏差的原因或存在的问题，为控制和预防做好充分的准备。

　　3. 控制作用

　　当财务危机信号出现时，管理者不仅采取措施控制财务危机继续恶化，而且要积极在内部挖掘资金潜力，在外部寻求新的资金支持，尽快控制财务危机的影响范围。在财务危机基本控制的基础上，还应改进企业经营策略和投融资政策，寻求财务危机的彻底解决。

　　4. 预防作用

　　完整有效的财务预警分析系统应能系统而翔实地记录企业财务危机发生的缘由、处理经过、解除危机所采取的各项措施以及处理改进建议，以备同类危机再次出现时参考备查。

　　总之，企业财务预警系统应该是企业预警系统的一部分，它能够预先告知经营者和投资者企业组织内部财务营运体系隐藏的问题，同时还能清晰地告知企业经营者应朝哪一个方向努力，便于制定措施，有效地解决问题，使企业把有限的财务资源用于最需要或最能产生经营成果的地方。但财务预警系统却无法替经营者解决财务营运的问题，这是经营者对财务预警制度必须具备的认识。

二、财务预警的分析方法

　　1. 单变量模型

　　单变量模式（one-variable model）是指运用单一变量，用个别财务比率来预测财务危机的模型。按照这一模式，当模型中涉及的几个财务比率趋于恶化时，通常是企业发生财务危机的先兆。单变量模式所运用的预测财务失败的比率，按其预测能力分别为

$$债务保障率＝现金流量/债务总额×100\%$$
$$资产收益率＝净收益/资产总额×100\%$$
$$资产负债率＝负债总额/资产总额×100\%$$

按照单变量模式的解释，企业的现金流量、净收益和债务状况不能改变，并且表现为企业长期的状况，而非短期因素。根据这一模型，跟踪考察企业时，应对上述比率的变化趋势予以特别注意。

单变量模式是威廉·比弗（William Beaver）在比较研究了 79 个失败企业和相同数位、相同资产规模的成功企业后提出的。他在计算了各会计报表项目的平均值之后，对流动资产项目之间的重要项目作了如下说明：

（1）财务失败企业在失败前，现金越来越少，应收账款越来越多。

（2）当把现金和应收账款加在一起列入速动资产和流动资产之中时，失败企业与成功企业之间的不同就被掩盖住了。因为现金和应收账款不同，它们是向相反的方向起作用的。

（3）财务失败企业在走向失败过程中存货总是越来越少。

William Beaver 的这些结果说明在预测企业的财务危机时，应对现金、应收账款和存货三个流动资产项目予以特别的注意，对于现金和存货较少，而应收账款较多的企业，分析时应特别警觉。

日本经营咨询诊断专家田边升一在其所著的《企业经营弊病的诊断》一书中，提出了检查企业"血液"——资金的秘诀之一是"利息及票据贴现费用"判断分析法，用利息及票据费用占销售额百分比（表 7-14）来判断企业正常与否。

表 7-14　利息及票据贴现费用占销售额比重　　　　　　　　单位:%

制造企业	2	5	7	10
批发商	1	3	5	7
企业状况	健康型	维持现状型	缩小均衡型	倒闭型

2. 多变量模式

多变量模式（multivariable model）是指运用多种（通常是五种）财务比率进行加权汇总产生的总判别分（称为 Z 值）来预测财务危机的模型。多变量模式力求从总体视角来监测财务状况的危机信息，以规避和延缓危机的发生。

1）爱德华·阿尔曼的 Z 计分模型

最初多变量模式是由美国爱德华·阿尔曼（Altman）在 20 世纪 60 年代中期创造的，用以计量企业破产的可能性。后来 Z 计分法也被大量地作为一种方

便的综合经营业绩的评价。

阿尔曼模型的开发步骤是首先选定企业样本，最初的样本由 66 个企业组成，分成两组，每组备 33 个企业。第一组的破产企业是 1946～1965 年根据《美国破产法》第十章的规定，申请破产的制造业企业。第二组是不分行业、不分规模任意选择的制造业企业，这些企业到 1966 年仍然还存在。分好组以后，收集资产负债表和损益表中的有关资料，并进一步收集整理认为对评价有用的 22 个变量（比率），把这些变量按流动率、收益率、稳定性、支付能力、活动比例 5 项标准比率分类，再从最初的变量一览表选定预测破产最有用的 5 个变量，在分析有关变量间的相互依存关系、观察各变量判断预测的正确性的基础上，最后进行综合分析，建立了下列判别函数：

$$Z = 0.012X_1 + 0.014X_2 + 0.033X_3 + 0.006X_4 + 0.010X_5$$

式中，Z 值为判别分；X_1＝营运资金/资产总额，用于衡量企业流动资产净额相对于资产总额的比例；X_2＝留存收益/资产总额，用于衡量企业一段时间内的累计获利能力，其中，"留存收益"数据来自资产负债表；X_3＝总税前收益/资产总额，该比率剔除了税收和杠杆因素影响，用于衡量企业资产的增值能力；X_4＝权益市价/债务总额账面价值，用于衡量企业在负债超过资产，企业变得无偿债能力之前，企业资产可能的跌价程度，其中，权益由全部股份、优先股及普通股的合并市价构成，而债务则包括流动及长期债务；X_5＝销售额/资产总额，用于衡量企业资产取得销售收入的能力。

Z 计分模型中的财务比率 X_1、X_2、X_3、X_4 和 X_5 以绝对百分率表示。比如，当"营运资金/资产总额"为 30％时，X_1 则表示为 30。

根据计算的结果，阿尔曼对 Z 计分模型作了如下说明：

其一，2.675 被确定为 Z 值的实际截止点，Z 值低于 2.675 的企业被认为是具有失败企业特征的企业；

其二，尽管 Z 计分模型最初只是依据制造业公司的资料提出的，但检验结果证明，它对其他类型的公司同样适用。

根据 Z 计分模型，Z 值越低企业走向破产的可能性越大。通过计算一个企业连续几年的 Z 值，可以判断该企业是否越来越接近破产的边缘。

2）日本开发银行的多变量模型

20 世纪 70 年代，日本也利用与阿尔曼模型相联系的分析方法，致力于研究开发企业业绩评价、风险估价的方法。日本开发银行调查部发表的"利用经营指标进行企业风险评价的新尝试——利用多变量分析的探索"，其分析原理和分析思路与阿尔曼的 Z 计分模型如出一辙，所不同的只是构成 Z 的各独立变量的选择有明显差异。它们选择了东京证券交易所 310 家上市公司作为研究对象，建立破产模型，分成优良企业和不良企业两组，进行了财务困境预测。建立的判别函

数为

$$Z = 2.1X_1 + 1.6X_2 - 1.7X_3 - X_4 + 2.3X_5 + 2.5X_6$$

式中，X_1 表示销售增长率；X_2 表示总资本利润率；X_3 表示他人资本分配率；X_4 表示资产负债率；X_5 表示流动比率；X_6 表示粗附加值生产率（为折旧费、人工成本、利息与利税之和与销售额之比）。

模型中 X_3 和 X_4 的系数是负数，表示他人资本分配率和资产负债率越小，风险越小。判别函数的 Z 值越大，企业风险越小；Z 值越小，企业风险越大，并把 Z 值处在 0～10 的数值里视为危险区段。

3）台湾地区的多变量模型

台湾地区的陈肇荣先生针对该地区企业财务资料的实际情况，提出了一个较为适合台湾地区情况的多变量模型：

$$Y = 0.35X_1 + 0.67X_2 - 0.57X_3 + 0.29X_4 + 0.55X_5$$

式中，X_1＝速动资产/流动负债；X_2＝营运资金/资产总额；X_3＝固定资产/资本净值；X_4＝应收账款/销货净额；X_5＝现金流入量/现金流出量。

按照这一模型，当 Y 值低于 11.5 时，企业很有可能在未来的一年之内发生财务危机。

3. 单变量模型与多变量模型的比较

从理论上分析，单变量模型与多变量模型有以下差异：

（1）着眼点不同。单变量模型强调流动资产项目对企业财务危机的影响；而多变量模式则更注重企业盈利能力对企业财务危机的影响。

（2）采用的预测方法不同。单变量模型以单个财务比率的分析考察为基础，财务比率按其预测能力有先后顺序之分；而多变量模型则以五种财务比率的分析考察为基础，为使该模型的预测能力达到最大限度，对五种财务比率均进行了加权。

（3）预测的内容也有区别。单变量模型所预测的财务危机包括企业的破产、拖欠偿还账款、透支银行账户、无力支付优先股股利等，而多变量模型所预测的财务危机则仅指企业破产危机，因而 Z 计分模型有时也被称为公司破产预测模型。

但无论单变量模型或者多变量模型，对企业的财务危机预警分析都主要是站在企业外部关系人的角度进行分析考察的，而较少顾及企业自身管理的需要。因此，在财务预警系统分析中，必须从总体模式与分部门模式等考虑企业内部经营管理需要的方法。

三、财务预警系统的模式

按照企业财务预警系统的构成，一般可以分为总体财务预警体系和分部门财务预警体系，其各自的分析方法是有区别的。

1. 总体财务预警体系

总体财务预警体系可以监测企业的财务整体运作是否出现潜在的危机，指出企业目前财务经营运作中可能存在的盲点，使企业财会人员能够为经营者提供信息，预先了解企业财务危机。总体模式通常可以结合前述的单变量模型、多变量模型和企业自身预警体系的要求进行设计。

（1）运用多变量模型思路，建立企业的多元函数预警模型。该模型是通过对各变量 X 的内容或其加权系数加以修正调整后，建成的符合企业要求和特色的总体预警模型。各地区和各个企业可以比照多变量模型基本原理，设计反映该地区和该企业规律的模型。

（2）运用单变量模型的思路，计算企业的经营安全率。通过计算企业的安全率，了解企业财务经营现状，及时发现财务危机的信号，防患于未然。企业经营安全率由安全边际率和资金安全率两个因素共同构成：

$$安全边际率＝100\%—损益平衡点销售额/销售额$$

而

$$损益平衡点销售额 = 固定成本 /（1— 变动成本 / 销售额）$$
$$资金安全率 = 资产变现率 — 资产负债率$$

其中，

$$资产变现率 = 资产变现金额 / 资产账面金额$$
$$资产负债率 = 负债总额 / 资产总额$$

一般说来，当两个安全率指标均大于零时，企业经营状况良好，可以适当采取扩张策略；当资金安全率为正，而安全边际率小于零时，表示企业财务状况良好，但营销能力不足，应加强营销管理，增加企业利润的创造能力；当企业安全边际率大于零，而资金安全率为负时，表明企业财务状况已露出险兆，积极创造自有资金、进行开源节流、改善企业的财务结构成为企业的首要任务；当企业的两个安全率指标均小于零时，则表明企业的经营已经陷入危险境地，随时有爆发财务危机的可能。

（3）考察企业有无健全的内部稽核制度。一个企业的内部治理结构不健全，会计制度无法具备内部控制功能，内部稽核制度也就形同虚设，难以产生监控的作用。此时企业内部人控制很容易产生，在信息不对称背景下，当企业出现财务危机信号时，管理当局自然会产生掩饰财务危机的动机，尤其在普遍实行计算机操作的今天，审计软件设计不够严谨，都会使企业的财务预警分析变得毫无意义。一般说来，良好的内部控制制度应该包括诚实有能力的员工、组织建设权责分明、交易处理程序适当、审计客观独立等内容。

（4）考察企业有无健全的外部监督检查制度。当企业内部稽核制度控制力度不够时，健全的外部监督检查制度，是进行财务预警分析的基本条件。对财务预警系统而言，外部监督检查是通过注册会计师执业过程完成的，有效的注册会计师执业机制、高水平的注册会计师执业队伍、良好的注册会计师人员素质，可以为财务预警体系分析提供客观公正的财务指标，才能保证财务预警体系达到监测和诊断的作用。

总之，除进行必要的财务预警指标设计与分析外，还必须有企业内部稽核制度和外部监控检查制度健全程度相匹配，否则财务预警系统无法发挥其应有的作用。

2. 分部财务预警体系

分部财务预警体系是按照企业的主要经营活动，如采购、生产、营销、财务、人事、开发研究等，设立的子系统体系。它一方面能够辅助总体财务预警系统深入寻求财务问题产生的根源，以便对症下药；另一方面还能使各部门通过跨部门间沟通与协调解决问题，从而促进企业综合效益的提高。分部模式应按照企业运营活动分别设置预警系统，监测各部门的危机产生，以避免由于局部问题而导致的企业整体财务失衡。

四、建立财务预警分析应注意的问题

我国财务预警系统分析研究还刚刚起步，借鉴西方的理论和运作十分必要，但不能完全照搬，应结合我国企业的生存环境。因此在设计和建立财务预警分析体系时，应注意处理好以下几个关系。

1. 处理好定量分析和非定量分析的关系

目前的财务预警分析系统，注重对企业财务数据的统计、财务指标的筛选、检查和财务模型的计算、分析，建立起单纯使用量化的方法进行财务危机预测体系。但是企业的财务危机问题十分复杂，我们无法仅凭几个既定的数量指标就能评价出企业财务状况的好坏，有时非定量因素会比财务指标对企业财务状况的显示更可靠、有效。实际上企业的财务状况和经营状况只能在会计报表中间接地表现出来，而没有哪一个或哪一组财务比率能全面反映每一个企业独特的财务状况的复杂性，因此在建立财务预警分析体系应考虑非定量因素的分析。

2. 处理好一般性和特殊性的关系

阿尔曼模型实际是一种综合预测分析，其基本原理是将企业关于企业财务运行用几项主要指标代表，经过采用模糊数学对各指标进行综合而得出的综合评价。这种模型只能在当时历史条件下对当地的企业具有适用性。由于不同国家、地区、行业和企业有着不同的会计惯例，每个企业财务数据的计算口径、标准财务指标不尽相同，同时企业的自身经营发展情况不同，其财务危机发生的表现往往也有区别，这就限制了直接应用财务危机预警模型的企业范围。因而建立以不变应万变的一般性财务预警模型有时显得不够适用、有效，其预测、诊断作用引起怀疑，影响其模型的推广应用。因此，模型的建立应充分考虑一般性和特殊性要求，设计出多角度、多层次的指标体系。这些指标体系应符合如下要求：①每项指标都能从不同侧面反映资本结构的安全、流动、收益状况。②每项指标都有不同的数量规定。资本结构管理的各项指标是用具体的百分比来规定各项资金运动变化的，不同的指标具有不同的量的规定。所以，财务理论上并非凡是要求小于多少的指标就越低越好、收益率类指标就越高越好。③每个指标都需把握其运动变化的"度"，即警戒线。凡事都有度，资本结构管理的各项指标也客观存在着"适宜度"的问题。

财务预警分析的确十分必要，但任何财务危机预警都只能为分析人员提供关于企业财务危机发生可能性的线索，而并不能确切地告知是否会发生财务危机。

课 后 练 习

一、思考题

1. 主要财务报表各自的特点及钩稽关系如何？

2. 如何运用杜邦分析法对企业财务状况进行评价？该方法的核心指标是什么？为什么？

3. 如何运用企业效绩评价体系对企业财务状况进行综合评价？

4. 利用经济增加值进行财务分析的意义？

5. 财务预警分析的定量模型有哪些？它们有什么不同？

6. 建立财务预警分析系统应注意的问题有哪些？

二、选择题

1. 属于综合财务分析法的有（　　）

A. 比率分析法　　　B. 比较分析法　　　C. 杜邦分析法　　　D. 趋势分析法

2. 下列关于权益乘数的表述不正确的是（　　）

A. 权益乘数＝所有者权益/资产　　　B. 权益乘数＝1／（1－资产负债率）

C. 权益乘数＝资产/所有者权益　　　D. 权益乘数＝1＋产权比率

3. 由杜邦分析体系可知，提高资产净利润率的途径可以有（　　）

A. 加强负债管理，提高资产负债率　　　B. 增加资产流动性，提高流动比率

C. 加强销售管理，提高销售利润率　　　D. 加强资产管理，提高资产利润率

E. 加快流动资产周转，提高流动资产周转率

4. 分析企业营运能力的指标有（　　）

A. 存货周转率　　　B. 流动资产周转率　　　C. 速动比率

D. 资产净利润率　　　E. 净资产报酬率

5. 企业综合绩效评价指标中的基本指标有（　　）

A. 净资产收益率　　　B. 总资产周转率　　　C. 流动资产周转率

D. 速动比率　　　E. 资产负债率

6. 下列关于企业综合绩效评价指标的说法正确的有（　　）

A. 评价的对象包括国有及国家控股企业、民营企业

   B. 财务绩效指标和管理绩效指标都属于定量指标

   C. 财务绩效指标占比 80%，管理绩效指标占比 20%

   D. 定量指标又分为基本指标和修正指标

7. 企业综合业绩评价指标包括反映以下哪些状况的指标 （　　　）

   A. 盈利能力状况　　　　　　　　　　　B. 资产质量状况

   C. 债务风险状况　　　　　　　　　　　D. 经营增长状况

8. 增加企业经济增加值的途径有 （　　　）

   A. 增加盈利项目　　　　　　　　　　　B. 提高已有资产的收益

   C. 在收益高于资本成本的情况下，扩大投资

   D. 减少收益率低于资本成本的资金占用

9. 在计算经济增加值时，选择调整项目应遵循的原则有 （　　　）

   A. 可控性　　　　　B. 重要性　　　　　C. 全面性

   D. 稳定性　　　　　E. 收益性

10. 计算经济增加值时，通常应调整的项目包括 （　　　）

   A. 研究与开发支出　　　　　　　　　　B. 存货估价及坏账准备金

   C. 战略性投资　　　　　　　　　　　　D. 资产负债表项目的调整

三、判断题

1. 净报酬率是所有比率中综合性最强的最具有代表性的一个指标，它也是杜邦财务分析体系的核心。（　　）

2. 根据会计准则计算得出的净利润，并不能代表对股东价值的贡献。（　　）

3. 经济增加值等于税后经营利润减去债务资本成本。（　　）

4. 计算经济附加值时应将准备金账户的余额剔除出资本总额，同时将准备金余额的当期变化从税后净营业利润中扣除。（　　）

5. 计算经济增加值时，应将研究支出费用化，将开发支出资本化。（　　）

6. 计算经济增加值时，应将现金和银行存款等货币资金从资本中扣除。（　　）

四、计算题

某公司 2006 年和 2007 年的相关基本财务数据如表 1 所示。

表 1　基本财务数据　　　　　　　　　　　　单位：万元

年份	净利润	销售收入	资产总额	负债总额	全部成本
2006	10 284.04	411 224.01	306 222.94	205 677.07	403 967.43
2007	12 653.92	757 613.81	330 580.21	215 659.54	736 747.24

要求：

（1）计算杜邦分析模型中的各个财务比率，完成杜邦分析图；

（2）运用杜邦财务分析原理，比较该公司 2006 年与 2007 年的净资产收益率，并定量分析其变化的原因。

第八章

财务信息质量分析

聚焦蓝田股份（600709——现已退市）

从 1998 年到 2000 年蓝田股份的年报显示，公司的经营业绩良好，资产回报率名列上市公司前茅，每股收益分别为 0.82 元、1.15 元和 0.97 元，净资产收益率则分别高达 28.9％、29.3％、19.8％。2000 年度该公司的主营业务收入 18.4 亿（其中农副水产品 12.7 亿），销售商品、提供劳务收到的现金 20.44 亿元，利润总额 5 亿元，净利润 4.3 亿元，资产回报率指标不仅远高于农业类公司平均水平，而且远高于其他各行业优秀公司，如通信设备行业的中兴通信（5.42％）、房地产行业的深万科（5.59％）、高科技行业的清华同方（5.27％）。当时的舆论对蓝田股份的骄人业绩褒贬不一，相对其业绩而言，蓝田股份的股价却一直徘徊在 20 元以内，与其业绩极不相匹配。2001 年 10 月 26 日，中央财经大学刘姝威教授在《金融内参》上发表文章 "应立即停止对蓝田股份发放贷款"，引起中国蓝田（集团）总公司总裁瞿某的极度不满和恐慌，最终导致蓝田股份退出了股票交易市场。那么：

- 如何看待蓝田股份的经营业绩？
- 如何识别蓝田股份的虚假财务信息？

第一节　评价财务报表信息质量的主要标准

财务信息是财务分析的重要基础和工作对象。如果不掌握充足、相关的财务信息，就不可能正常地对财务报表进行分析，更不可能得出准确的分析结论。因此，财务分析实质上就是对企业的财务信息和相关的非财务信息进行搜集、整理和分析从而得到有利于决策的相关结论的过程，同时这个过程完成的效率和效果是与所采用的财务信息的质量密切相关的。那么，对于财务报表的信息质量如何评价？这当中存在着很多不同的评价标准。

一、财务信息的定义和分类

（一）财务信息的定义

财务信息，是指进行财务分析和决策所依据的报告、报表、数据等方面的文本、文献资料等相关的信息。因此广义上的财务信息是指进行财务分析中所依据的资料信息，是财务分析和决策的基础，对企业的财务状况、盈利能力、现金流量、偿债能力、营运能力、发展潜力等多方面作出评价都要以财务信息为依据，同时以其他信息作为辅助，获得检验和修正。

（二）财务信息的分类

财务信息是多种多样的，不同的分析目的和分析内容所要求的信息也是不相同的。所以财务信息按照不同的依据有不同的分类。

1. 内部信息和外部信息

内部信息是企业内部的财务相关信息。企业的内部信息有些是公开的，有些是秘密的；有些是财务方面的，有些是非财务方面的。在市场竞争日益激烈的条件下，深入分析内部信息，挖掘内部潜力至关重要。同时，内部信息的整理分析也是企业内部价值链管理的重要基础。内部信息主要包含以下几个方面：会计信息、统计与业务信息、计划以及预算信息。

外部信息是企业以外的与财务分析相关的信息。它主要包括国家宏观信息、行业或产业信息、资本市场信息及商业市场信息、消费者信息、研究机构和中介机构信息以及网络信息等。

2. 公开信息与秘密信息

公开信息是指通过公开正常的渠道可以获得的信息，如相关的网络、报纸、杂志等公布的信息，这种信息的取得成本很小或者几乎没有成本。

秘密信息是指那些不能通过正常的渠道取得的信息，如企业的投资决策、投资计划、战略规划等信息。这种秘密信息可能花费高昂的成本，且有可能涉及商业秘密。

3. 定期信息与不定期信息

定期信息是相关部门、企业等组织或实体定期公布，企业经常需要并可以定期取得的信息，如相关的会计信息（中期财务报告、年度报告等）、统计信息（如政府或行业的统计报告）、证券市场信息（如日报、周报、交易量、交易价格）等。定期信息是企业定期进行财务分析的基础，也是进行趋势分析、时间序列分析的基本信息与数据来源。

不定期信息是不能够定期提供或定期获得的信息，主要包括宏观经济政策信息、企业间交换信息、国外经济技术信息等。由于不定期信息也会对财务分析造成重大影响，因此企业在关注定期信息的同时，也要同样关注、搜集和整理不定期信息。

4. 实际信息与标准信息

实际信息是反映各项经济活动数量和质量实际发生情况的信息。一般是在企业的经营管理实践中不断连续产生的相关数据资料，需要采取一定的方法搜集、整理，从而转化为财务信息。

标准信息是作为运行、评价的标准而搜集得到的相关信息，如计划与预算信息、行业信息等。实际信息是财务分析和决策的基础，标准信息则是判断、评价的准绳。

5. 强制信息和非强制信息

强制信息是指根据政府的相关法律、法规的规定，必须按照特定的时间和方式向社会公布的财务信息，如上市公司的信息披露制度对企业的财务报告、临时公告等都有详细明确的规定。

非强制信息是指没有政府相关法律、法规的规定，而是企业自愿公布于众的财务信息。

强制信息是财务分析和决策的基本信息，而非强制信息则是没有相关的规定，仅仅是企业自身行为。然而，正是因为非强制信息是企业自发性的行为，所以这种行为的背后可能隐藏着某种动机或是大量的非公开秘密信息，因而更需要引起注意。

二、财务报表信息质量的评价标准

财务报表信息是众多财务信息中最基本和最主要的信息，构成了财务分析人员信息和数据来源的主体。财务报表所揭露的信息往往是企业内部的、公开的信息，且通常情况下是定期发布的。另外，财务报表反映了企业的实际信息，其中主要是政府或法律规定的强制性信息，也包含企业自身愿意公布的非强制信息。正是由于财务报表信息的基础性和关键性，其质量水平是至关重要的。对于财务报表信息质量的好坏，主要由以下几个标准来判断。

1. 合法性

合法性是财务报表信息有用的一个总的前提，它是指财务信息的披露必须遵守国家相关的法律、法规以及规章制度的要求，无论在格式上还是在内容上都要按照规定执行，并且在披露的时间、方式上也要符合要求。不合法的财务信息是不应该被信任和使用的。合法性是财务信息的一个基本准绳，如果跨越了这一界限，财务信息不仅没有价值、不能提供给使用者，而且相关的个人甚至企业还应该要受到法律、法规的制裁。

财务信息的合法性主要是指财务信息的披露应该遵循诸如《企业会计准则》、《企业会计制度》、《中华人民共和国公司法》、《中华人民共和国证券法》等相关法律、法规的规定。

2. 可靠性

可靠性要求企业必须以实际发生的交易或事项为依据进行确认、计量和报告，如实地反映财务信息，保证信息的真实可靠、内容完整。企业所提供的信息，必须要是可靠的。如果信息不可靠，不仅不能给使用者创造利益，甚至会带来误导和损失。要做到可靠性，应该具备以下几点要求：

（1）以实际发生的交易或事项为依据进行确认和计量，如实反映到财务报表中，不得根据虚构的、没有发生的或者尚未发生的交易或事项进行确认、计量和报告。

（2）在符合重要性和成本效益原则的前提下，保证财务信息的完整性，不得随意遗漏或减少应该披露的信息，或者通过选择列示部分信息来达到预设的效果。

可靠性对于信息使用者而言，意味着企业所提供的财务信息必须是真实的，不具有欺骗性，他们会根据财务报表本身、企业管理当局的品质以及专业机构对企业的信用评价等来对企业财务信息的可靠程度作出判断。

3. 相关性

财务信息的相关性是指财务信息必须与企业的经营管理状况以及财务分析决策的目的与要求紧密相关。要了解具体的目标需要什么样的信息，以及具体的信息起到什么作用、说明什么问题。通过对大量信息的分析和整理，才能够使财务信息与信息使用者所要解决的主要问题相关联。保证财务信息的相关性，才能在得出正确的结论的前提下，提高工作效率。

例如，债权人最关心的是其本金和利息是否可以收回，所以主要关注企业的偿债能力，那么对于债权人而言，有关企业资产流动性的信息是与其高度相关的，而股东的收益率如何则和他们没有那么大的联系。另外，政府关注企业行为的合法性以及企业对职工福利和社会福利的贡献，股东最关注的是其投入资本的报酬率，经理则要关注比以上各方更加全面和综合的信息，因为这是他业绩评价的基础。站在不同的信息使用者的立场上，相关性的财务信息包含着不同的内容。

4. 及时性

财务信息的及时性是信息时间价值的核心。过时的信息是没有任何预测价值的，财务报表的及时公布也是一项强制性的要求。财务信息的及时性，要求信息的披露必须遵守时间的规定，无论是对于定期信息还是不定期信息，抑或强制性信息与非强制性信息都该如此。及时的信息才能使使用者得出及时和正确的结论，以免错过决策的最佳时机。因为对于决策而言，如果错过了时机，也就失去了意义。

5. 一致性

财务信息的一致性是指企业通过财务报表披露的信息，无论在计量模式上还是计量属性上均应前后各期保持一致，不得随意变更，避免由于计量模式或是计量属性上的变更而使同一时期、不同企业的财务报表或者同一企业、不同时期提供的财务报表在信息上不具有可比性。不一致的财务信息，影响行业内横向的可比性，也影响时间上纵向的可比性，导致信息和数据缺乏规律，很难得出正确的结论，而且往往被表象迷惑而作出错误的决策。保持财务信息的一致性并不意味着不能作任何程度的变更，如果经过合理的会计估计变更或是会计政策变更可以使财务信息更加真实和可靠，那么这样的变更是必要的，由此而导致的不一致性也是允许的。

以上几个原则并非是能够完全融合的，有些原则之间会存在一定程度的冲突。

例如，可靠性与相关性是影响和决定财务信息质量的两个最主要的因素，然而在现实条件下，不可能同时提供可靠性和相关性高且程度兼备的财务信息。因为可靠性强调财务信息要不偏不倚，真实完整；而相关性偏重于要提供与使用者的决策更加相关和有用的信息，同时达到完全的相关性和可靠性是难以实现的。例如，历史成本以可验证的实际交易数据为依据，相对而言少了一些主观的因素，比现值计算更客观，所以说历史成本的计量属性是相对可靠的。但是，历史成本却缺乏相关性，难以在价格变动情况下，正确反映企业的财务状况与经营成果，或者无法提供有关的现行价值信息，从而导致与使用者的具体决策需求不相关。相反，现行价值信息虽然可以提供与决策更为相关的信息，但由于在现行价值的计量和计算上或多或少地存在一些不够准确的估算和人为假定，难以进行实际的验证，因此其可靠性较差。

可靠性与及时性之间也存在类似的情况。在实务中，为了及时提供财务信息，可能需要在获得全部的信息之前就开始进行相关的处理，但是这样一来，会因为信息的不足而影响到其可靠性；反之，如果等到获得全部信息之后再进行相关处理，那么披露的信息可能会因为时效性的问题，而对于财务报告使用者决策的有用性大大降低。因此，完全的可靠性与及时性也难以同时达到。

然而，这几种原则之间并不是对立的。相关性与及时性都是以可靠性为基础的，因为从根本上来讲，如果一项财务信息不相关或不及时，它可能没有利用价值；但是如果该财务信息不可靠，具有欺骗性或是误导性，则会有更大的可能性导致使用者作出错误的决策，造成更大的损失。从这个角度上看，财务报表信息应该在保证可靠性的前提下，尽量提高相关性与及时性。

第二节　财务报表粉饰与识别

财务报表粉饰的行为已成为一个普遍的社会问题，而一份真实可靠的财务报表，又是广大投资者、债权人等会计报表使用者进行决策的一个重要依据。因此，掌握一定的报表粉饰行为的识别方法，就显得越来越重要了。在对报表的真实性进行分析时，我们应首先了解三张报表及其主要项目之间的钩稽关系，并参照会计报表附注、审计报告等提供的信息，对主要财务指标的合理性、主要会计事项的公平性等进行分析判断。

对报表粉饰行为进行识别时，要注意把握资产负债表、利润表以及现金流量表之间的钩稽关系，从三大报表的钩稽关系着手，一步步地分析其资产质量、资本来源、利润形成过程的合理性，考察其是否有舞弊行为及其他报表粉饰行为。

一、财务报表粉饰的动机

财务报表粉饰的动机有多种分类方式，根据证券监管部门披露的大量财务舞弊和报表粉饰案例，将其主要动机分为五类：业绩考核动机、信贷资金获取动机、股票发行动机和上市资格维护动机、税收策划动机、责任推卸动机。

1. 经营业绩考核动机

现代企业受托责任表现为企业经营者实现投资者期望的资本收益，会计信息披露就是为了消除经营者和投资者之间信息不对称，使投资者确保经营者履行其受托责任而建立的机制。由于多数企业倾向于以销售净利率、净资产收益率、净资产保值增值率等财务指标，作为衡量企业管理层及其他职工业绩考核的主要依据，这就使得管理层为获取经济利益及确保现有职务而粉饰经营业绩的动机相当普遍。尤其在企业未能完成当年预期利润指标或利润增长很小的情况下，企业通过报表粉饰人为增加报表利润的动机更是明显。

2. 信贷资金获取动机

企业的获利能力及偿债能力指标，如销售净利率、总资产报酬率、流动比率、速动比率、资产负债率等，是企业获取银行贷款与商业信用的关键因素。企业为提高其资信状况，通过金融机构及提供商业信用企业的信用审批，达到融资目的，对其财务状况、经营成果、现金流量状况进行粉饰的行为并不少见。

3. 股票发行动机和上市资格维护动机

根据《中华人民共和国公司法》及证监会的规定，首次发行股票的公司，最近三个会计年度净利润均为正数，且经营业绩要比较突出，才能通过证监会的审批。此外，股票发行价格的确定也与盈利能力有关。因此，许多企业为了发行股票和上市"圈钱"，通过各种手段对财务报表进行粉饰，以达到证监会对于公司盈利的规定。

根据中国证监会《上市公司新股发行管理办法》，上市公司申请配股或增发新股，公司最近三年加权平均净资产收益率不得低于 6%；对低于 6% 的公司，允许其申请增发，但需具备一定的约束条件。为了达到这一盈利要求，充分利用"壳资源"，许多公司不惜通过会计造假的方法，"提高"公司的收益率。

2001 年起，中国证监会开始实行"退市制度"，连续三年亏损的上市公司，其股票将暂停交易。在暂停交易的第一个半年内，如果仍无法实现盈利，则其股票将被摘牌，在交易所停止交易。这一新政策的出台，给绩差公司带来了很大压力。濒临退市边缘的上市公司，其报表粉饰的动机也特别强烈，少数上市公司可能因此铤而走险。

4. 税收策划动机

通过操纵收入及费用在不同会计期间的分配，企业可实现推迟或减少纳税的目的。在实现利润较多的年度，企业可通过推迟部分收入或提前部分费用的确认，甚至隐瞒收入、虚增费用，来达到推迟纳税、避免缴纳过多税款的目的；相反，在实现利润较少的年度，则可将其他年度的利润转移到该年度，以较低的税率负担税款，并达到平滑利润的目的。

5. 责任推卸动机

公司更换经营者时，新任经营者可能为了在来年获得更好的经营业绩，而有意地处理过去的包袱，将责任推给过去。通常的做法是：把坏账、积压存货、闲置固定资产、待处理财产损益等"虚拟资产"一次性地从报表中清理干净，计提大量减值准备，使本年度损失惨重，但却为来年的盈利作足了准备。

二、财务报表粉饰的手段与识别

1. 财务报表粉饰的预警信号

近年来发生的财务舞弊以及公司内部人员违法违规行为令人震惊，上市公司财务报表粉饰较为复杂的国际性社会问题，其手段随着环境的变化不断地推陈出新。但注定大多数财务报表舞弊和粉饰会留下蛛丝马迹。这些征兆和蛛丝马迹在会计记录和财务报表上的异常体现，就是所谓的预警信号。实践表明，关注预警信号是识别财务报表舞弊和粉饰的有效方法。

结合我国当前的实际，18 个可能表明被审计单位存在财务报表舞弊的预警信号如下[①]：

（1）高管人员异常变动（尤其是分管财务的高管或主办会计频繁辞职或被调离）；

---

① 黄世忠：财务报表舞弊风险因素有效性分析，《中国注册会计师》，2006 年第 11 期。

(2) 频繁变更会计师事事务所（尤其是被出具"不干净"审计报告后更换会计师事务所）；

(3) 被审计单位陷入财务困境（尤其是面临着退市、银行逼债等艰难处境）；

(4) 原始凭证不合常规（如单据不全或缺失、银行对账单出现呆滞项目、收款人或客户名称或地址太普通、凭证篡改、付款雷同、平整号码顺序不合乎逻辑、凭证上字迹可疑、以凭证复印件取代原件等）；

(5) 会计分录存在瑕疵（如缺乏原始凭证支撑、对应收应付款、收入费用项目进行未加解释的调整、会计分录由异常人士编制、临近会计期末编制的异常会计分录等）；

(6) 盈利质量与资产质量相互背离，如在报告大幅增长利润的同时，不良资产大量增加；

(7) 净利润与经营活动产生的现金流量持续背离（尤其是企业连续盈利，但经营活动产生的现金流量连续 3 年入不敷出）；

(8) 销售收入与经营活动产生的现金流量相互背离；

(9) 在某个会计期间出现"洗大澡"式的资产减值；

(10) 将会计估计变更混淆为会计政策变更；

(11) 将会计舞弊解释为会计差错；

(12) 不合乎商业逻辑的资产置换；

(13) 期末发生的异常销售（尤其是对新客户的大额销售）；

(14) 已发货未开票的销售和已开票未发货的销售；

(15) 前期"销售"在本期大量退货；

(16) 企业合并日前后被合并企业的毛利率差异悬殊（这可能意味着被合并企业按合并方的要求：推迟确认收入，提前确认损失；以稳健为借口，滥提资产减值准备；以经营业务和人力资源整合为理由，计提过多的重组负债和或有负债）；

(17) 与客户频繁发生套换交易（向客户出售资产的同时，向客户购入类似的资产）；

(18) 通过关联方进行购销业务。

2. 财务报表粉饰的手段与识别案例分析

为了识别被粉饰财务报表，必须深入分析各种具体的粉饰手段。虽然每一家企业都有粉饰报表的动机及可能性，但对于那些粉饰需求尤为迫切、有过"案底"或管理当局正直性可疑的企业，我们应给予更高度的重视。

财务报表粉饰手段一般分为传统手段和现代手段两大类。传统的财务报表粉饰手法，主要包括：提前或推迟确认收入，或者确认虚假的收入；利用虚拟资产高估利润；期间费用资本化；借助股权转让"炮制"利润；高估存货成本少计销售成本；利用其他应收应付款隐瞒亏损或藏匿利润。现代的财务报表粉饰手法主要包括以资产重组为名，行会计造假之实；通过关联交易，不当输送利益；滥用"八项准备"，上演"洗大澡"闹剧；随意追溯调整，逃避监管规定；借助补贴收入，编造经营业绩；利用收购兼并，进行数字游戏。与传统手段相比，现代手段具有粉饰效果立竿见影、粉饰手段没有逾越法律法规界线等特点。

以下透过 7 个案例了解财务报表粉饰的手段和识别方法。

【案例1】　科龙电器的虚假销售收入

在第六章的第二节中我们曾经看到审计师对 2004 年度科龙电器的审计意见，审计师对该公司 2004 年度已确认的主营业务收入 5.76 亿元表示了质疑，而在 2005 年未审计的半年报中管理层称："关于 2004 年本公司人民币 5.76 亿元的货物销售事项的跟踪前任审计师在其 2004 年度审计报告的审计意见中提出本公司对两家国内客户销售人民币 5.76 亿元的货物，但未能从客户取得直接的回函确认，而且截至 2004 年 12 月 31 日该笔货款尚未收回。本公司董事会与管理当局对此事作了积极的跟踪，该事项的跟踪处理情况如下：经查证，前任审计意见中所提及的人民币 5.76 亿元的销售，是依据本公司 2004 年向两家客户实际开销售发票金额人民币 2.03 亿元，加上本公司 2004 年底向两家客户已出库未开票货物补记收入人民币 4.27 亿元，再减去本公司 2004 年对两家客户确认的退货人民币 0.54 亿元后计算得来的。

而实际上本公司 2004 年向两家客户实际开销售发票金额人民币 2.03 亿元中有人民币 1.21 亿元属于本公司对 2003 年度的已出库未开票货物补开发票，该笔销售本公司在 2003 年已经确认了销售收入，所以当中只有人民币 0.82 亿元包含在本公司 2004 年度的收入中，本公司 2004 年度实际向该两家客户销售了人民币 4.27 亿元加上人民币 0.82 亿元总共人民币 5.09 亿元的货物，其中已经收到货款的销售为人民币 0.78 亿元，另外人民币 4.31 亿元的货物由于该两家客户到期未能付款，在本公司要求下已将货物陆续退回本公司，该批退回的货物大部分已经在 2005 年上半年销售给其他客户。"

中国证监会检查后认定这 4 亿多元系科龙对合肥市维希电器有限公司和武汉长荣电器有限公司的虚假收入，主要基于以下事实：

第一，合肥维希和武汉长荣是科龙自己的公司。合肥维希成立于 2003 年 11 月，注册资金 1000 万元，股东为李新良（出资 800 万元）和单永华（出资 200 万元），该公司注册资金由江西科龙直接划入，并随后将其中的 980 万元以货款名义划回江西科龙，李新良、单永华并未真实出资；李新良身份证为虚假身份证，并无李新良其人。该公司是顾雏军身边的工作人员利用假身份证办理注册的，财务报表由科龙合肥分公司财务人员编制。武汉长荣成立于 2003 年 11 月，注册资金 1000 万元，股东为戴明（出资 900 万元）和武玉岭（出资 100 万元），注册资金由江西科龙提供。这两个公司实际是由科龙管理的，除以上交易记录外，几乎没有其他业务。

第二，虚假销售给合肥维希和武汉长荣的产品，一直封存在江西科龙的仓库中，实际并未出库，也未办理产品交接手续，商品所有权上的风险和报酬未转移给购货方。但在江西科龙的仓库和财务记录中，却有上述产品的出库单据和出库记录，在出库单上还标明了运输车辆的车牌号。这些资料，均是伪造的。

第三，科龙销售给合肥维希和武汉长荣的产品，在次年又退回给了科龙。这种大规模的退货并不是市场行为，而是科龙为了虚增销售收入而做的账面游戏。货就在仓库中，并未售出，办理退货手续只是完成此前的虚假销售。

上述行为属于虚构收入，无疑是一种蓄意的报表粉饰行为，从而达到虚增收入和利润的目的。其实分析者是可以从审计师的审计意见了解其确认收入的可靠程度，对于这些具有较大不确定性的收入应予以剔除，然后进行数据分析。

【案例2】 天津磁卡提前确认销售收入

中国证监会于2002年6月对天津磁卡公司进行了稽查，公司于2003年7月18日收到证监罚字【2003】10号《行政处罚决定书》，中国证监会认为：

天津磁卡于2000年年报虚增利润6370万元。

"其一，磁卡公司披露，其控股子公司海南海卡有限公司（海卡公司）将委托他人开发的两项POS机技术协议转让给另三家公司，收取技术转让费5500万元，扣除委托开发成本230万元，形成营业毛利5270万元。经查，海卡公司与委托开发方签订的委托开发合同规定，海卡公司除了支付了全部开发经费和报酬外，还支付了约定的'技术转让费'的，方可对研究开发成果享有完全的使用权和转让权，但截至年报审计报告日，海卡公司尚欠79万元开发及转让费未付清。海卡公司在尚未享有POS机技术完全使用权和转让权的情况下，向三公司转让使用权，并将所收取的费用确认为收入，提前确认收入5500万元，提前确认成本230万元，虚增利润5270万元。

其二，磁卡公司披露，公司与吉林天洁天然气开发有限公司（以下简称吉林天洁）签订合同书，向吉林天洁提供价值1200万元的计算机硬件设施和价值1100万元的软件系统、技术资料和技术服务，至年末，公司将吉林天洁支付的1100万元作为软件系统及技术服务收入计入当期主营业务收入。经查，截至审计报告日，该合同硬件部分尚未履行，天津磁卡在合同尚未履行完毕的情况下，将1100万元确认为收入，属提前确认收入，形成等额虚增利润。"

从上述案例中可以看出，作为外部分析者想了解其提前确认收入的事实是比较困难的，因为外部分析者无法从年度报告中了解合同签署及执行情况，但作为审计师在其例行的审计程序中是可以发现问题。

【案例3】 蓝田股份的虚假销售收入

本章开始引出的对蓝田股份的质疑中，一个偶然的机会中央财经大学刘姝威教授对其财务报表进行了分析，并在《金融内参》上发表600字的文章"应立即停止对蓝田股份发放贷款"。经过研究，刘姝威教授发现，蓝田股份有一个奇怪的财务组合。无论是按渔业还是食品饮料业，蓝田股份的应收账款回收期都明显低于同业平均水平，公司水产品收入异常高于渔业同行业平均水平，而短期偿债能力在两个行业中的同业企业中又都是最低的，流动比率为0.77，速动比率为0.35。从蓝田的资产结构来看，从1997开始，其资产拼命往上涨，与之相对应的流动资产却逐年下降，2000年流动资产占资产百分比是同业平均值的约1/3，这说明其整个资产规模是由固定资产来带动的。公司在产品占存货百分比和固定资产占资产百分比异常高于同业平均水平，存货占流动资产百分比高于同业平均值约3倍，固定资产占资产百分比高于同业平均值1倍多，在产品占存货百分比高于同业平均值1倍。根据分析和推理，刘姝威教授认为蓝田股份的偿债能力越来越恶化；扣除各项成本和费用后，蓝田股份没有净收入来源；蓝田股份不能创造足够的现金流量以便维持正常经营活动和保证按时偿还银行贷款的本金和利息；银行应该立即停止对蓝田股份发放贷款。

对蓝田股份得出这种结论，刘姝威说自己并没有用过于复杂的分析方法，无非就是计算那些常用的财务指标。

蓝田股份可能的造假手法是多计存货价值、多计固定资产、虚增销售收入、虚减销售成本。主要疑点有：

(1) 应收账款之谜解释离奇。蓝田股份2000年主营业务收入18.4亿元，而应收账款仅857万元。公司方面称，由于公司基地地处洪湖市瞿家湾镇，占公司产品70%的水产品在养殖基地现场成交，上门提货的客户中个体比重大，当地银行没有开通全国联行业务，客户办理银行电汇或银行汇票结算货款业务，必须绕道70千米去洪湖市区办理，故采用"钱货两清"方式结算成为惯例，造成应收账款数额极小。蓝田股份的这一解释引出新的疑问，该公司似乎在上市公司中又创一项奇迹，即近18亿多主营业务收入主要靠现金交易完成。稍懂财会知识的人士，势必对蓝田股份"钱货两清"方式结算下的销售收入确认产生怀疑。另外，蓝田股份1999野藕汁、野莲汁等饮料销售收入达5.29亿元，难道饮料销售是因市场供不应求而未出现应收账款吗？

(2) 鱼塘里的业绩神话。蓝田股份上市后的业绩增长令人惊叹，该公司1995年净利润2743.72万元，1996年上市当年翻番实现5927万元，1997~1999年三年分别为14 261.87万元、36 472.34万元和54 302.77万元。蓝田股份的业绩增长几乎年年实现翻番增长，直到2000年后才出现萎缩，降至43 162.86万元。蓝田股份的业绩主要来自"神奇"的鱼塘效益，原总经理瞿某曾在2000年

3月称,几年来产品始终处于不愁销的状态。瞿某继而介绍,洪湖有100万亩水面可以开发,蓝田股份现在只开发了30万亩,而高产值的特种养殖鱼塘面积只有1万亩,这种精养鱼塘每亩产值可达3万元,是粗放经营的10倍。据有关报道称,蓝田股份在精养鱼塘推行高密度鱼鸭配套养殖技术,每亩平均产成鱼由350千克提高到1000千克,加上养鸭收入,每亩平均收入由1400元提高到近万元,养殖成本降低20%。另外,蓝田股份在洪湖饲养的红心野鸭蛋供不应求,实现原料自给后,每枚可增加毛利0.3元。而同样是在湖北养鱼,1999上市的武昌鱼在招股说明书中称,公司6.5万亩鱼塘的武昌鱼,养殖收入每年五六千万元,单亩产值不足1000元。蓝田股份创造了武昌鱼30倍的鱼塘养殖业绩,其奇迹有多少可信度?

(3)产品毛利率不可思议。2000年年报以及2001中报显示,蓝田股份水产品的毛利率约为32%,饮料的毛利率达46%左右(身处同行的深深宝的毛利率约20%,驰名品牌承德露露毛利率不足30%)。从公司销售的产品结构来看,以农产品为基础的相关产品,都应是低附加值商品,一般情况下,这种产品结构的企业,除非是基于以下几种情况才会有如此高的毛利率:①产品市场被公司绝对垄断,产品价格由公司完全控制;②产品具有超常低成本的优势。从实际情况看,从公司现有的行业属性、市场环境、产品技术含量等方面进行评估,达到这样高的盈利水平的可能性有多大?

应收账款、经营业绩、毛利率、存货和固定资产的疑问一一浮出水面,存货的疑问在于其主要构成是在产品,年报没有说明在产品的构成,由于在产品主要是鱼塘里的鱼,如何查清其实际的品种、数量和重量?固定资产及在建工程的疑问与存货的疑问是一样的,蓝田股份主要固定资产和在建工程都在水里面,谁也搞不清楚水里面有多少宝贝。令人惊奇的是,审计师给蓝田股份2000年年报出具了标准的无保留意见的审计报告。

【案例4】 天香集团资产转让的关联交易

2005年11月19日《证券市场周刊》(以下简称《周刊》)独家获得线索并报道,天香集团(600225)涉嫌通过一系列资金运作,包装关联公司利润,从而虚增投资收益,达到包装年报业绩的目的。

上市公司的财务造假,一直是公众和监管部门密切关注的问题。举报人提供给《证券市场周刊》的资料包括"资金运作路线图"的影印件,以及相关的银行对账单和大量汇款票据的影印件。天香集团的"资金运作路线图"图文并茂地展示了一条资金运作路线,对目的陈述、涉及公司、高层批复一应俱全。

举报人提供的最主要的证据"资金运作路线图"显示,2002年1月31日,时任天香集团财务总监的孙全平(后升任天香集团总经理,2004年9月底离职),向天香集团实际控制人、华通集团董事长高扬瑜作出请示。提出"为了解决 2001 年及 2002 年年报问题需出售天香集团应收账款（数额待审计时确定），以及包装厦门新亚房产利润，须进行资金运作"。并且，在传真件上画有具体的资金路线：

天香集团（往来）→天设（往来）→华德世纪（购房、店面）→新亚（往来）→某非关联企业（上海华健投资咨询有限公司）（往来）→福州华通（出售应收账款）→天香集团

从"路线图"来看，资金的初始出口是天香集团，经过一番六个环节的运作，资金最后又回到天香集团。其中，厦门新亚、福州华通均是天香集团的关联企业，中间的几家过桥企业——上海华健、上海天设贸易公司、北京华德世纪科技产业投资公司等起到了关联交易非关联化的目的，掩盖了其关联交易性质。

通过以上资金运作环节，天香集团主要达到了两个目的：①通过关联公司厦门新亚购买房屋、店面，虚增了厦门新亚的房地产销售收入和利润，从而虚增了天香集团分回的巨额投资回报。根据其披露的年报，2001 年，实现投资收益 1843 万元，当年天香集团净利仅为 2129 万元；2002 年，实现投资收益 2982 万元，当年天香集团净利为 2129 万元；2003 年，实现投资收益 6250 万元，当年天香集团净利为 2224 万元。②通过福州华通购买天香集团应收账款，虚减了不良资产，同时也虚减了坏账准备及管理费用。2002 年，福州华通按账面价值购买了天香集团应收账款及其他应收款共计 3595.88 万元。

天香集团 2001 年年报显示，实现投资收益 1843 万元，当年净利润 823 万元。报表附注称，投资收益较上年增加 1149.16 万元，主要是与厦门新亚房地产有限公司（关联方）合作开发"至尊门第"项目分回的投资回报。2002 年天香集团实现投资收益 2982 万元，当年实现净利润 2129 万元，投资收益较上年增加 1139.26 万元，"至尊门第"项目的投资回报仍是主要因素之一。

可见，利用关联方之间不公允的资产转让行为，并躲避国家关于关联方交易中公允价格的规定，企业可以获取大量的非经常性利润，从而美化企业财务报表。主要包括以下手段：①股权转让。关联方之间的股权转让价格，尽管也参照评估机构的评估报告，但可操作空间仍然很大，利用远高于市场价值的交易价格，企业可获取高额利润。②债权转让。通过将难以收回的应收债权出售给关联方，企业既可以摆脱掉这部分不良资产，又可以通过虚高的交易价格获得一笔额外的收益。③实物资产出售，包括存货、固定资产等。将企业积压的存货或闲置不用的固定资产出售，同样既提高了资产质量，又利用不公允的交易价格获取了额外的利润。④无形资产转让。由于我国一些无形资产可能因未得到法律而记在账外，通过无形资产转让，企业就可以成功地"实现"这部分无形资产的价值，获得收入，同时还可能利用关联方交易中虚高的交易价格增加利润。从上述天香集团资产交易案例中可以看到关联交易表面上体现出非关联交易的形式，这种关

联交易更具有隐蔽性，不易察觉，即使审计师按照规定的程序实施审计，也无法涉及如此复杂关联方。天香集团事件的暴露系该公司原财务人员的举报，否则人们是无法了解其交易的真实情况。

【案例 5】 购销业务的关联交易

物料采购及产品销售发生的频率和总金额都相当高，通过关联方之间的购销活动来调节利润，影响金额大，是一种相当普遍的行为。一般利用关联方之间物料采购和产品销售，主要是通过两种手段：①利用关联企业间不公允的交易，采用大大低于市场价值的物料采购价格或大大高于市场价值的产品销售价格，企业可以轻而易举地达到增加利润的目的；②利用关联企业制造虚假的交易凭证，利用虚假交易，虚增收入。

三联商社（600898）2002～2005 年各年销售额分别为 12.56 亿、17.83 亿、22.91 亿和 20.8 亿，净资产收益率分别为 8.3％、10.82％、11.15％和 6.93％。但从三联商社披露的信息中可以看到其业务是不独立的。2005 年年报称：目前公司主营业务即家电零售，是经 2001 年上市公司重大资产、债务重组后由三联集团注入的。2002 年年报称股份公司向三联集团采购了 11.24 亿，占采购总金额的 92.28％，2003～2005 年关联采购比例见表 8-1。

表 8-1 三联商社关联采购

企业名称	2005 年		2004 年		2003 年	
	采购金额/万元	占比例/%	采购金额/万元	占比例/%	采购金额/万元	占比例/%
三联家电配送中心有限公司	25 144.78	10.67	100 677.09	46.36	127 036.69	71.88
山东三通电讯有限公司	24 306.78	10.31	33 545.32	15.44	28 287.33	16.01
山东三联集团有限公司	14 564.21	6.18	29 439.34	13.56	111.06	0.06
合计	64 015.76	27.16	163 661.76	75.36	155 435.08	87.95

从关联采购金额的金额及比例我们可以看到，这一稳定的盈利状况很大程度上是靠关联交易支撑起来的。公司的主营业务是家电零售，本身并不包含配送中心，与之相关的采购业务主要由三联集团内的配送中心等关联方运作。尽管公司声称以上关联交易定价公允，但这种所谓公允价格外部信息使用者不易对其公允性给予评价。亦如此大的关联交易比例来看，哪怕实际交易价格仅偏离公允定价 1％，也将会给三联商社带来一笔巨大的利润。

【案例 6】 会计估计的变更对盈利的巨大影响

东方航空（600115）2002 年上半年净利润为 5 370 万元。该公司在其公布的

2002 年上半年报中披露：公司所使用的飞机及发动机的实际使用情况和维修情况足以使飞机及发动机保持持续、安全适航，同时结合国际上已投入运营的同类型号的飞机及发动机使用情况，公司董事会作出决议，决定从 2001 年 7 月 1 日起将公司飞机及发动机的折旧年限由原来的 10～15 年调整为 20 年，残值率由原来的飞机原值的 3% 调整为 5%，备用发动机折旧年限随同飞机折旧年限确定。此项会计估计变更事项调增公司 2002 年上半年利润 42 835 万元。表 8-2 列出了该公司收入及利润的基本情况。

表 8-2　2000～2002 年收入及利润的基本情况

报告期	2000 年		2001 年		2002 年	
	金额/万元	占收入比重/%	金额/万元	占收入比重/%	金额/万元	占收入比重/%
主营业务收入	1 145 357		1 283 934		1 339 065	
主营业务成本	911 934	0.796	989 568	0.771	1 022 101	0.763
利润总额	10 323	0.009	14 865	0.016	26 230	0.196
净利润	2 008	0.002	9 700	0.008	12 426	0.009
固定资产原价	2 746 308		2 960 351		3 038 374	
减：累计折旧	1 040 228		1 227 162		1 249 587	
固定资产净值	1 706 080		1 733 190		1 788 787	

东方航空此次会计估计的调整政策依据为：①财政部 1993 年 1 月 8 日发布的《运输企业财务制度》。该项制度规定了运输飞机的折旧年限：起飞全重小于 100 吨：8～10 年；起飞全重大于（或等于）100 吨：10～15 年。②财政部在财建函 [2002] 24 号文《关于同意调整航空公司部分资产折旧年限的复函》中，同意在飞机及发动机达到规定的适航标准、确保飞行安全的前提下，对飞机及发动机的折旧年限作适当调整：飞机最大起飞全重小于 100 吨的，飞机、发动机（含备份发动机）折旧年限为 8～15 年；飞机最大起飞全重大于 100 吨的，飞机、发动机（含备份发动机）折旧年限为 10～20 年。可见东方航空依据了财政部新的会计估计标准对折旧年限进行了调整，航空公司的折旧估计的变更是可以理解的。

但是分析者应该看到，折旧年限数字上的轻微调整对有些行业可能不会有太大的影响，但由于航空产业的固定资产——飞机占总资产数额特别巨大，折旧额占总成本的比例较高，对于航空公司的影响非同小可。上述案例中的航空公司，折旧年限从原来的 10～15 年调整为 20 年，残值率由原来的飞机原值的 3% 调整为 5%。据此我们推算的年折旧率是 4.75%，比此项会计估计变更前的飞机年折旧率 6.47%～9.7%，虽然仅仅低了 1.72%～4.95% 个百分点，但对于航空公司成本和利润的影响是巨大的。东方航空 2002 年度飞机及发动机（含融资租赁）平均占有额约 258.5 亿元，发生上述会计估计变更，可以推算出影响年折旧费为 4.446 亿～12.79 亿元，对上市公司而言，可是一个非同小可的调整。在整个行业成本费用支出排序中，飞机及其发动机的折旧费用仅次于航空油料消耗而排名第二，这说明折旧费用在整个航空成本费用支出中的地位举足轻重。

【案例7】 四川长虹的巨额减值冲销

曾经是我国家电业龙头老大的四川长虹（600839），2005 年 4 月 16 日公布的 2004 年年度报告显示，2004 年度公司共亏损 36.81 亿元。这是四川长虹上市 10 年来首次亏损，并再次刷新了我国证券市场单个公司亏损之最（此前 ST 轻骑 2002 年 9 月曾经以 34 亿元亏损创下单个公司亏损之最），市场为之震惊，许多对长虹感情笃深的投资者痛心疾首。这一次巨额亏损就吞噬了长虹上市 10 年来利润总和 88 个亿的 42%，按照 24.61 亿总股本计算，此举意味着长虹 2004 年度每股亏损将高达 1.71 元。不过，仅迟了两天公布的 2005 年一季报则显示，四川长虹在最近的三个月赚了 1.74 亿元，比 2004 年同期增长了 432%，各项指标都涨势喜人。用"坐过山车"来形容中国彩电业巨头四川长虹的业绩报告并不为过。

2004 年年报显示，造成长虹 2004 年巨额亏损的主要原因是计提了 25 亿元美国代理商 Apex 公司无法归还的欠款、2 亿多元在南方证券的委托理财损失和 11 亿元的存货损失。如此大规模地剔除公司历史上的损失，业内人士认为主要与公司高层更替有关。2003 年 7 月初，60 岁的倪润峰辞去四川长虹董事长和总裁的职务，41 岁的赵勇继任，成为新的掌门人。赵勇上任之后，一方面摆脱历史包袱，轻装上阵；另一方面将公司的发展方向由原来的传统家电产业转向信息家电、通信和 3C 产业上来。"脸面"给离任者带走了，留下来的是"生存危机"，于是乎，为了所谓的"轻装上阵"，就亏你没商量，无情蒸发股东权益。稍有会计常识的分析者应该知道，资产的减值损失并非都是瞬间产生的。查看 1994～2003 年的财务数据会发现，长虹在减值计提方面显得极度谨慎，图 8-1 和图 8-2 显示了 1994～2003 年存货和应收账款余额及其跌价准备和坏账准备的计提状况，从图中可以看到在存货和应收账款占用金额急剧增长时，跌价准备和坏账准备的计提却没有什么变化，这样的会计职业判断合理吗？更让人不能理解的是，南方证券因违规被政府接管后，许多上市公司在不同程度上计提了减值损失，而四川长虹却分文未提，前后两年对会计处理截然不同的态度，体会其会计操纵使其财务数据的翻云覆雨。

巨额冲销（big bath，也称利润清洗），是通过操纵一些项目，诸如上述提到的各项虚拟资产及不良资产，把以前年度应确认而未确认及应于以后年度确认的费用，集中到一个会计年度进行，从而使该年度形成巨亏，但却大大改善了资

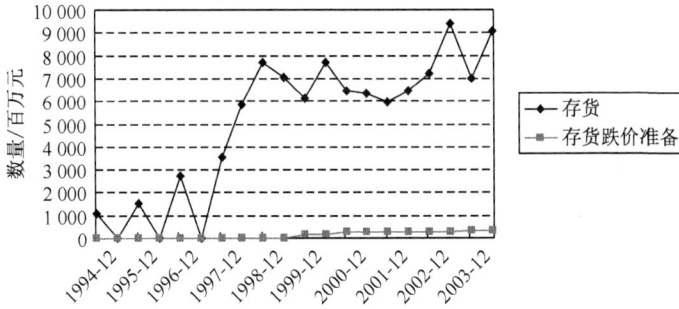

图 8-1　存货及存货跌价准备

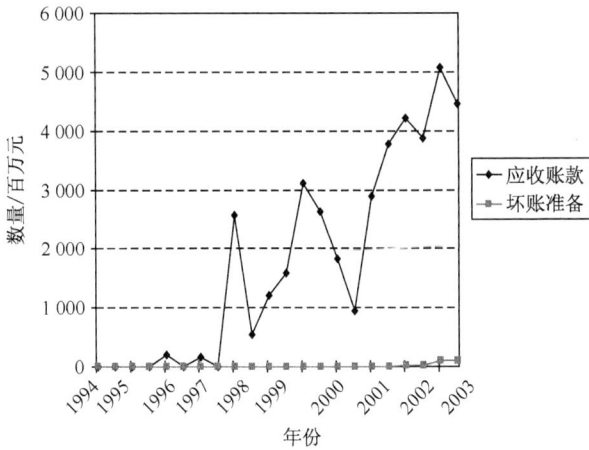

图 8-2　应收账款及坏账准备

产项目的质量，并为下一年度的盈利创造了极好的条件。由于中国证监会规定连续三年亏损的企业将被暂停上市，一些上市公司在连续亏损的第二年，可能采用这一方法，以实现第三年度的扭亏为盈。另外一些企业，由于新领导上任，为明确责任，抛下过往的企业包袱，也可能采用此方法，为其来年有一个好的经营业绩扫清道路。

事实上，巨额冲销与潜亏挂账往往是一脉相承的。大量长期待摊费用的摊销，意味着企业过去存在大量虚拟资产；存货的大量注销，证明以往企业以往积压了大量存货而未注销或计提充足的减值准备；高比例或全额计提固定资产、无形资产，意味着以前年度对资产的减值准备及损失计提不足，或这些资产存在入账不实的可能，等等。

课 后 练 习

一、思考题

1. 评价企业财务报表信息质量的主要标准有哪些？

2. 企业如何利用会计政策变更和会计估计变更来粉饰财务报表？请举例说明。

3. 企业通过操纵收入来粉饰财务报表的常用方法有哪些？

4. 什么是关联交易非关联化？这种行为会对信息使用者的决策行为造成什么影响？

5. 如何识别企业财务报表的粉饰行为？剔除粉饰行为对分析及决策的影响如何？

二、选择题

1. 下列关于我国现行法律法规的叙述，正确的有（　　）

　　A. 首次发行股票的公司，最近三个会计年度净利润均为正数且累计超过人民币 3000 万元

　　B. 上市公司申请配股或增发新股，公司最近三年加权平均净资产收益率不得低于 10%；对低于 6% 的公司，允许其申请增发，但需具备一定的约束条件

　　C. 最近两年连续亏损的上市公司，由证券交易所决定暂停其股票上市交易

　　D. 若暂停上市后一个年度内未能恢复盈利，则将由证券交易所决定终止其股票上市交易

2. 下列各项中，符合收入会计要素定义，可以确认为收入的是（　　）

　　A. 出售无形资产取得的价款　　　　　　B. 出售固定资产收取的价款

　　C. 投资性房地产取得的租金收入　　　　D. 出售长期股权投资收取的价款

3. 关于收入的确认，下列说法中正确的是（　　）

　　A. 采用托收承付方式销售商品的，在发出商品时确认收入

　　B. 售出商品需要安装和检验且安装和检验是销售合同的重要组成部分，在购买方接受交货以及安装和检验完毕前，不确认收入

　　C. 采用预收款方式销售商品的，在发出商品时确认收入，预收的货款确认为负债

　　D. 安装工作是销售商品附带条件的，安装费在资产负债表日根据安装的完工进度确认收入

　　E. 宣传媒介的收费，在资产负债表日根据广告的完工进度确认收入

4. 甲公司于 2008 年 1 月 1 日向一公司销售一台设备，合同规定，设备价款总额为 800 万元，分四年每年年末收取 200 万元。甲公司选定折现率为 3%，假定满足商品销售收入确认条件，不考虑增值税，2008 年 1 月 1 日确认收入的金额为（　　）

　　A. 800 万元　　　　B. 600 万元　　　　C. 200 万元　　　　D. 743.42 万元

5. 下列各项中，会导致企业当期营业利润增加的是（　　）

　　A. 出售无形资产发生的净收益　　　　　B. 坏账准备计提比例下调

　　C. 管理费用减少　　　　　　　　　　　D. 出售交易性金融资产发生的净收益

6. 下列各项中，属于借款费用应予资本化的资产范围的有（　　）

　　A. 经过相当长时间的构建达到预订可使用状态的投资性房地产

B. 需要经过相当长时间的生产活动才能达到销售状态的存货

C. 经营性租赁租入的生产设备

D. 经过两年的建造可达到预定可使用状态的生产设备

E. 经过 1 个月即可达到预订可使用状态的生产设备

7. 借款费用开始资本化必须同时满足下列条件 （　　　）

A. 资产支出已经发生　　　　　　　　　B. 借款费用已经发生

C. 货币资金支出已经发生　　　　　　　D. 工程项目人员工资支出已经发生

E. 为使资产达到预订可使用或可销售状态所必要的构建或生产活动已经开始

8. 下列各项中，属于会计政策变更的有 （　　　）

A. 对价值为 200 元的低值易耗品摊销方法由分次摊销法改为一次摊销法

B. 按准则规定，交易性投资期末计价有成本法改为市价法

C. 存货期末计价方法由成本法改为成本与可变现净值孰低法

D. 固定资产折旧计提方法由平均年限法改为双倍余额递减法

9. 甲公司为乙公司和丙公司的母公司，丙公司为丁公司的主要原材料供应商，不考虑其他因素，下列公司间，不构成关联方关系的是 （　　　）

A. 丙公司与丁公司　　　　　　　　　　B. 甲公司与丙公司

C. 乙公司与丙公司　　　　　　　　　　D. 甲公司与乙公司

10. A 公司于 2001 年 12 月 1 日购入并使用一台机床。该机床入账价值为 84 000 元，估计使用年限为 8 年预计净残值 4000 元，按直线法计提折旧。2005 年初由于新技术发展，将原估计使用年限改为 5 年，净残值改为 2000 元，所得税税率为 33%，则该估计变更对 2005 年利润总额的影响金额是 （　　　）

A. −10720 元　　　B. −16000 元　　　C. 10720 元　　　D. 16000 元

11. A 公司于 2005 年 12 月购入生产设备一台，其原值为 46.50 万元，预计使用年限为 5 年，预计净残值为 1.50 万元，采用双倍余额递减法计提折旧。从 2008 年起，该企业将该固定资产的折旧方法改为 4 年，设备预计净残值改为 0.9 万元。该设备 2008 年的折旧额为 （　　　）

A. 7.62 万元　　　B. 7.92 万元　　　C. 6.70 万元　　　D. 10.04 万元

三、判断题

1. 通过将合并报表的关键数据及比率与母公司报表进行对比，可以初步判断母公司对其子公司关联交易的依赖程度。（　　　）

2. 根据准则规定，关联方交易取得的商品或其他资产应按实际交易价格计价。（　　　）

3. 虚拟资产挂账，只会影响公司的资产负债表。（　　　）

4. 判断企业是否已将商品所有权上的主要风险和报酬转移给购货方，应当关注交易的实质而不是形式。（　　　）

5. 售后回购交易应在交付商品时予以确认收入。（　　　）

四、案例分析题

以下是两则来自《上海证券报》的报道，请阅读一下节选内容，并查阅相关资料，结合本章所学内容，思考这两篇报道对于荣华实业 2006 年年报的质疑是否正确，荣华实业是否果真存在报表粉饰行为？如果有，是如何达到其粉饰目的的？是否存在隐瞒重大关联交易及虚

假交易的行为？

并思考：在完成本案例分析的过程中，你利用了哪些资料及信息？你是如何利用这些信息对报表的粉饰行为进行分析判断的？

股东关联关系不容抵赖

针对报道中指出荣华实业第一、第二、并列第三、第六、第七、第八位股东间的关联关系，《澄清公告》声称融达、华信（荣华实业并列第三大股东）"分别出具了承诺，承诺彼此之间不存在关联关系，也不属于一致行动人。各股东相互独立，彼此之间不存在股权控制关系"。

但要知道，关联关系认定根据是"实质重于形式"的原则，不仅仅根据股权关系，也不是根据各自的承诺。对荣华实业七大非流通股股东同受张严德一人控制，前面报道有详细说明，这里不再赘述。

可以补充的是，第六大股东甘肃省武威饴糖厂，公开的身份是由原武威市乡镇企业管理局出资成立，实际上连经营地点都不存在。由武威市乡镇企业管理局盖章确认的公司登记经营场地（武威市凉州区沿河东路18号，东临高坝镇新关村四组承包地，南至高坝镇三组承包地，西至荣华派出所，北至荣华东路，经营场地总面积20 000平方米），其实是武威永鑫有限公司和荣华实业"三酸"（赖氨酸、谷氨酸、乳酸）的筹建地，根本不是武威饴糖厂的所在地。荣华实业的第二大股东武威塑料包装有限公司，注册资本1.5亿元，也根本没有工商登记，荣华实业提供了一个工商注册号，被证明是子虚乌有的。

在建工程严重造假

荣华实业在《澄清公告》中称，募集资金在建项目进展缓慢，一方面因为银行信贷紧缩，另一方面因为环保投入很大，还因为大股东及其子公司荣华味精的资金挤占。

2003年底，荣华工贸投资1.48亿元建成20万吨淀粉生产线。而在2003年，荣华实业投资1.03亿元，用了70%的资金，建不成50%的产能。对比同行业上市公司丰原生化，其投资4.65亿元建成了8万吨赖氨酸产能，而荣华实业耗资5.8亿元建不成5万吨赖氨酸生产线。为什么荣华实业4个过亿元的募集资金投资项目历经5年1个也完不成？为什么不集中力量哪怕完成1个？8亿多元的投资放在账上停滞三年，产生不出一分钱效益，如此反常的现象背后真正的原因是什么？有可能的解释就是，这4个项目全面造假，充当了套取资金的渠道。

有例为证，荣华实业募集资金投资项目——10万吨淀粉生产线，根本就不存在，但荣华实业仍在账上虚列了1.03亿元投资。2006年年底，张严德指挥将已被债权人抵押的荣华味精（荣华工贸子公司）生产线偷偷变卖，为了掩人耳目，不惊动债权人，也为了将账上的虚假资产一笔核销，荣华实业煞有介事地发布了公告，声称为了向重点项目倾斜，处置过剩的淀粉产能，达到"一石二鸟"的目的，本报对此予以了及时揭露。

……"

（资料来源：《偷换概念　荣华实业澄清公告漏洞百出》，《上海证券报》，2007年3月7日）

荣华实业今天刊登公告说，公司于2007年4月6日收到中国证监会甘肃监管局《立案调查通知书》，称公司因涉嫌违反证券法律法规，甘肃证监局决定对公司立案调查。

荣华实业此次被中国证监会立案调查，与本报前年以来连续三次对其违规行为进行曝光报道有关。经本报记者深入调查，发现荣华实业存在一系列违规行为：蹊跷上市融资；隐瞒重大关联交易；大股东占用上市公司资金；虚假交易；虚报募集资金用处等。

如荣华实业 2006 年 12 月 7 日公告说，董事会通过了《关于处置募集资金在建项目"年产 10 万吨淀粉生产线"的议案》。根据议案，2006 年三季度，大股东荣华工贸及其子公司荣华味精通过以资抵债，将荣华工贸年产 20 万吨淀粉经营性资产及相关负债纳入上市公司，导致公司淀粉生产能力过剩。为缓解公司资金紧张局面，打算处置年产 10 万吨淀粉生产线在建工程全部资产，账面价值超过 1 亿元。然而，荣华实业实际上并没有一条在建 10 万吨淀粉生产线，因而所谓的处置更是无稽之谈。

（资料来源：《荣华实业被证监会立案调查》，《上海证券报》，2007 年 4 月 10 日）

主要参考文献

财政部会计司编写组. 2007. 企业会计准则讲解 (2006). 北京：人民出版社

戴维·霍金斯 F. 2000. 公司财务报告与分析教程与案例. 孙铮，郭永清主译. 大连：东北财经大学出版社

黄世忠. 2007. 财务报表分析. 北京：中国财政经济出版社

卢雁影. 2004. 财务分析. 武汉：武汉大学出版社

马贤明，郑朝晖. 2006. 点睛财务舞弊. 大连：大连出版社

王德发. 2004. 财务报表分析. 北京：中国人民大学出版社

王萍. 2004. 财务报表分析. 北京：清华大学出版社

王治安. 2006. 现代财务分析. 成都：西南财经大学出版社

张新民，王秀丽. 2003. 解读财务报表——案例分析方法. 北京：对外经济贸易大学出版社

张新民. 2004. 企业财务报表分析教程与案例. 北京：对外经济贸易大学出版社

中华人民共和国财政部. 2006. 企业会计准则 (2006). 北京：经济科学出版社